Joachim H. Hennecke
Wolfgang Reineke

Management der Personalsuche

Joachim H. Hennecke
Wolfgang Reineke

Management der Personalsuche

Wirtschaftsverlag Langen-Müller/Herbig

Schutzumschlag: Christel Aumann, München
Gesamtherstellung: Jos. C. Huber KG, Dießen
Printed in Germany
ISBN: 3-7844-7140-4

Inhaltsverzeichnis

I. Selbstverständnis der Personalberatung

Wer sich entschlossen hat, eine Personalberatung zu betreiben, wird neben vielen anderen Fragen vor allem in vier Punkten unverzichtbare Vorarbeit geleistet haben:

1. Er muß sich ohne Rücksicht auf seine eigenen Fähigkeiten ein Team suchen, das in der Lage ist, durch Erfahrungen und Fähigkeiten nicht einen Totalservice zu bieten, ihm wohl aber an den häufigsten kritischen Brennpunkten der Personalberatung Hilfestellung leisten kann.
2. Er muß in dem von ihm bearbeiteten Markt bei Persönlichkeiten des öffentlichen Lebens und der Industrie bekannt sein und sich bewegen können.
3. Er kann nicht von Null aus starten, sondern muß bereits genügend Einzelpersonen und Firmen sowie Personen in den Firmen kennen, um beginnen zu können.
4. Er benötigt ein gehöriges finanzielles Polster, eine geordnete Buchhaltung und die Sicherstellung erster Aufträge, wenn er Erfolg haben und diesem nicht nachlaufen will.

1. Personalberatung als Schlüsselfunktion

Private und öffentliche Organisationen suchen die Hilfe von Beratern aus 3 Gründen*.

1. Um zu sparen
2. Für eine unabhängige Betrachtung der Probleme
3. Für eine fachliche Expertise

Sparen?

Die Annahme, daß die nur einmal benötigte Ausgabe für einen Berater kleiner ist als die Gehälter und die zusätzlichen Leistungen, die man einem neu angeheuerten Personalbestand bezahlen muß, ist für kleinere Projekte gerechtfertigt. Selbstverständlich würden wir niemals einen Spezialisten in Arbeitstechniken anstellen, wenn wir

* Jean-Pierre Frankenhuis in Harvard Business Review, How to get a good Consultant, November/Dezember 1977

einen Berater bekommen könnten, der den Job für 5.000 DM tut. Wenn man aber eine bestimmte Größe erreicht hat, muß man sehr genau die Ökonomie der Situation und die Nebenbenefits einer innerhalb des Hauses erfolgenden Entwicklung gegen die mögliche Abhängigkeit von einem externen Berater abwägen. In diesem Zusammenhang darf man das follow up nicht vergessen, denn Berater sind manchmal Meister der Kunst des Verschwindens, wenn ihre Dienstleistung honoriert wurde.

Unabhängige Meinung

Es gibt 3 fundamentale Gründe, den Standpunkt eines Außenstehenden zu suchen.

a) armselig dargestellte Lösungen im eigenen Haus
b) ein Mangel an Glaubwürdigkeit der Personen im eigenen Haus
c) Personelle Probleme wie Antagonismus, politischen Druck und Karrieresucht für bestimmte Positionen in der eigenen Hierarchie

Die Autoren dieses Buches haben an anderer Stelle, in ihrer Veröffentlichung »Die Unternehmensberatung« das Gesamtspektrum Beratungstätiger dargestellt. Die Personalberatung stellt eine Schlüsselfunktion der Unternehmensberatung dar. Es ist eine Tatsache, daß die Entwicklung der Führungswissenschaft in den letzten 100 Jahren den Menschen in den Mittelpunkt der Führungslehre gestellt hat. Deswegen bedeutet jede Befassung mit der Einstellung von Personal eine lebenswichtige Investition des Unternehmens für seine Zukunft. Ebenso ist es eine Tatsache, daß Personalkosten den höchsten Kostenanteil an den Gesamtkosten eines Unternehmens darstellen. Eine einzige Fehlinvestition kann daher bereits den Erfolg einer Gesamtschau des Personalbudgets gefährden. Personalorganisation und zukunftsträchtiger Personalentwicklungsplan stehen im Mittelpunkt unternehmerischen Denkens. Alte gestandene Unternehmensberater mit Schwerpunkt in der Personalberatung, z. B. Gerhard Kienbaum, schreiben zur Frage des Headhunting, daß das Wegengagieren guter Kräfte aus ihren Positionen in der Bundesrepublik kaum stattfinden werde und daß die Gesetze im strengsten Maße eingehalten werden. Dies ist die eine Seite der Medaille, wir nennen sie die strukturelle. Die prozessuale Seite der Medaille aber zeigt uns als Tatsache in zahllosen Beispielen erhärtet, daß gerade auf

der Vorstandsebene die langfristige, gezielte und gewollte Fluktuation in höhere Positionen gang und gäbe ist. Es wäre Augenwischerei hier zu behaupten, daß je höher ein Manager in einer Hierarchie kommt, er um so weniger daran interessiert wäre, sich noch einmal zu seinem Besten zu verändern, vor allem dann, wenn er hohe Erfolge gehabt hat, die ihm in seinem eigenen Hause nach seiner Auffassung nicht honoriert werden. Der Personalberater ist in dieser Situation nicht der Bluthund, der von einem Konkurrenzunternehmen auf die Fährte gesetzt wird, er ist auch nicht der Beichtvater eines einzelnen Vorstandsmitgliedes, das noch weiter kommen möchte bis zum Vorstandsvorsitzenden. Er ist ganz neutral der Kommunikationspartner entweder von ganzen Organisationen oder ihren Topabteilungen bzw. von einzelnen, die im Rahmen ihrer Karriereplanung einen Ansprechpartner, einen Zuhörer und wenn sie Glück haben, einen Projektmanager suchen.
Die Situation für den Personalberater im Unternehmen stellt sich im Gesamtzusammenhang mit der Tätigkeit eines Unternehmensberaters so dar:
Er muß korrigieren, vorausdenken und kreativ sein. Oder anders ausgedrückt, er hat es mit korrektiven, progressiven und kreativen Problemen zu tun. Bei der Besetzung einer vakant gewordenen Führungsposition wird er korrektiv tätig, beim Neuaufbau von Abteilungen bzw. bei einer mittel- und langfristigen Personalplanung progressiv und bei absolutem Neuland im Unternehmen wird er von seinem Klienten mit seinem vollen Kreativitätspotential gefordert werden, weit über die Personalbeschaffung hinaus. Insgesamt gilt aber auch für die Personalberatung, daß die Natur des Beratungsprozesses verlangt, daß jede Situation oder Stellenbesetzung in der Perspektive zukünftiger Gelegenheiten gesehen werden muß. Deswegen bleibt der Wandel der zentrale Bezugspunkt der Beratung. Wandel in Organisationen ist unauflöslich verbunden mit dem Wandel im Menschen und es gibt viele Einflüsse, die in beide Richtungen arbeiten. Organisationen beeinflussen Menschen, und Menschen beeinflussen die Entwicklung von Organisationen. Kubr: »Unternehmensberater sollten auf den Wandel zielen, der Organisationen effektiver macht und zur selben Zeit die Arbeit interessanter und befriedigender für die Menschen in den Organisationen. Der Personalberater ist hier im Mikrokosmos einzelner Persönlichkeiten tätig,

die insgesamt gesehen ein Mosaik ergeben, aus dem heraus mehr Effektivität, mehr und bessere Resultate sowie mehr Befriedigung der Menschen im Team entstehen.

Über Funktion und Organisation der Personalberatung ist sehr viel Wunschdenken verbreitet worden. Eine der klarsten Einsichten in dieses komplizierte Feld ergibt eine bereits 1979 erfolgte Studie unter Leitung von Professor Dr. Eduard Gaugler am Lehrstuhl für Allgemeine Betriebswirtschaftslehre in Mannheim. Gaugler und seine Mitarbeiter stellten 4 zentrale Fragestellungen an den Anfang ihrer Studie.

1. In welcher Organisationsform wird Personalberatung betrieben?
2. Welche allgemeinen Dienstleistungen auf dem Gebiet der Personalberatung werden angeboten?
3. Welche Dienstleistungen im speziellen Bereich der Suche und Beschaffung von Führungskräften werden angeboten?
4. Wie schätzen die befragten Personalberatungsfirmen ausgewählte Suchverfahren ein?

Es wurden 232 Personalberatungsfirmen befragt aus einem Fundus von inzwischen 600–700 Personalberatungsfirmen insgesamt in der BRD, die sich diesen Namen Personalberatungsfirma verdienen. Die Standorte in der Reihenfolge: Frankfurt, Düsseldorf, München, Hamburg und Stuttgart. Fast die Hälfte aller befragten Personalberatungsfirmen sind Einzelunternehmen im Sinne von Einzelkaufleuten, erst dann folgte die GmbH mit 32%. Die Frage nach der Größe der Unternehmen wurde anhand der Inhaberzahl, der Mitarbeiterzahl und der Zahl der freiberuflichen Mitarbeiter beantwortet. In der Frage nach der Anzahl der festangestellten Mitarbeiter in der Personalberatung lag bereits durch die Festlegung von 1–5 Mitarbeiter eine interessante Grauzone für die Beantwortung vor, denn in diesem Rahmen konnte unerkannt bleiben, daß die Mehrzahl der Personalberatungsfirmen lediglich Ein-Mann-Unternehmen im klassischen Sinne der Beratung waren. Auch bei der Frage nach der Anzahl der freiberuflichen Mitarbeiter wurden Angaben gemacht, in denen immerhin 43,5% der Befragten sich bei 1–5 eintrugen. Als Fazit aus dieser Befragung kann angesehen werden, daß ein großer Teil des Knowhow und des wirtschaftlichen Potentials der Personalberatung sich in Einzelkaufleuten und mehr oder weniger lockeren freien Mitarbeiterverhältnissen manifestiert. Unter der Fragestellung ›Personalberatung als betriebliche Gesamt- oder Teilaufgabe‹ erhielten die Interviewer interessante Auskünfte z. B. darüber, daß eine einmalige Tätigkeit als Personalberater überhaupt nicht angekreuzt wurde. Es wurden vielmehr Konzentrationen im Rahmen verschiedener Organisationsformen betrieben, wie z. B.

- Personalberatungsdienst im engeren Sinne
- als allgemeine Unternehmensberatung mit Personalberatungsdienst
- als Werbeagentur mit Personalberatungsdienst sowie Notare, Wirtschaftsprüfer, Steuerberater, Berufe, die sich in der Personalberatung betätigen. Die entsprechende Frage dieser Untersuchung lautete: Personalberatung läßt sich im Rahmen verschiedener Organisationsformen betreiben. Zu welcher der folgenden Form zählen Sie Ihr Unternehmen?

  Allgemeine Unternehmensberatung mit Unterabteilung Personalberatung

  Auf Personalberatung spezialisiert

  Werbeagentur mit Personaldienst

  Gelegentliche Tätigkeit auf dem Gebiet der Personalberatung, wenn ja, welche Haupttätigkeit üben Sie aus? und

  einmalige Tätigkeit als Personalberater.

Das Ergebnis zeigt 33,6 % für allgemeine Beratung mit Personalberatung als Unterabteilung und 33,6 % auf Personalberatung spezialisiert. Erst sehr viel später, nämlich mit 17 % folgten Werbeagenturen mit Personaldienst und 14,3 % gelegentliche Personalberatung. Der Umfang des Dienstleistungsangebots schwankt ebenfalls erheblich. 36,3 % sagten aus: Nur Unterstützung bei der Personalbeschaffung. 0,5 %: Nur Schulung von Trainingstätigkeiten, 0,5 % nur Hilfe bei der Einführung personalpolitischer Instrumente, 13,9 % eine Kombination von Personalbeschaffung und Schulungs- und Trainingstätigkeiten, 32,7 % eine Kombination von Personalbeschaffung, Schulung und Training und Einführung personalpolitischer Instrumente, 13 % Kombination von Personalbeschaffung und Einführung personalpolitischer Instrumente, 1,3 % Kombination von Schulung, Training und Einführung personalpolitischer Instrumente, 1,8 % keine Angaben.

Gaugler und seine Mitarbeiter hielten fest, daß abgesehen von Einzelnennung und den Mehrfachnennungen in der von ihnen erstellten

Tabelle die Angaben, die das Angebot Unterstützung bei der Personalbeschaffung enthalten insgesamt 214 der befragten Firmen für diese Dienste ausweisen. Schulungs- und Trainingstätigkeiten offerierten insgesamt 115 Firmen. Die Hilfe bei der Einführung personalpolitischer Instrumente hatten 106 der Befragten in ihrem Dienstleistungsprogramm. Das Dienstleistungsangebot bei der Suche und Beschaffung von Mitarbeitern läßt sich nach der Gaugler-Studie unterteilen in a) Vorbereitung der Suche, b) Durchführung der Suche und c) Dienstleistung bei der Auswahl der Bewerber. Über 43 % der befragten Unternehmen gaben eine Kombination von Stellenanalyse, Anforderungsprofil, Zielgruppe und Erhebung des sozialen Umfeldes als Dienstleistungen an, gefolgt von 24,2 % die eine Kombination von Stellenanalyse, Anforderungsprofil und Zielgruppe angaben. Eine prozentual größere Fächerung zeigte sich dann bei den Dienstleistungen bei der Durchführung der Suche. Mit 25,1 % lag eine Kombination von Beratung bei Firmenanzeigen, Suchanzeigen und telefonischen Vorabinformationen vorne. Es folgen mit 22,9 % eine Kombination von Beratung bei Firmenanzeigen, Suchanzeigen, Direktansprachen und telefonischen Vorabinformationen, mit 17,9 % eine Kombination von Beratung bei Firmenanzeigen und Suchanzeigen und schließlich mit 8,1 % eine Kombination von Beratung bei der Plazierung und Abfassung von Firmenanzeigen. Eine ähnliche Schwerpunktlegung ergab sich dann auch bei den Dienstleistungen bei der Auswahl der Bewerber. 17,9 % gaben eine Kombination von Vorauswahl, Referenzen, Eignungstests, graphischen Gutachten und Bewerbergesprächen an, gefolgt von 16,6 %, die eine Kombination von Vorauswahl, Einholung von Referenzen und Bewerbergesprächen benannten sowie 14,8 % jeweils für eine Kombination von Vorauswahl, Einholung von Referenzen, Eignungstests, Bewerbergesprächen und noch einmal 14,8 % in einer Kombination von Vorauswahl, Referenzen, graphischen Gutachten und Bewerbergesprächen. Es fiel auf, daß hier 9,9 % der Befragten keinerlei Angaben machten. Am häufigsten (nämlich 40 Nennungen) trat dabei die Kombination folgender Dienstleistungen auf: Auswertung von Bewerberunterlagen, Einholung von Referenzen, Durchführung von Eignungstests, Einholen graphologischer Gutachten und das Abhalten von Bewerbergesprächen. Was auch gleichzeitig das breiteste Dienstleistungsangebot war. Über die Hälfte der befragten

Firmen, nämlich 63,2 % boten ihren Auftraggebern sowohl die Vorstellung geeigneter Bewerber als auch ihre Beratung bei der Vertragsgestaltung an. Von 223 befragten Personalberatungen hatten 175 die Personalsuchanzeige in ihrem Dienstleistungskatalog, während nur 78 von den Befragten auch die Direktansprache neben anderen Suchaktivitäten anboten. Anhand des arithmetischen Mittels ergab sich für die einzelnen Kriterien hinsichtlich der Einschätzung der Personalsuchanzeige durch die Personalberatung selbst folgende Reihenfolge 1. Vertraulichkeit, 2. Schnelligkeit, 3. Kosten, 4. Erreichbarkeit qualifizierter Bewerber und 5. die Übersicht über den Führungskräftemarkt. Es ergaben sich deutliche Unterschiede zwischen Personalsuchanzeige und Direktansprache hinsichtlich der Kosten und der Übersicht über den Führungskräftemarkt. Die Kosten und die Schnelligkeit bei der Direktansprache wurden höher eingeschätzt als bei einer Suchanzeige. Was den Zeitaufwand für eine Stellenbesetzung angeht, hatten 73 % der Befragten angegeben, im Durchschnitt 2–3 Monate für eine Stellenbesetzung zu benötigen. 57 % der Befragten nannten als den geringsten Zeitraum für die Besetzung einer vakanten Position einen Monat. Die häufigste Antwort auf die Frage nach dem maximalen Zeitaufwand liegt bei 4–6 Monaten. Für die Untersuchung wurde der Auftragsumfang der befragten Firmen anhand der Frage nach der Anzahl der Auftraggeber im Jahre 1976 und 1977 erfaßt. Die hächste Nennung, nämlich 23,3 % lagen bei der Anzahl der Auftraggeber von 1–5, gefolgt von 6–10 und von 21–50 % der Personalberatungsfirmen. Bei der Kostenverteilung erschien in der Untersuchung besonders interessant die Darstellung der Durchschnitts- und Extremwerte für jede Führungsebene. Auf der ersten Führungsebene wurde ein Durchschnittswert von etwa 28.000 DM angesetzt, wobei das Minimum bei 1500 und das Maximum bei 500.000 lag. In der zweiten Führungsebene ergab sich ein Durchschnittswert von 14.000, wobei das Minimum bei 1500 und das Maximum bei 475.000 DM lag. Bei der dritten Führungsebene ein Durchschnittswert von 10.000 mit einem Minimum von 1200 und einem Maximum von 450.000 DM als Extremwert wurden genannt. Und schließlich bei sonstigen Stellenbesetzungen etwa 4000 wobei das Minimum bei 150 und das Max. bei 270.000 DM lag. Auf die Frage nach den Verrechnungsarten der Beratungsleistung waren folgende Antwortmöglichkeiten vorgegeben:

1. Zeitgebühren, 2. Pauschalsätze, 3. eine Kombination von Pauschalsätzen und Zeitgebühren, 4. erfolgsabhängige Honorarsätze. Von den Beteiligten wurden am häufigsten die Berechnungsart 1. Zeitgebühren, 2. eine Kombination aus Zeitgebühren und Pauschalsätzen, 3. Pauschalsätze, 4. erfolgsabhängige Honorarsätze genannt. 16 % aller Befragten machten keine Angaben. Der Anteil eines Auftraggebers am Umsatz der Beratung wurde durch 3 Fragen erkundet:

1. mehr als 90 % des Umsatzes auf einen der Auftraggeber, 2. mehr als 50 % des Umsatzes auf einen der Auftraggeber und 3. keiner der Auftraggeber bestreitet mehr als 10 % des Umsatzes. Die Verteilung ergab folgendes Bild: Zu mehr als 90 % des Umsatzes antworteten 2 teilnehmende Firmen, mehr als 50 % des Umsatzes 24, weniger als 10 % des Umsatzes 154 und keine Angaben machten 43 Firmen. Nach diesen Angaben bestreitet bei 154 = 69,1 % der befragten Firmen keiner der Auftraggeber mehr als 10 % des Umsatzes.

Der Wille zum Beraten ist bereits bei vielen jungen Menschen vorhanden, die von den Hochschulen kommen. Auch unter den Zuhörern eines Vortrages über Karriereplanung fanden die Autoren einige, die ihnen frank und frei erklärten, sie stünden kurz vor dem Examen und wollten danach sofort in das Beratungsgeschäft einsteigen. Wo ein Wille ist, ist aber nicht immer ein Weg. Eigener Ehrgeiz, eigenes Elitebewußtsein und vor allem der Drang nach einer relativ hochbezahlten Anstellung, in der man sich selbst verwirklichen kann, sind die auslösenden Faktoren für eine unter Umständen gravierende Fehlentscheidung. Anders ausgedrückt, der 27jährige Staatsmann macht sich lächerlich, wenn er sich als solchen bezeichnet. Viele Führungskräfte in den Unternehmen, die seit 10 oder noch mehr Jahren ihre Pflicht vor Ort tun sind einem solchen Jungberater gegenüber außerordentlich skeptisch. Ein Berater aus den USA schrieb, daß nicht nur allein die 40.000 $ viele Harvardabsolventen 1980 (23,1 %) dazu gebracht haben Managementberater zu werden. Managementberatung werde noch ganz andere Möglichkeiten als ein relativ hohes Gehalt anbieten: die Vielzahl der Industrien, der Zugang zu Entscheidungsträgern im Unternehmen und das Bewußtsein, in kritische Probleme eingeschaltet zu sein. Sie könnten also unmittelbar einige ihrer technischen und analytischen Fähigkeiten, die sie an den Hochschulen gelernt hätten, umsetzen. Das ist richtig,

aber erst dann, wenn sie die Mißtrauensschwelle überwunden haben, die ihnen als Jungberatern aus den großen Organisationen entgegenschlägt. Gerade junge Personalberater werden mit einer Vielzahl von kritischen Hindernissen konfrontiert: Die häufigsten sind, daß ihre Vorschläge nicht von der Organisation angenommen werden oder, daß wenn sie angenommen werden, sie oft daran scheitern, die gewünschten Resultate zu erzielen. Sie werden sehr früh mit einem Dilemma konfrontiert, mit dem jeder Berater leben muß: sie haben nicht die Autorität, die Dinge in der Klientenorganisation durchzusetzen. Trotz aller informellen Kommunikation, trotz allen Nachfassens im Gespräch mit seinen früheren Klienten hat gerade der Personalberater nicht die Möglichkeit durchgreifend in die innere Struktur und den Arbeitsprozeß des Klienten hineinzuwirken.
Es ist daher wichtig, beim Beginn einer Arbeit mit einem Neukunden nicht zu viel zu versprechen und zu viel zu wollen. Arbeiten Sie sofort auf Resultate hin. Beginnen Sie mit kurzfristigen Projekten, die in einer relativ kurzen Zeitperiode nachfaßbare Resultate bringen und benutzen Sie dann das Projekt als eine Gelegenheit, das Vertrauen des Klienten zu stärken. Der Berater wird sich nie aus der Zwangssituation lösen können, daß die meisten Kunden unmittelbare Resultate von einer Beratung erwarten. Es ist bei einem solchen Kunden beispielsweise sehr gefährlich, mit einer breit angelegten Studie oder Analyse zu beginnen, das könnte den gegenteiligen Effekt erzielen und gerade bei jungen Beratern dazu führen, daß sie dann stark in der Analyse oder Neuformulierung von organisatorischen Selbstverständlichkeiten ihres Klienten werden anstatt ihm sein Problem zu lösen.
Zur Beratung gehört wie bei der Politik nach Max Weber ein langer Atem, zur Beratung gehört das Bohren eines Brettes mit einem manchmal nicht zu scharfen Bohrer. Wer den Kunden in seiner Erwartungshaltung enttäuscht, wird kaum die Möglichkeit bekommen ein größeres Projekt langfristig bei ihm durchzuziehen.
In der Praxis der Autoren hat es sich immer wieder ausgezahlt, zunächst einmal ein ganz spezifisches, kurzfristig zu erreichendes Ziel zu identifizieren, um den gewünschten Erfolg herbeizuführen. Dazu gehört auch, sich von vornherein als Berater die im Unternehmen des Klienten vorhandenen Fähigkeiten zu sichern, indem man selbst in ein Projektteam hineingeht und die dort zugewiesene Rolle als rei-

ner Berater oder als Projektmanager spielt. Gerade bei Personalentwicklungsmaßnahmen ist es wichtig, ein solches Teamverhalten aufzubauen und sich als Berater zu integrieren. Nur dadurch lernt die Organisation des Klienten, wie man ein Projekt organisiert und es zur Weiterarbeit führt. Nur so lernen Berater und Organisation, gemeinsam Ziele zu setzen, Zuordnungen vorzunehmen, Probleme zu lösen, Pläne zu entwickeln und den Fortschritt und die Resultate zu beobachten und zu kontrollieren.
Noch einmal, Führungskräfte des Klienten, die im tagtäglichen Streß stehen sind durch komplizierte Studien oder zu lange Empfehlungslisten nicht zu gewinnen. Der beste Einstieg ist eine unmittelbare Hilfe, die bei langfristigen Problemen und Situationen natürlich gegeben werden kann. Um so wichtiger ist es deswegen, Einzelziele herauszugreifen, deren unmittelbare Umsetzung den Klienten darauf hoffen lassen, im Verlauf der nächsten Jahre noch mehr Hilfe durch bessere Resultate in der Zusammenarbeit mit dem Berater zu erhalten. Papier, Dokumentationen und Vorschläge sind dabei notwendig.

Besonders wichtig ist:
Ein persönlicher Ehrenkodex für den Personalberater muß unter anderem folgende Punkte beinhalten:
1. Bei der Suche nach Positionen im Executive Search Bereich wird er nicht die Angstellten von Firmen ansprechen, die seine Klienten sind um diese Angestellten an andere Klienten weiterzuvermitteln.
2. Vorteile und Nachteile einer ausgeschriebenen Position müssen gegenüber dem Bewerber objektiv dargestellt werden.
3. Die Vertraulichkeit ist absolut zu bewahren, wenn nicht von Seiten des Klienten und/oder des Bewerbers andere Anweisungen gegeben werden.
4. Er wird dem Klienten nur Bewerber in einer kurzen Liste von 3–4 Bewerbern vorstellen, die das Ergebnis seiner umfangreichen Bemühungen waren.
5. Er wird nicht erfolgreichen Bewerbern diese Tatsache spätestens innerhalb eines Monates nach der Entscheidung mitteilen.
6. Er wird sich nicht in Felder begeben, von denen er keine Ahnung hat bzw. nicht in der Lage ist, eine professionelle Dienstleistung zu erbringen und

7. Er wird mit seinem Klienten bei jedem Auftrag sehr genau schriftlich vorab dokumentieren, was Grundlage einer gemeinsamen Vereinbarung werden muß.

2. Kriterien für den Beruf Personalberater

Der Personalberater erfährt seine Bewährung täglich in der Auseinandersetzung mit Klienten und Bewerbern. Ehe es jedoch dazu kommen kann, muß er die Einstellungshürden bei einem Beratungsunternehmen überwinden. Aus den vielfältigen Suchanzeigen für den eigenen Nachwuchs lassen sich einige Kriterien herauslesen, die in der Branche gefordert werden.
Der Altersrahmen für einen Berater schwankt zwischen 28 und 40 Jahren. Dabei wird der 28jährige nicht mehr als eine Juniorberaterfunktion wahrnehmen können, als Berater mit der vollen Aufgabenverpflichtung erwarten die Personalberatungen vornehmlich Herren bis zu 35 Jahren. Ein qualifizierter Hochschulabschluß mit oder ohne Promotion scheinen die notwendige theoretische Grundlage für die Ausübung dieses Berufes zu liefern, wenn sie durch eine mehrjährige Berufserfahrung in einer Stab- oder Linienfunktion auf mindestens der mittleren Führungsebene ergänzt wurde. Diese Berufserfahrung ist abhängig von dem Qualifikationsstandard, den die suchende Personalberatung benötigt und von der Qualifikation, die sich der angehende Personalberater in seiner bisherigen beruflichen Laufbahn aneignen konnte. Beratungserfahrung an sich ist nicht immer gewünscht, Personalberatungen mit hohem Standard halten eine einschlägige Berufserfahrung als Berater jedoch für unerlässlich.
Vom Berater wird heute erwartet, daß er sich zumindest in Englisch ohne Schwierigkeiten fachlich unterhalten kann.
Das von der Personalberatung erwartete Persönlichkeitsprofil zeigt neben einer überdurchschnittlichen Belastbarkeit die Fähigkeit, Sachverhalte und Projekte mit einem absolut analytischen Arbeitsansatz in Angriff zu nehmen und erfolgreich durchzuführen. Ergänzt wird das Profil durch die Wendigkeit und Offenheit des Personalberaters, der es verstehen muß, sich immer wieder auf neue Situationen und vor allem Menschen einzustellen. Seine Arbeit erfordert von ihm eine gesunde Portion Selbstvertrauen, das nicht überzogen

sein darf, Natürlichkeit im Auftreten und die Fähigkeit, Gespräche auf allen Ebenen und mit schwierigsten Charakteren führen zu können, deren Verlauf und Ergebnis abschließend von beiden beteiligten Parteien als positiv bezeichnet wird. Da der Personalberater häufig mit Widersprüchen und aggressiven Reaktionen rechnen muß, benötigt er die Fähigkeit, auszugleichen und dank seiner notwendigen Selbstkontrolle auch solche Gespräche positiv zu gestalten.

Beratungsunternehmen im Personalbereich verwenden Hierarchiemerkmale, mit denen sie ihre Personalberater klassifizieren. Der Juniorberater ist am ehesten vergleichbar einem Trainee in der Wirtschaft und wird neben seiner formalen Schulung, wie sie nur wenige Beratungsunternehmen kennen, durch ein »Training on the job« ausgebildet, d. h. er sammelt seine Beratererfahrung durch aktive Mitarbeit bei einem erfahrenen Berater und je nach seiner Qualifikation in der Abwicklung.

In der nächsten Rangstufe befindet sich der Berater, der selbständig seine Aufträge bis zu einem gewissen Schwierigkeitsgrad abwickelt und in schwierigen Fällen sich der Hilfe erfahrener Berater bedient. Er versucht im Regelfall, mit seinen Klienten durch gute Arbeit zu Folgeaufträgen zu kommen und akquiriert auch bedingt Neukunden.

Seniorberater führen Aufgaben aller Schwierigkeitsgrade selbständig durch. Sie haben sich aufgrund ihrer Beratungserfahrung entweder in speziellen Branchen oder Funktionen qualifiziert, so daß sie bei Beratungsaufträgen von Kollegen als Fachleute mitwirken können. Zum Seniorberater wird in der Regel befördert, wer in der Qualität seiner bisherigen Arbeit gute Leistungen erbracht hat. Ergänzt wird dieses Erfordernis durch eine vertiefte fachliche Erfahrung, die ihn als Seniorberater für die Aufgabe als Spezialisten für Branchen oder Funktionen qualifizieren soll.

Ein Seniorberater kann im Grunde nach den gleichen Kriterien zum leitenden Berater aufsteigen, man erwartet dann von ihm zusätzlich die Fähigkeit, ein Beraterteam zu führen sowie eine Akquisitionsstärke, die das Gewinnen von neuen Klienten sicherstellen soll. Ein leitender Berater kann auch ein Profit-Center verantwortlich übernehmen.

Neben dieser Organisationsform einer Personalberatung bestehen Partnerschaften von gleichrangigen Personalberatern, die als unter-

nehmerisch denkende wie handelnde Personalberater durch eine weitgehende Selbständigkeit verbunden mit einer sehr engen Kooperation in der Lage sind, Personalberatung qualifiziert zu betreiben. Für solche Zusammenschlüsse wie für den einzelnen Berater gilt im noch stärkeren Maße als für Beratungsunternehmen der Leistungsdruck und der Geschäftserfolg, der nur durch qualitativ hochwertige Abwicklung von Aufträgen sichergestellt werden kann. Ein Klient wird viel eher einsehen, daß die gesuchte Person nicht gefunden werden kann, wenn dies durch entsprechenden Arbeitseinsatz des Personalberaters, und erfolgreiche Präsentation von Persönlichkeiten, die zwar nicht in allen Bereichen den Anforderungen entsprechen, bewiesen werden kann. Schwerer wird es, wenn Aufträge euphorisch übernommen werden und der fehlende Leistungszwang dazu führt, daß nicht mit dem gebotenen Nachdruck das Projekt vorangetrieben wird. Als Projektmanager auf Zeit in einer heiklen Mission muß sich der Personalberater ständig bewähren. Seine Motivation erfährt er durch die zufriedenstellende Auftragsabwicklung, Gewinnung von Klienten als Referenzen, und natürlich auch durch einen finanziellen Anreiz, den ihm seine Aufgabe bieten kann. Diesen Bereich bestimmt er selbst, denn wenn er ein übernommenes Projekt zügig und erfolgreich abwickelt, kann er sich neuen Projekten widmen. Dieses Bewußtsein tritt naturgemäß stärker dort zutage, wo die Personalberatung in ihrer eigenen Konzeption es bereits berücksichtigt. Es gibt jedoch auch Gefahren, über die an anderer Stelle noch ausführlicher gesprochen wird.
Unter den über 300 Beratungsunternehmen, die den Teilbereich Personalberatung anbieten, tritt die Mehrzahl als Personengesellschaft auf dem Markt in Erscheinung, manche nur kurzfristig, weil sie diese Art der Tätigkeit als ein Zwischenstadium betrachten oder weil sie sich nicht im Markt behaupten. Eine ganze Reihe von nationalen Personalberatungen, die zur mittleren Größenordnung zu rechnen sind, beschäftigen 3–10 Mitarbeiter, wobei die Hauptlast der Arbeit auf den Schultern weniger Berater ruht. Organisationen, die mehr als 10 Berater beschäftigen, gehören zu den großen – gemessen an der Kopfzahl. Es sind dies kaum 10 Unternehmen, die kapitalmäßig entweder von ausländischen Beratungstrusts oder finanzkräftigen Unternehmen gestützt werden.
Bei den partnerschaftlich organisierten Beratungen zeigen die Mehr-

zahl der Personalberatungen eine Partnerschaftsgröße bis zu 5. Internationalität wird in solch einem Fall durch die enge Zusammenarbeit mit gleichartig organisierten und arbeitenden Partnerschaften des Auslandes sichergestellt und bietet dadurch die erfolgreiche Grundlage für erdumspannende internationale Aktivitäten.

3. Mögliche Organisationsformen

Für den Klienten einer Personalberatung ist die Frage der Organisationsform einer Personalberatung zweitrangig. Dem Klienten ist es gleichgültig, ob die Personalberatung ein oder mehrere Büros im Bundesgebiet unterhält, denn sie kennen ihren Personalberater, der auch das beauftragende Unternehmen und seine Probleme kennt. Dabei ist unerheblich, ob der Berater am Ort des Klienten ebenfalls seinen Standort hat oder anderweitig. Für die Frage, zentrale oder regionale Organisation der Personalberatung sowie die Vor- und Nachteile der jeweiligen Organisationsform sind andere Gründe maßgebend, die im betriebswirtschaftlichen Bereich der Personalberatung liegen.

Abgesehen von den Fällen, wo sich mehrere erfahrene Personalberater als Partner zu einer Gruppe zusammenschließen, haben die meisten Personalberatungen mit einem zentralen Standort begonnen. Bevorzugte Standorte sind die Wirtschaftszentren Frankfurt und Düsseldorf und mit eingeschränkter Bedeutung die Zentren Hamburg, Stuttgart und München. Für die zentralen Standorte spricht bei einer Personalberatung, die auf einen Standort sich zunächst beschränkt, die absolute Zentralität und die Möglichkeit, in einem relativ kleinen Radius um den Standort herum möglichst viele Ansprechpartner angesiedelt zu wissen. Bei Ausdehnung des Geschäftsvolumens und Verbreiterung des Beraterstabes erfolgt die Abdeckung des Bundesgebietes durch die Eröffnung von Büros in den Hauptwirtschaftszentren. Mit der regionalen Repräsentanz ist eine bessere Marktdurchdringung möglich und für die Beratung notwendig, um die zusätzlichen Kosten des jeweiligen Büros tragen zu können. Es bietet sich für den Personalberater die Möglichkeit, einen intensiveren Kontakt zu seinen Klienten und den Unternehmen, mit denen er zusammenarbeiten möchte, aufzubauen. Für die eigentliche Aufgabe, Suche und Auswahl von Fach- und Führungskräften, ist der Standort einer Personalberatung gleichgültig. Aufgrund der Ansprache von interessierten Fach- und Führungskräften ergibt sich je nach Vorgehensweise und Medienwahl eine Resonanz aus dem Bundesgebiet und dem Ausland. Aus wirtschaftlichen Gründen reist der Berater zur Durchführung seiner Interviews an zentrale Punkte, wohin er Bewerber aus dieser Region zum Interview bestellt. Eine Personalberatung mit verschiedenen Büros im Bundesgebiet nutzt dabei ihre eigenen Räume zur Durchführung der Gespräche. Ist diese Möglichkeit nicht gegeben, finden diese Gespräche in Hotels in Bahnhof- oder Flughafennähe statt.

Auf diese Möglichkeiten der Gesprächsorte müssen vor allem Personalberater zurückgreifen, die nicht in Organisationen arbeiten oder die regional ihre Repräsentanz haben.

Eine zentrale Organisationsform, selbst bei Einsatz von mehreren Beratern, bietet den Vorteil, daß alle Informationen an einer zentralen Stelle zur Verfügung stehen und für den verantwortlichen Leiter dieser Organisation es einfacher ist, steuernd in die Geschäfte einzugreifen. Entscheidender Nachteil ist die möglicherweise große räumliche Distanz zum Klienten, so daß die notwendige Kommunikation mit diesem sich vornehmlich am Telefon abspielt. So kann es schon mal passieren, daß wichtige Informationen, die in einem persönlichen Gespräch allein durch die Verhaltensweise des Gesprächspartners gewonnen werden können, verlorengehen und somit erst in einer sehr fortgeschrittenen Phase des Projekts berücksichtigt werden.

Bei einer regionalen Organisationsform entstehen hauptsächlich interne Probleme der Abgrenzung in der regionalen Zuständigkeit der einzelnen Geschäftsstellen. Kontakte von Personalberatern, die sich im Laufe von Jahren ergeben und sich zu persönlichen Beziehungen entwickeln, sprengen häufig die regionalen Zuständigkeitsbereiche. Es entstehen Reibungsverluste, weil ein regional zuständiges Büro natürlich gerne die Umsätze des »fremden« Beraters vom anderen Regionalbüro für sich verbuchen möchte. Wie aber schon an anderer Stelle ausführlich dargelegt, beruht das Verhältnis zwischen Personalberater und Klient auf einer sehr intensiven persönlichen Beziehung zwischen den Beteiligten, was es für den Berater erschwert, den Klienten an das zuständige Büro zu übergeben, ganz abgesehen davon, daß ihm dadurch der Umsatz verloren ginge. Hier bieten sich

interne Ausgleichsmöglichkeiten bei den Beratungen an, die auch teilweise von den Personalberatungen genutzt werden. Die regionale Struktur einer Personalberatung führt zu Führungsproblemen in der Zentrale und der Notwendigkeit des Aufbaus einer regionalen Hierarchie. Aufgrund von regionalen Schwankungen in der Wirtschaftsentwicklung können sich unterschiedliche Auslastungen der Kapazitäten ergeben, die andererseits bei Überlastung von einzelnen Regionalbüros zur Unterstützung bei der Abwicklung führen können. Dies ist aber nur möglich, wenn alle Berater nach den gleichen Arbeitsprinzipien handeln und für alle beteiligten Berater eine sehr ausführliche Spezifikation über das Unternehmen, die Position, die Anforderungen und Erwartungen an den Bewerber bekannt ist, damit der fremde Berater ohne Informationsverlust und projektgerichtet die Abwicklung durchführen kann.
Die Vorteile der regionalen und der zentralen Organisation haben Partnerschaften von Personalberatern bewirkt, die aus ihren regionalen Büros heraus in sehr enger Kooperation mit den Partnern national arbeiten. Dies trifft z. B. bei der JMP Personalberatung zu. Zentralistischer organisiert sind die Kienbaum Personalberatung, Dr. Neumann und die BP-Tochter SCS. In diese Kategorie gehört auch die Baumgartner und Partner Gruppe, die sich als regional sehr starke Organisation im Stuttgarter Raum konstituiert hatte und im Rahmen ihres Geschäftserfolgs weitere Büros in Deutschland eröffnete.
Zur Philosophie der Personalberater gehört offensichtlich die sichtbare Darstellung des Erfolgs durch die Nennung und »Besetzung« von möglichst vielen Standorten. Für den Klienten kann sich allerdings ein Beziehungsproblem ergeben, wenn er zum ersten Mal seine in der Nähe liegende Agentur suchen will und von einer Flut von Namen aus nationalen und internationalen Standorten irritiert wird. Vor allem bei kleinen Bürogemeinschaften mit 2–3 Beratern wirkt eine Kette von 5–7 Standorten keineswegs seriös. Ob nun regional oder zentral organisiert, entscheidend für die einzelne Beratung sind ihre betriebswirtschaftlichen Erwartungen, für den Klienten jedoch allein die zügige und erfolgreiche Abwicklung eines übertragenen Projektes.
Auch unter den Personalberatern macht sich in den letzten Jahren eine zunehmende Entwicklung zum synergistischen Teamdenken

bemerkbar. Wir meinen damit die Zusammenarbeit von mehreren Einzelberatern, die sich aufgrund ihrer Spezialisierung und nach der Devise aus 1 und 1 mach 3 zusammenfinden, um im gemeinsamen Verbund ihre Fachkenntnisse gezielt in einen Markt hineinzuspielen, der mehr und mehr gegen den Einzelkönner gerichtet ist. Wie soll denn auch ein Großunternehmen mit ganz vielfältigen speziellen Problemen das zersplitterte Erfahrungspotential zahlreicher Spezialisten draußen im Markt nutzen können, wenn es nicht ein Angebot für eine teamfähige und damit auch zeitsparende Bearbeitung seiner Probleme von draußen finden kann. Hinzu kommt die Möglichkeit, durch einen solchen Verbund eine zusätzliche Auswertungs- und Kontrollinstanz als Gesprächspartner zu haben, einen Gesprächspartner, der den Einsatz der eigenen Leute bereits im Vorfeld zur Maßkonfektion gestalten kann. Eine solche »Beraterholding« hat stärkere Möglichkeiten zur Einflußnahme auf die Entwicklung bestimmter Problemlösungen oder Situationsregelungen. Außerdem wird dem beratenden Experten ein großer Teil von Administration und damit möglicherweise Verschwendung im Sinne Parkinsonscher Verwaltungsaufgaben abgenommen. Solche Pools können sich von dem lockeren Zusammenschluß von mehreren Einzelberatern über eine feste Bindung in einem gemeinsamen Büro dahin ergeben, daß große Beratungsaufgaben, große Trainingsaufgaben und Projekt-Führungsaufgaben auf Zeit gemeinsam bewältigt werden.

Insgesamt kann gesagt werden, daß es gut ist, im Bereich der Personalberatungsindustrie ein wohlausgewogenes Verhältnis von generalistischen und Spezialansätzen zu haben. Wer zu generalistisch arbeitet, wird die wichtigen Feinheiten seiner Branchen und seiner Marktnischen nie richtig in den Griff bekommen, und wer zu spezialisiert arbeitet, begibt sich in die Gefahr, von einem speziellen Feld so abhängig zu werden, daß er bei einer eventuellen konjunkturell bedingten Krisensituation oder bei einem Verschwinden dieses Marktes Monate, wenn nicht sogar ein bis zwei Jahre benötigt, um wieder im Geschäft zu sein.

Cowboys mit dem Prinzip ›abgrasen und weiterziehen‹ haben ebensowenig eine Chance wie Berater, die bis zur letzten Minute in Nibelungentreue in einem einmal gewählten Feld in Treue fest ausharren. Die Autoren können nur davor warnen, kurzfristig auftretende Modeerscheinungen begierig für eine neue Spezialisierung zu benutzen.

Es lohnt sich immer, abzuwarten inwieweit sich der Markt entwikkeln wird, wenn man nicht selbst ein möglicherweise zu hohes Risiko eingehen will. Es gilt deswegen auch der Grundsatz für die Personalberatung der Zukunft, daß sich in ihr die weltweit zu beobachtende Entwicklung des Grundsatzes »small is beautiful« fortsetzen wird. Neue Kommunikationsmedien und Möglichkeiten an Hilfsprogrammen und ständigem Gedankenaustausch in Verbänden, in Einzelgesprächen und über Computerprogramme und Bildschirmdialoge bieten dem rasch reagierenden Personalberater die Möglichkeit, ohne einen großen, aufgeblähten Apparat sein Geschäft zu entwickeln.

Die beste Visitenkarte gibt der Personalberater im direkten Kontakt mit Klienten und Bewerbern in seiner Anzeige und in der Abwicklung des Projektes ab. Er kann noch ein übriges tun und im Rahmen der eigenen Bemühungen um Kommunikation mit Kollegen und interessierten Öffentlichkeiten zu aktuellen Problemen seines Berufsbereiches in Aufsätzen, Studien und Gemeinschaftsdokumentationen Stellung nehmen. Sein eigener wichtigster Erfolg aber wird im Image eines Sozialagenten liegen, der vor allem die zahlreichen Bewerber, die er als erfolgreicher Berater haben wird, so behandelt, daß deren Menschenwürde und deren Persönlichkeit nicht gebrochen, gestört oder in Hoffnungslosigkeit gestürzt wird, wenn er ihnen eine negative Nachricht übermitteln muß. Seine soziale Verantwortung liegt darin, daß er eine produktive Leistung für die Gemeinschaft erbringt und für Unternehmen geholt wird, die nicht in den letzten Zügen liegen. Der Fortschritt aufsteigender Unternehmen ist auch der Fortschritt des für sie arbeitenden Personalberaters. Von der ganzen Struktur und dem Prozeß seines Berufes her kann er nicht objektiv gesehen neutral sein, aber im Rahmen seiner Aufgabe soll er als Mittler auftreten zwischen den Zielen des Klienten und den Zielen der Bewerber. Wenn er dem Informationsbedürfnis vor allem des Bewerbers ständig so weit nachkommen kann, daß dieser vertrauensvoll mit ihm zusammenarbeitet, hat der Personalberater einen Schritt für seine Zukunft getan.

4. Erfolgsmerkmale einer Personalberatung

Für die Personalberatung sind zufriedene Kunden – sprich Unternehmen und Bewerber – die besten Botschafter. Die selbst gemachte Erfahrung wird die zukünftige Einstellung zu dem Berater im speziellen Fall, seiner Organisation oder gar der ganzen Branche nachhaltig beeinflussen. Schaut man in den Stellenteil der maßgebenden Anzeigenmedien, dann ist diese Branche nur von Erfolg gekrönt. Personalberater helfen schätzungsweise bei der Hälfte aller extern zu besetzenden Führungspositionen mit. Dabei ist der Anteil der Personalberater bei der Besetzung von obersten Managementpositionen in Großunternehmen höher als für vergleichbare Positionen von Unternehmen des Mittelstandes. Als Projektmanager auf Zeit übernehmen inzwischen viele Personalberatungen gegenüber den Klienten die Verpflichtung, das Projekt bis zum endgültig erfolgreichen Abschluß durchzuführen. Das bedeutet, auch im Falle einer Fehlbesetzung, gleich aus welchem Grund, erfolgt eine Fortführung des Beratungsauftrages. Der über lange Zeit hinaus als erfolgreich geltende Abschluß eines Projektes ist für den Personalberater als Erfolgskriterium sehr wichtig. Dabei muß er klar erkennen, daß er ein materielles Risiko übernimmt für eine Entscheidung, die durch den Klienten getroffen wurde.

Auch eine Fehlbesetzung kann allerdings den erfolgreichen Abschluß eines Projektes bedeuten, wenn nämlich dadurch entscheidende Erkenntnisse gewonnen werden, die vorher nicht offenbar waren und die bei der Fortführung des Projektes neue Entscheidungskriterien einführen. Diese Fähigkeit, mit dem notwendigen Abstand zum Klienten und zum Bewerber im logisch-analytischen Arbeitsansatz mit der Beratermethodik Projekte zu ihrer erfolgreichen Lösung zu führen, setzt eine große berufliche Qualifikation und Erfahrung in der Rekrutierung von Fach- und Führungskräften voraus. Damit müssen Kenntnisse über alle fachlichen und sachlichen Randbereiche verbunden sein, der rechtliche Aspekt gehört genauso dazu wie der psychologische.

Ein kompetenter Personalberater, der sich seiner Qualität der Arbeit bewußt ist, ist in den seltensten Fällen bereit, Zugeständnisse bei seinem Honorar zu machen, denn für ihn steht das Ergebnis seiner Arbeit im direkten Verhältnis zu seinem Honoraranspruch. Viele Unternehmen lassen sich jedoch von vordergründig niedrigen Honoraren blenden, ohne die fachlich-sachliche Kompetenz des Beraters einschätzen zu können. Ein weiteres Merkmal ist die persönliche Sympathie zwischen Berater und Klient, die einen entscheidenden Faktor bei der Begründung des aufzubauenden Vertrauensverhältnisses darstellt. Bei der Auswahl des Personalberaters für ein durchzuführendes Projekt muß sich ein Klient immer fragen, ob er lieber mit einem Sokrates oder einem Ikarus zusammenarbeitet. Leider erkennt er diese Einschätzung jedoch erst in der Abwicklung des Projektes, weswegen für ihn die Einholung einer Referenz vor Auftragserteilung notwendig ist.

Der Sokrates-Berater stellt allein schon altersmäßig seine Erfahrung in den Raum. Seine Bescheidenheit im Auftreten ist geprägt von seiner auf der Qualifikation für die Arbeit beruhenden Selbstsicherheit. Er stellt sich und seine Arbeit vor jedem übernommenen Projekt erneut in Frage und entwickelt sein Geschäft durch Beschränkung in der Anzahl der übernommenen Projekte, die er dafür aber mit hoher Sorgfalt dank guter Analyse abwickelt. Er bedenkt die Konsequenzen seiner Aktivitäten und die Entscheidungen seines Klienten bei all seinen Schritten und ist seinem Klienten ein stets freundlicher aber unbequemer Mahner.

Der Ikarus-Typ symbolisiert solche Berater, die nach Abschluß ihres Studiums und kurzer zwei- bis vierjähriger Berufspraxis den Karriereschritt in die Personalberatung unternommen haben. Angetrieben von ihrem verständlichen Ehrgeiz starten sie möglicherweise zu schnell, können aufgrund mangelnder Erfahrung nicht alle Einflußfaktoren bedenken und geben sorglos gegenüber den Klienten und Bewerbern Zusagen ab, die sie infolge mangelnder Zeit und Sorgfalt nicht einhalten können. Sie überschätzen sich selbst, bringen sich dadurch in ständigen Zugzwang und stürzen nach einem – wenn überhaupt – kurzen Höhenflug meist schnell ab. Sie wechseln ihren Arbeitgeber oder ihre Spezialisierung und starten zu einem neuen Höhenflug. Symptome für diesen zweiten Typus finden sich in der Liste von Personalberatungen, für die der Berater bereits tätig war oder in einer Personalberatung, die infolge hoher Fluktuation gezwungen ist, immer wieder junge und unerfahrene Berater in die Organisation aufzunehmen, ohne sie jemals richtig integrieren und an sich binden zu können.

Nicht das Allroundkönnen der Berater ist entscheidend, sondern nur eine Spezialisierung, die einen qualitativen Wert an sich darstellt. Unternehmen, die Personalberater beauftragen, können davon ausgehen, daß jeder Berater ein gewisses Know-how mitbringt, mit dem er zu Beginn seiner Beratertätigkeit wuchert, Erfahrung sammeln kann und sich einarbeiten muß. Abhängig von der Größe einer Personalberatung wird es möglich sein, Ausbildungsprogramme für die Berater durchzuführen. Durch interne Koordination müssen in größeren Organisationen die Berater mindestens zwei oder mehr der Beratungstechniken und Spezialgebiete beherrschen. Der Einzelberater hat es hier am schwersten, er muß für seine ständige Weiterbildung ohne externe Kontrolle selbst sorgen und opfert dieser Weiterbildung oft Hindernissen wie Zeitdruck und Stress. Von einem Personalberater kann man erwarten, daß er alle seinen Fachbereich betreffenden Informationen auf dem Markt und deren Anwender kennt. Ein Berater wendet einen bestimmten Teil seiner jährlichen Arbeitszeit für die eigene Fort- und Weiterbildung auf, um an der Spitze der Entwicklung seiner Disziplin zu bleiben. Dabei ist die Schulung zunächst immer eine persönliche Aufgabe eines jeden Beraters. Es muß gesehen werden, daß der Berater bei der Durchführung seiner Projekte gemeinsam mit dem Klienten im gewissen Sinne auch eine Schulung erfährt, denn er erhält Einblicke in Organisationsformen und -strukturen und wird mit unternehmensspezifischen Entscheidungsmodellen konfrontiert.
Abgesehen von den Fällen, in denen sich Exmanager als »Personalberater« niederlassen in der Hoffnung, das schnelle Geld zu verdienen oder unter diesem Titel den alten Einfluß zumindest im Status beizubehalten, erfolgt bei Personalberatungsorganisationen die Definition des Eignungsstandards für neue Berater nach den Kriterien: Alter, Ausbildung, Berufserfahrung, Beratungserfahrung und Persönlichkeit. Individuell bedingt ist der Ausbildungsbedarf für einen neuen Berater. Berücksichtigt werden dabei seine Selbsteinschätzung, seine Erwartungen und seine fachspezifischen Erfahrungen. Er muß eingewiesen und trainiert werden in Fragen der Psychologie, der Beraterrolle, der Beratungstechniken und nicht zuletzt des Verkaufens von Dienstleistungen. Wir können davon ausgehen, daß führungserfahrene Berater es verstehen, mit Menschen umzugehen und Gespräche zu führen. Sie müssen sich in die Rolle und das

Selbstverständnis des Beraters hineinfinden, was im Rahmen einer engen Anfangskooperation mit erfahrenen Beratern erfolgen kann. Das große Problem für einen neuen Berater ist die Wahrung der Distanz zu einem Klienten und die Entwicklung seines Selbstverständnisses für die Berater-Klienten-Beziehung. Der »junge« Berater muß ein Gefühl entwickeln für sein Innen- wie Außenverhältnis, er muß Partnerschaft und Integration als treibende Motivatoren für eine solide Beratertätigkeit betrachten. Er muß eine Nase fürs Geschäft haben, die ihm dazu verhelfen kann, Aufträge so zu kalkulieren, daß sie für ihn nach betriebswirtschaftlichen Gesichtspunkten sinnvoll sind.

Aus welchen Gründen auch immer: Eine ganze Anzahl hochqualifizierter Personalmanager suchen sich nach Absetzbewegungen – erzwungen oder freiwillig – von ihrem Unternehmen auf dem Personalberatermarkt zu verankern. Hierzu zwei Bemerkungen.

1. Der Prozeß des Beratens ist in vielen Bereichen ein völlig anderer als der des im Unternehmen tätigen Managers. Teilweise kann er allerdings mit dem zu Hilfe geholten Projektmanager innerhalb eines Unternehmens zur Erledigung spezieller, zielgerichteter und hinterher kontrollierbarer Aufgaben verglichen werden.

2. Ein qualifizierter Berater zeichnet sich dadurch aus, daß er branchenumfassende Kenntnisse hat und nicht nur den Standpunkt eines mehr oder weniger erfolgreichen Unternehmens in dieser Branche seit Jahren vertreten hat. Das prägt weniger den Charakter, sondern mehr die Urteilsfähigkeit und die Belastungsfähigkeit durch eine Vielzahl von zu verarbeitenden Informationen. Ein Berater wird bei aller Spezialisierung ein Generalist bleiben müssen, der sich nicht nur im Expertentum des Projektmanagements verliert. Seine Erfolge, die Vorauskalkulierung seiner Erfolge sind sehr viel weicher als die eines in den Gesamtablauf einer Großorganisation eingebetteten Managers. Deswegen ist es wesentlich, sich vor der Zusammenarbeit mit einem ehemaligen Personalchef oder Personalsachbearbeiter im persönlichen Gespräch über dessen aktuelle Qualifikationen zu informieren. Zeugnisse sind hier von geringem Wert, ebenso der Hinweis auf eine 20-jährige Branchenzugehörigkeit. Bedingt durch den starken Wettbewerb muß er nicht nur von der Persönlichkeit her überzeugen, sondern auch durch seine Gesprächstechnik, die es ihm erlaubt, die Bedürfnisse seines Gesprächspartners zu erkennen und

diese tiefer zu ergründen. Seine Reaktionsfähigkeit muß gut sein, denn jedes Aquisitionsgespräch in einem Unternehmen verläuft – zwar bei gleichem Standard – immer individuell. Insbesondere können hier gruppendynamische Aspekte einfließen, die ihm seine Arbeit erleichtern oder erschweren.
Das Vier-Augen-Gespräch ist eine der wichtigsten Arbeitsweisen des Personalberaters. Er sollte sich deswegen bewußt sein, daß eine Vier-Augen-Kommunikation bestimmte Vorteile und Nachteile beinhaltet, wenn man sie mit anderen Formen der Kommunikation vergleicht. Die Hauptvorteile sind Unmittelbarkeit und Assoziation. Die Unmittelbarkeit gibt Gelegenheiten, Fragen zu stellen, Antworten auf wichtige Punkte und Bedürfnisse des Klienten sofort zu finden oder unmittelbar danach vorzubereiten. Die Assoziation erlaubt ein klares Verständnis der gesprochenen Worte, indem man gleichzeitig die Gesten, die Tonlage, die Empathie, also das Beteiligtsein des Gegenübers sehen, fühlen und so eine richtige Interpretation vornehmen kann. Der Nachteil dabei ist, wenn man nicht ein Tonbandgerät laufen läßt, daß nicht eine durchgängige Wiedergabe des Gespräches möglich ist und daß teilweise Interpretationen nicht glaubwürdige Reproduktionen der Originalbotschaft sein können.

Ganz allgemein empfiehlt sich daher die Beachtung von 5 Punkten.

1. Kurz, aber nicht zu kurz sein.
2. Das Wichtigste im Vordergrund, keine unnützen Details, um die Zuhörer zu verwirren.
3. Schlüsse ziehen.
4. Die Ebene der Zuhörer richtig treffen: Sie sollen sie nicht beeindrucken, sondern Sie sollen sich selbst ausdrücken.
5. Bleiben Sie natürlich, behalten Sie Ihre Identität bei, z. B. im Unterschied zwischen jungen und erfahrenen Beratern. Geben Sie Ihr Bestes.

Es ist viel darüber geschrieben worden, daß der Berater sympathisch sein müßte, dem Klienten »liegen« müßte, um einen inneren Bezug zum Klienten herstellen zu können. Wir stehen dieser Aussage mit gemischten Gefühlen gegenüber. Aus der Verhaltenswissenschaft ist uns klar, daß es eine besonders gute Zusammenarbeit durch ein hohes Maß an Empathie und darüber hinaus Sympathie geben kann, aber nicht unbedingt muß ein mir besonders liegender Berater mir

auch die besten Besetzungsvorschläge für freie Stellen in meinem Hause machen können. Hier empfiehlt sich der Rückgriff auf situative Einschätzung. Wir sind nicht mit dem Berater »verheiratet«. Ein Berater, der sich im Rahmen der normalen konventionellen Bedingungen bewegt, der uns vielleicht menschlich unsympathisch, in seiner Ausstrahlungskraft nicht unbedingt begeisternd vor Augen steht, der aber immerhin in den letzten Jahren bzw. nach den ersten Erfahrungen es fertig gebracht hat, uns Positionen zu besetzen, die wir mit anderen uns besser liegenden Beratern nicht haben besetzen können, spricht allein schon durch seinen Erfolg für sich.
In der Industrie, in der Verwaltung, im Zusammenspiel von Menschen in großen Organisationen kann ein langfristig gutes Betriebsklima natürlich davon abhängig sein, ob es uns gelingt, die richtigen Menschen zu unserer Organisation hinzuzuführen. Schließlich haben wir auch noch die Möglichkeit, einen internen Berater einzusetzen, der auftretende Konflikte bearbeiten, besänftigen oder sogar beseitigen kann, indem er den Betroffenen hilft. Gerade der externe Berater aber hat den Vorteil, da er ja selbst immer »an das Ende denkt«, uns für einen begrenzten Zeitraum mit seinen Diensten zur Verfügung zu stehen und Erfolge zu erzielen ohne daß wir dabei die äußere und innere Haltung dieses Menschen mit der unseren ständig vergleichen müßten. Nicht immer sind die von uns am meisten gefühlsmäßig akzeptierten Personen auch die erfolgreichsten. Es gibt die schöne Geschichte von den beiden Menschen beim Hunderennen, von denen der eine sagt: Du, wette doch auf den. Und auf die Frage anhand welcher Kriterien, sagt er: Ach, er gefällt mir so gut. Er gewinnt zwar nie, aber ist immer der lustigste unter den Teilnehmern.
Natürlich ist es für den Berater wichtig, zu seinem Klienten eine Beziehung aufbauen zu können, die auf gegenseitiger Sympathie beruht. Wenn Sympathie im Spiel ist, wird dadurch leichter eine längerfristige Verbindung ermöglicht. Nun ist es oft in der Wirklichkeit so, daß gerade der Fachmann, der Experte als ein »Ekelpaket« angesehen wird, da er alles besser weiß. Der Berater wird es mit seiner speziellen Beratungstechnik verstehen, dieses Besserwissen so zu verabreichen, daß der Klient nicht darunter leidet bzw. es nicht als persönliche Kritik versteht. Was jedoch macht der Berater, dem sein Klient nicht sympathisch ist und umgekehrt? Er muß Empathie beherrschen.

Empathie ist im Beratungsprozeß selbst noch wichtiger als Sympathie. Wir können Empathie grob mit Einfühlungsvermögen übersetzen. Nach den Worten eines hervorragenden Kommunikationspraktikers, Mambert, ist »Empathie die Verfeinerung der grundlegenden Objektivität eines Menschen und seiner Fähigkeit, den Standpunkt zu verlagern«. Das Wort kommt aus dem Griechischen, die Wurzel bedeutete ursprünglich »leiden«. Wörtlich bedeutet Empathie die »Projektion des eigenen Bewußtseins auf jemand anderen«. Wenn wir uns in jemand anderen einfühlen, so ist das etwas sehr anderes, als lediglich seinen Standpunkt zu sehen. Wenn wir anderen gegenüber Empathie empfinden, dann fühlen wir uns eigentlich genauso wie er, denken wie er und leiden wie er. Wenn der Berater den Auftrag angenommen hat, muß er buchstäblich hinüber in die Welt des Kunden gehen. Eine tiefgehende Kommunikation wird nicht möglich sein, ohne sich in die Erfahrungen und Leiden des anderen hineinzuversetzen.
Der Berater wird dadurch in begrenztem Maße auch seine Fähigkeiten zum Schubladendenken entwickeln müssen, d. h. wenn er für einen Klienten tätig wird in einer bestimmten Sache oder Person, dann muß er sich bewußt von allen nicht wichtigen Gedanken und Ablenkungen ausschließen und voll auf diese Situation konzentrieren. Alexander Hamilton: »Das gesamte Genie, das ich besitze, besteht in folgendem: Wenn ich ein Thema vor mir habe, erforsche ich es in seiner gesamten Tragweite. Tag und Nacht habe ich es vor Augen. Mein Geist wird davon durchdrungen. Die daraufhin von mir unternommenen Bemühungen werden von den Menschen gern als Genie bezeichnet. Es ist die Frucht der Konzentration und des Denkens.« Im psychologischen Sinne hat Schubladendenken einen negativen Beiklang und negative Auswirkungen, wenn man es ständig betreibt. Die Fähigkeit dazu jedoch sollte ein Berater haben, nämlich Dinge wegzupacken, an die er nicht denken will und mit denen er sich im Augenblick nicht auseinandersetzen will. Mambert: »Vom Standpunkt der praxisnahen Kommunikation wird diese Fähigkeit jedoch zu einem sehr wertvollen Instrument. Die grundlegende Fähigkeit, eine gegebene Menge von Angelegenheiten, Gedanken oder Aktivitäten sozusagen in »Schubladen« abzulegen ist genau das, was einen Menschen dazu befähigt, alle seine Kräfte gegenüber dem Subjekt oder der augenblicklichen Situation voll zum Tragen zu brin-

gen. Das befähigt einen Menschen dazu, seine Ziele klar zu definieren, praktische und spezifische Pläne zur Problemlösung aufzustellen und seine Kommunikationsversuche sorgfältig auf sein Ziel abzustellen.«

Die Vorbereitung und der darauf aufbauende Einstieg in ein Gespräch mit einem Unternehmen über Möglichkeiten einer Zusammenarbeit kann schon Aussage genug über den Berater beinhalten. Ein gut über das Unternehmen informierter Berater, der es versteht dieses Wissen in einem kurzen Gespräch seinem Gegenüber deutlich zu machen, zeigt Professionalität, die ihn von einer Vielzahl seiner Kollegen abheben kann, die nur mal anrufen, weil sie gerade in der Gegend sind oder weil am Wochenende eine Anzeige vom Unternehmen geschaltet worden war. Aufgrund solcher Stellenanzeigen von selbstinserierenden Unternehmen erhalten diese teilweise hundert Zuschriften bzw. Anrufe von Personalberatern. Das Abheben aus der Masse und das Verzichten auf dieses Aquisitionsmittel als einziges Mittel sind Randzeichen dafür, daß eine Personalberatung aufgrund bestehender Kapazitätsauslastungen nicht den marktschreierischen Stil notwendig hat.

Nach wie vor sichtbarstes Zeichen des Erfolges einer Personalberatung sind die veröffentlichten Positionen in den Stellenteilen der Tages- und Fachzeitschriften wie auch seit einiger Zeit in dem Monatsmagazin »Capital«. Einen gewissen Aussagewert besitzt auch die Anzahl der angestellten Personalberater, sofern sie in die Auftragsgewinnung und in die Auftragsabwicklung aktiv eingeschaltet sind. Naturgemäß haben es Personalberatungsunternehmen schwer auf dem Markt, sich einen Namen zu verschaffen. Der Einstieg in dieses Geschäft hängt stark davon ab, ob »Neue« im Bereich der Personalberatung oder ein Partner in einer neuformierten Partnerschaft bereits das Handwerk eines erfahrenen Beraters beherrschen und auf einen eigenen Klientenstamm aus früherer Tätigkeit zurückschauen können. Auf- und Abstieg von Personalberatungsunternehmen und damit deren Erfolg bzw. Mißerfolg sind zum Teil ablesbar aus der Beraterrennenliste, die von der Tageszeitung »Die Welt« regelmäßig veröffentlicht wird. Neue Beratungsunternehmen haben sich auf Anhieb einen bemerkenswerten Platz in der Rennliste unter den ersten 15 verschaffen können. Das mag mit daran liegen, daß man erfahrene Berater angeworben hat oder aber auf ein gutes Klientenpotential aus anderen Beratungsbereichen des eigenen Unternehmens zurückgreifen konnte bzw. die Philosophie der neugegründeten Beratungen den Erfolg begründen. Von ihrem eigenen Erfolg wirtschaftlich abhängige Berater in Partnerschaften oder Personalberatungen mit Beteiligungsmodell arbeiten mit höherer Selbstmotivation als solche, die als reine Angestellte einer Beratung fungieren. Diese höhere Motivation können sich die Unternehmen zunutze machen, wenngleich gerade die so organisierten Personalberater erfolgsabhängige Honorare ablehnen. Branchen- oder Berufsspezialisten in der Personalberatung finden sich nicht im oberen Drittel der Rennliste, da diese lediglich die Stellenteile von zwei großen Tageszeitungen berücksichtigen. Ein weiterer Aspekt, der die Aussagefähigkeit dieser Rennliste beeinträchtigt, ist die Vernachlässigung der Insertionen in Fachmedien. Trotzdem bietet die Rennliste jedoch eine gute Grundlage für die Rangordnung von Personalberatungsunternehmen in der Bundesrepublik ihr Image betreffend und ist aussagefähig über den wirtschaftlichen Erfolg der Beratertätigkeit. Neben dem durch Referenzen nachweisbaren Erfolg eines Personalberaters, die es dem Unternehmen ermöglichen, sich mit anderen Unternehmerkollegen über Erfahrungen mit dem in Frage kommenden Personalberater oder Personalberatungsunternehmen zu unterhalten ist ein Qualifikationsmerkmal die Zugehörigkeit der Personalberatung zur Fachgruppe Personalberatung des Bundesverbandes deutscher Unternehmensberater (BDU). Da diese Fachgruppe nur nachweislich qualifizierte Beratungsunternehmen als Mitglieder aufnimmt, kann ein beratungsunerfahrenes Unternehmen davon ausgehen, daß die fachliche Qualifikation des BDU-Mitgliedes von vornherein sichergestellt ist genauso wie das Einhalten des durch die Gesetzgebung im Bundesgebiet vorgegebenen Rahmens.

II. Vertrauen als Grundlage der Personalberatung

1. Vertrauensgewinnung

Wir betonen in diesem Buche immer wieder die Bedeutung von Vertrauen und Offenheit als Voraussetzung für positive Ergebnisse in den Beziehungen zwischen dem Personalberater und dem Klienten. Mehr als mancher andere Berufsstand, beispielsweise einem Arzte vergleichbar, ist der Personalberater darauf angewiesen, das Vertrauen seines Klienten sich zu verdienen. Auf der anderen Seite muß er selbst dem Klienten eine gehörige Portion an Vertrauen entgegenbringen. Das ist nicht immer leicht, vor allem dann nicht, wenn ein teilweise schillerndes Image und bestimmte, von der Situation des Zusammentreffens geprägte Faktoren ihm als Hindernisse im Wege stehen. Deswegen widmen wir diesem wichtigsten Kapital eines Personalberaters neben seinem speziellen Fachwissen ein gesondertes Kapitel.

In jeder zwischenmenschlichen Beziehung und gerade in der Interaktion zwischen Personalberater und Klient geschieht eine Selbstdarstellung, die zur Entscheidungsgrundlage bei der Einschätzung der Vertrauenswürdigkeit wird. Dieser Austausch der Beziehung bedarf des Vertrauens in die eigene Selbstdarstellung (Selbstvertrauen) und in die Fremdinterpretation dieser Selbstdarstellung (Vertrauen in andere). Das gilt besonders in langfristigen Beziehungen zwischen Großorganisation, etwa einer großen Beratungsagentur, und einem Unternehmen: Je komplexer sie sind, desto größer ist die Abhängigkeit der einbezogenen Gruppen. Wenn das Vertrauen sich abschwächt, bricht die soziale Ordnung zwischen beiden zusammen. Wir können also drei Formen von Vertrauen unterscheiden:

- Selbstvertrauen
- Vertrauen in andere Personen und Gruppen
- Systemvertrauen (das Vertrauen in die Wirtschaftsordnung, in die Finanzen, Investitionen, in Autorität, Wahrheit, Fachwissen und in legitime unternehmerische Macht).

Im Vertrauen geht es um die Erhöhung der eigenen Verwundbarkeit gegenüber anderen, deren Verhalten man nicht allein selbst steuern

kann, und zwar in Situationen, in denen die Strafe, der Verlust oder der Entzug, den man ertragen müßte (Verlust des Auftrags) falls die anderen die eigene Verwundbarkeit mißbrauchen oder nicht schützen, wesentlich größer ist, als der Nutzen, die Belohnung oder die Befriedigung, die man erlangen würde, wenn der andere die eigene Verwundbarkeit achten oder schützen würde.
Morton Deutsch definiert vertrauensvolles Verhalten als »Verhaltensweise, die (a) die eigene Verwundbarkeit steigert (b) gegenüber einer Person, die nicht unserer persönlichen Kontrolle unterliegt, (c) in einer Situation, in der der Schaden, den man erleidet, wenn ein anderer diese Verwundbarkeit ausnützt, größer ist, als der Vorteil (Nutzen), den man gewinnt, wenn der andere sie ausnützt.«
Gerade im Verhältnis Personalberater – Klient kann Vertrauen als die Erwartung eines Menschen oder einer Gruppe bezeichnet werden, daß man sich auf das Wort, das Versprechen, das mündliche oder schriftliche Statement eines andern oder einer Gruppe verlassen kann. Bei Morton Deutsch finden wir eine interessante Zusammenfassung der philosophischen Betrachtungsweise Nikolai Hartmanns zum Vertrauen in 5 Abschnitten zusammengefaßt.

– Wagnis, Mut und seelische Kraft im Vertrauen
»Alles Vertrauen und aller Glaube ist ein Wagnis, es gehört immer ein Bruchteil sittlichen Mutes und seelischer Kraft dazu.«

– Blinder Glaube
»Vertrauensfähigkeit ist Seelenstärke, eine moralische Kraft eigener Art. Ihr Grund ist nicht die Erfahrung ...«

– Solidarität und erziehende Macht des Glaubens
»Mißtrauen ist Ohnmacht. Vertrauen verpflichtet.«

– Glaubensmoment in der Freundschaft
»Voll wird der Wert des Vertrauens erst in der Gegenseitigkeit.«

– Lebensoptimismus und Hoffnung
»Im Wesen aller solcher Lebensperspektiven – und das sind gerade diejenigen, welche dem Leben seinen höchsten Sinn verleihen – liegt es, daß die Irrealität des Zieles die Realität der Aufgabe nicht beeinträchtigt.«

In der sozialpsychologischen Forschung wurde oft ein negativer Überhang der Reaktionstendenzen bei Interaktionen gefunden, was geringe Hoffnung für die Entwicklung einer dauerhaften Vertrauensbasis keimen läßt.
Aussage Deutsch: Es ist leichter, von unberechtigtem Vertrauen zu Mißtrauen zu gelangen als umgekehrt. Gegenseitiges Mißtrauen bildet damit ein stabileres Gleichgewicht als gegenseitiges Vertrauen. Andere Wissenschaftler, so Rogers, widersprechen durch die Postulierung einer konstruktiven und vertrauenswürdigen Grundnatur des Seins. Das besondere Problem des Vertrauens liegt in der zeitlichen Vorwegnahme und damit in einer riskanten Vorleistung des Vertrauenden, an der allerdings kein Weg zur Reduktion der ungeheuren Komplexität moderner Gesellschaften vorbeiführt (Luhmann).
Die Beeinflussung des Vertrauensniveaus in Organisationen durch die Schaffung einer tragfähigen Vertrauensbasis wird möglich durch eine Doppelstrategie, in der »es erstens um Angstabbau geht (Angst = Gegenteil von Vertrauen), und zweitens um die Herstellung von Bedingungen, die die Bildung des Vertrauens begünstigen.« (Koczkas)
Bedingungen für Vertrauen sind nicht nur Erklärungen und Informationen durch andere, sondern auch der willentliche Informationsverzicht des Vertrauenden. Aber: Bevor Vertrauen herrscht, können Informationen leicht verdreht werden. Angst wird am besten durch Mitmachen bzw. Schaffung von Beteiligungsmöglichkeiten (Opfer aus eigenem Entschluß) abgebaut. Dabei können Fachwissen (Expertentum, Autorität) mit dazu beitragen, Angst und Widerstände gegen Veränderungen abzubauen.
Koczkas: »Bei kurzfristiger Zielsetzung kann auch die Betonung von persönlichen Vorteilen, die sich aus dem eventuellen Vertrauenserweis ergeben können, erfolgreich sein. Liegt jedoch der zu erwartende Nutzen in weiter Zukunft, z. T. sogar außerhalb der eigenen Lebensperspektive (bei Lösung von Umwelt- und Energiefragen ist dies ganz offensichtlich der Fall), oder liegt eine Krisensituation vor, die die Belohnung weniger wahrscheinlich erscheinen läßt, ist ein Kosten-Nutzen-Vergleich als Bedingung für Vertrauen wenig angebracht.«
»Versteht man in Anlehnung an die kognitiven Motivationstheorien

Motivation als die Erwartung eines bestimmten Handlungsausganges (z. B. Anerkennung, Beförderung) und bedeutet Vertrauen die Erwartung, daß man sich auf das Versprechen anderer verlassen kann, so kann nur ein vertrauenswürdiger Vorgesetzter die Mitarbeiter dauerhaft motivieren. Vertröstungen, leere Versprechungen demotivieren die Mitarbeiter und lassen den Vorgesetzten unglaubwürdig erscheinen. Da auch wirklich vorhandene Anreize ihm nicht mehr »abgekauft« werden, sind für ihn alle Möglichkeiten der Motivation verloren.«

An diesem Beispiel wird auch die motivierende Kraft von Vertrauen deutlich. Sie bildet nicht nur die Grundlage der Identifikation der Mitarbeiter mit den Zielsetzungen des Unternehmens, sondern hilft bei der Lösung von Loyalitätskonflikten, die sich für sie aus dem Eingebettetsein in unterschiedliche soziale Gruppen ergeben. Auch hier ist der Vorgesetzte die vermittelnde Instanz.

Vertrauen in Organisationen bildet die *Basis* für die *Zusammenarbeit* innerhalb des eigenen Systems, für die *Wechselbeziehung* mit der bestimmenden Umwelt und für die immer wieder notwendigen *Veränderungsprozesse*, sei es innovativer Art, sei es im Sinne nachvollziehender Anpassung.

Die Erhöhung des Vertrauensniveaus ist eine langfristige Aufgabe von Organisationen, die durch ihre Umsetzung selbst das gewünschte Ergebnis hervorbringt: die Bemühungen des einzelnen wie von Gruppen und Organisationen, anderen Vertrauen entgegenzubringen, erweisen sie selbst als vertrauenswürdig, was auf die Dauer zum Vertrauenserweis führt. Dies geschieht durch Eingehen auf den/die anderen in intensiven Kontakten und Interaktionen und durch die schier unerschütterliche Energie, Vertrauen als Vorleistung zu erbringen, ohne nach kleineren Einbrüchen entmutigt auf offene oder subtile Machtausübung zurückzugreifen. Dieses Verhalten offenbart nicht nur Vertrauenswürdigkeit, sondern auch die eigene Vertrauensfähigkeit, die die Grundlage der Gegenseitigkeit von Vertrauen bilden.

Ohne jegliches Vertrauen könnte auch der Manager morgens sein Bett nicht verlassen. Der Gegensatz von Vertrauen ist Angst. Das Fundament für Vertrauen wie für Mißtrauen ist Vertrautheit. Wir betonen deshalb sehr stark den Begriff des Vertrauens für Personalberater und Klientenbeziehungen, weil es in diesen Beziehungen weniger auf al-

leinige Sympathie ankommt, sondern auf die bewußt getragene Beziehung zwischen zwei Personen oder Gruppen zur Erledigung anstehender Probleme oder Regelung von Situationen. Schon Dale Zand hat darauf hingewiesen, daß man Vertrauen zu einem Menschen haben kann, ohne Zuneigung zu ihm zu empfinden. Ein Flugzeugpassagier hat Vertrauen zum Piloten, empfindet aber keine Zuneigung für ihn. Dem Personalberater vertrauen und ihn mögen sind zwei Dinge. Auch Eltern zeigen (so Zand) Vertrauen, wenn sie ihre Kinder einem Babysitter überlassen, damit sie selbst ins Kino gehen können. Sie lassen ihre Kinder in der Obhut des Babysitters zurück und erhöhen damit ihre eigene Verwundbarkeit und die der Kinder erheblich. Sie können das Verhalten des Babysitters nicht mehr steuern sobald sie das Haus verlassen haben. Wenn der Babysitter ihre Verwundbarkeit mißbraucht, kann eine Tragödie die Strafe sein, die den Rest ihres Lebens negativ beeinflußt. Wenn der Babysitter ihre Verletzlichkeit nicht mißbraucht und zuverlässig ist, können sie den Kinobesuch mit Freude genießen, wenn sie selber nicht von Mißtrauen zerfressen sind. Oder übertragen wir das Bild auf das Unternehmen, wenn Vertrauen zwischen Personalberater und Auftraggeber herrscht, kann sich der Auftraggeber im Unternehmen auf seinen Projektmanager »Personalberater« verlassen.
Aus der Praxis wissen wir jedoch, daß es im Unternehmen und in den Beziehungen zu dem Personalberater immer wieder vor allem 3 Haupthindernisse gibt, die dem Vertrauen oder zumindest dem Vertrautsein entgegenstehen.
Louis B. Barnes, Harvardprofessor, hat die wesentlichen 3 Annahmen in seinem Artikel »Vertrauen im Unternehmen«, Harvard Manager 1, 1982, festgehalten. »1. Bei wichtigen Fragen entstehen naturgemäß zwei einander widersprechende Lager, die durch das Entweder-oder-Denken exemplarisch charakterisiert werden. 2. Harte Daten und Fakten werden – entsprechend der Regel ›hart ist besser als weich‹ – höher bewertet als anscheinend ›weiche‹ Ideen und Spekulationen. 3. Die Welt ist, allgemein gesagt, ein unsicherer Ort. Das umfassende Mißtrauen eines Menschen gegenüber seiner Umwelt ist der Ausdruck davon.
Diese Annahmen können oft nützlich und erforderlich sein. Für sich genommen, scheinen sie so natürlich zu sein, daß wir sie nicht als schädlich betrachten. Tatsächlich halten wir sie oft sogar für gesund,

in manchen Situationen meinen wir z. B., daß nur ein Dummkopf kein Mißtrauen zeigen würde.«

Wenn Manager von diesen 3 Annahmen gleichzeitig ausgehen, was wir natürlich auch tun, können sie kurzfristig nutzen, langfristig aber destruktiv sein. Noch zu oft werden vom Personalberater Sofortlösungen erwartet, die aus einem Schwarz-Weiß-Denken, einem Suchen nach harten Fakten und dem Mißtrauen gegenüber dem Berater wie dem zukünftigen Mitarbeiter und natürlich auch dem Kollegen in der eigenen Organisation getragen werden. Dabei wird oft übersehen, daß unrealistische Zeiteinschätzung zu Beginn eines Auftrages, falsche Vorstellungen über »harte« und »weiche« Fakten aus dem Bereich des Experten sowie ein, wie es bisher erfolgreich, so glauben viele Auftraggeber, praktiziert wurde, »gesundes« Mißtrauen gegenüber dem Berater die besten Grundsätze für den Erfolg sein könnten. Wir wissen jedoch seit langem, daß ein Entweder-oder-Denken irgendwann unvermeidlich in eine Sackgasse führen wird, wenn nicht ein lebensfähiges Sowohl-als-auch mit in die Überlegung einbezogen wird. Das zeigt sich vor allem in Krisensituationen. Und nicht immer waren es die sofort »hart« auf der Hand liegenden Fakten, die zur richtigen Lösung führten.

Der Spruch »Es gibt immer eine Lösung: Sofort, hart und völlig daneben« hat durchaus seine Berechtigung. Und wohin die Annahme, die Führungskraft sei der Wolf der Führungskraft bzw. der Berater sei der Wolf der Führungskraft, geführt hat, muß nicht erst im Zeitalter komplizierter Personalentwicklungsmaßnahmen und Führungsentwicklung erneut erläutert werden. Wer Mißtrauen sät, wird Sturm ernten, und wer sich ständig in einer feindlichen Umgebung fühlt, wird selber zu einem verschobenen Bild gegenüber der Wirklichkeit gelangen. Meistens waren nicht die nach außen hin harten und im Kern weichen Verhandler die erfolgreicheren, sondern die, die ihre Härte in der Sache sachlich, kritisch, analytisch mit äußerer Verbindlichkeit untermauern konnten. Situationen sind oft anders als sie zunächst oberflächlich aussehen. Sie können paradox sein, sie können verdeckte Fallen und natürlich auch verdeckte positive und negative Lösungen enthalten.

Auf der Suche nach einer einfachen Stellenbesetzung können sich völlig neuartige Konstruktionen für die Position selbst, für den Aufwand an Personal und für eine ganze Organisationsebene, ja für das ganze Unternehmen ergeben. Barnes weist darauf hin, daß als Lösung ein Eingehen auf das Paradoxe in Zukunft mehr berücksichtigt werden sollte. Auch Peter Drucker und Ernest Dichter postulieren es ähnlich. Paradoxe Handlungen bestehen laut Barnes aus »absurden« Schritten, wie z. B. jemand intensiv zuzuhören, wenn man versucht, ein Streitgespräch zu gewinnen. Diese Handlungen brechen falsche Dichotomien auf und überbrücken sie zugleich. Sie schaffen funktionierende Verbindungen zum Vertrauen, wo es vorher wenige oder gar keine gab.«

In einer Fähigkeitenliste für die Kunst des Beratens steht denn auch das Zuhörenkönnen für den Berater nicht zufällig an 1. Stelle. Das wichtigste am Paradoxen eines Problems oder einer Situation oder einer Beziehung sieht denn Barnes auch darin, daß »es gerade unser Verständnis zu überschreiten scheint, weil es zum Teil auf einer unbekannten Logik oder einem unbekannten Axiom beruht.« Die populärsten Managementkonzepte der vergangenen Jahrzehnte haben teilweise ihre Grundlage im Paradox. »Die Arbeiten von McGregor, Blake und Mouton sowie von Laurence und Lodge ? enthalten alle Paradoxien« (Barnes).

So läuft denn auch der Berater Gefahr, sich zu verbrauchen, wenn er in die extremste Form des Projektmanagements der ständigen unmittelbaren Lösungssuche nach Schema F ohne Analyse verfällt. Und sein Klient bekommt eine kurzfristig tragbar erscheinende Lösung, die jedoch schon die Konflikte für die Zukunft in sich trägt. Als kreativen Ansatzpunkt empfiehlt Barnes dem Personalberater und seinem Klienten gleichermaßen: »In gleicher Weise muß ein Manager, der das Entweder-oder-Denken und sein pflaumenweiches Gegenteil, die überdurchschnittliche Ungewißheit vermeiden, ganz bewußt einen Sowohl-als-auch-Standpunkt einnehmen, bei dem die Bestandteile separat gehalten aber nicht als im Konflikt miteinander befindlich aufgefaßt werden. Schließlich – und das ist das Schwerste – müssen Manager das Hart-weich-Verhalten durch paradoxe Handlungen ersetzen, die mit neuen Informationen zurechtkommen, wichtige Diskrepanzen konfrontieren und sich um einzelne Personen und Probleme kümmern. Das Ziel besteht nicht darin, das eine oder das andere zu tun, sondern beides in ein Muster separater Verhaltensweisen einzuweben, das die Grundlage für neue, auf Reziprozität angelegte Muster bildet.«

Viele ehemalige Personalberater haben an einem Punkt ihrer Karriere den Fehler gemacht, sich in das Unternehmen ihres Klienten durch eine lohnende Aufgabe einbinden zu lassen. Sie kamen als Berater, die sich durch ihre hohe Ansiedelung in der Führungshierarchie im Unternehmen besondere Durchgriffsmöglichkeiten erhofften. Was sie dabei vergessen hatten war, daß nach einem längeren Zeitraum ihre externe Analysefähigkeit durch die Hauspolitik überlagert wurde, die nun einmal nicht von innen durch andere Möglichkeiten allein zu ersetzen, zu verändern bzw. zu erneuern waren. Sie wurden gute oder schlechte Führungskräfte ihres Klienten, gaben aber ihre spezielle Beratungsrolle dort auf, wo sie nicht speziell als interne Berater von Anfang an eingesetzt wurden und sich ihren Beratungsspielraum in allen Ebenen des Unternehmens vertraglich und de facto erkämpfen konnten.

»Die Betrachtung der verschiedenen Ansätze zur Vertrauensforschung haben zwar kein konsistentes Konzept, gar eine Theorie des Vertrauens erbracht. Sie bieten aber eine Fülle interessanter und wertvoller Anregungen für die Behandlung von Vertrauen als Analyseeinheit in Betrieben und Organisationen:

1. Vertrauen ist Wagnis. Bei Vertrauen ist der mögliche Verlust größer als der mögliche Gewinn.
2. Vertrauen verzichtet (graduell) willentlich auf Wissen und Information.
3. Vertrauen ist Voraussetzung für Kommunikation.
4. Kommunikation (Interaktion) ist das Medium für Vertrauen.
5. Vertrauen und Vertrauenswürdigkeit stehen in einem reziproken Verhältnis.
6. Vertrauen erzeugt häufig Vertrauen: Mißtrauen mit großer Wahrscheinlichkeit Mißtrauen. In dieser Wechselbeziehung ist ein negativer Überhang anzunehmen.
7. Vertrauen hat eine (vor allem bei langfristigen Aktionen) problematische Zeitperspektive.
8. Vertrauen hat verschiedene Dimensionen, die sich gegenseitig bedingen.
9. Vertrauen ist als Mittel zur Reduktion von Komplexität zwischen Menschen, Gruppen und Organisationen entscheidungsrelevant.

10. Mißtrauen ist je nach Situation und Objekt relevante Handlungsstrategie.
11. Das Gegenteil von Vertrauen ist Angst, die zur Handlungsunfähigkeit führt.
12. Vertrauen/Mißtrauen ist kein stabiler Persönlichkeitszug, wenn auch die Herausbildung der Grundtendenz in der frühen Kindheit liegt.«*

2. Personalberater und Klient

Worauf legen Unternehmen den größten Wert, nachdem sie sich zögernd für die Zusammenarbeit mit einem externen Personalberater entschlossen haben, sei es, daß sie ihn als Projektmanager, sei es, daß sie ihn als – psychologisch gesehen – kritischen Berater benötigen.

Alexander Koch, Personalvorstand der Grundig AG, macht in einem Interview mit dem Manager Magazin (5/82, S. 135) klar, wie sich ein Personalchef oft fühlt, wenn er einen Berater einschaltet:

»Der Personalchef eines Wirtschaftsunternehmens hat immer ein schlechtes Gewissen, wenn er einen Consultant ins Haus holt. Denn eigentlich ist das, was der Consultant macht, seine Aufgabe. Tatsache ist jedoch, daß er durch Personalreduzierung, Kosteneinsparung und die unmäßige Flut an Formalismus, staatlichen Vorschriften, Mitbestimmungserfordernissen usw. gar nicht in der Lage ist, alle Aufgaben selbst zu erfüllen.«

An erster Stelle steht die Schaffung eines Vertrauensverhältnisses zwischen den Managern des Unternehmens und dem Personalberater. Unmittelbar verbunden mit diesem Vertrauensverhältnis ist die absolute Vertraulichkeit oder auch Diskretion, auf die das Unternehmen rechnet. Nun geben immer wieder fast alle Menschen auf Diskretion angesprochen öffentlich bekannt, daß sie sehr vertrauenswürdig und zuverlässig im Nichtweitergeben von Nachrichten seien.

Ein Unternehmen mit personellen Problemen wird diesen Lippen-

* Koczkas, Susanne: Vertrauen im Betrieb – Grundlage des Wandels in: Zander, Reineke, Hrsg., Führungsentwicklung, Heidelberg, 1981

bekenntnissen kaum einen hohen Stellenwert einräumen. Wichtig sind die ersten Kontaktgespräche, bei dem die Unternehmensführung vor allem im Hinblick auf die externe Auswahl neuer Führungskräfte für den oberen oder unteren Bereich in ihrem Hause sehr genau erkunden wird, ob der Personalberater, mit dem sie gerade sprechen, wirklich diskret ist. Seriosität gehört mit dazu, ist aber nicht abhängig vom Alter und den Erfahrungen des Personalberaters. So wie das Interview zwischen Personalberater und Bewerber einen zentralen Stellenwert hat, so hat bei der Kontaktanbahnung zum Unternehmen das längere persönliche Gespräch, das sich gegenseitig Kennenlernen einen hohen Stellenwert im Vorentscheidungsraum. In diesem ersten Gespräch wird auch bereits klar werden, ob ein Vertrauensverhältnis operabel gemacht werden kann, das heißt, ob eine wirklich enge Zusammenarbeit zwischen dem Personalleiter, der Geschäftsführung und dem Personalberater möglich sein wird. Die positiven Reizwörter beider Seiten werden hier zu einer Synthese führen oder zu einer Nichtzusammenarbeit. Schon hier wird die beiderseitige Beherrschung der Fragetechnik auf beiden Seiten dazu führen, ebenfalls über das vorsichtige Abtasten hinaus ein Informationsverhältnis zwischen beiden zu begründen. Der Personalberater wird gut beraten sein, für diese ersten persönlichen Kontaktaufnahmen im Hause eines zukünftigen Klienten die gleiche Checkliste für sich selbst im Kopf zu haben, die er sonst für seine Bewerber anzuwenden pflegt. Denn es ist durchaus anzunehmen, daß der ihm gegenübersitzende Personalleiter nach einer ähnlichen Checkliste unter den Unternehmensberatern und Personalberatern wählen wird.

Viele Firmen fahren in diesem Bereich auch eine indirekte Strategie: Sie erkundigen sich bei Kunden, Tochterfirmen und in Erfahrungsaustauschgruppen unter persönlich bekannten Unternehmensführern nach Beratern, die in den Firmen der Befragten gute Erfolge erzielt haben. Eine von außen kommende Referenz wird deswegen auch psychologisch gesehen stärkere Wirkung bei der Auswahl des Personalberaters haben, als eine, die man selbst als Referenz anzugeben pflegt. Der Personalberater ist gut beraten, seine Referenzen nicht mit der Gießkanne zu streuen, sondern sich sehr genau zu überlegen, wie er einen potentiellen Klienten als Referenz angeben wird.

1976 veröffentlichte das britische Managementinstitut in seinen Managementinformationen Nr. 55 ein Arbeitspapier mit Hinweisen darauf, wie man die Arbeit von suchenden und selektierenden Personalberatern als Klient nutzen sollte. In dieser Liste wurden auch wichtige Punkte genannt, die der Klient dem Berater unbedingt sagen sollte, wenn dieser sie nicht von sich aus erfragt.

1. Warum die Position frei wurde
2. Bei einer neuen Position, warum diese Position notwendig wurde
3. Warum diese Position nicht innerbetrieblich ausgeschrieben wurde
4. Die Stellung der Position in der Führungsstruktur
5. Die vorgesehene Arbeitsbeziehung zwischen Mitarbeitern und Vorgesetzten
6. Die Gesamtkompetenz der Position
7. Die Geschichte des Unternehmens und seine zukünftigen Pläne
8. Gehalts- und sonstige Angebote des Unternehmens
9. Der zur Verfügung stehende Zeitraum für die Besetzung der Position
10. Kostenbudgets für die Position
11. Der Name der Person im Unternehmen des Klienten mit dem der Berater ständig zu tun haben wird
12. Die Grenzen der Vertraulichkeit, was an Informationen gegeben werden kann innerhalb und außerhalb des Unternehmens
13. Welche Aktionen unternommen werden sollten, falls nach Besetzung der Klient oder der erfolgreiche Kandidat unzufrieden sein sollten.

Was immer die Gründe sein mögen, der Überlebensinstinkt des Beraters wird ihn dazu führen, mit dem Sitz der Macht in der Organisation zu koalieren. In vielen Fällen wird der Berater die Antwort heraussuchen, die ihm seiner Ansicht nach den Meinungen der wichtigsten Mitglieder einer Managementorganisation am nächsten erscheint und er wird dann geringe Varianten für gute Meßgrößen in der Reflektion anderer Meinungen einbauen. Die Unabhängigkeit darf also nicht zu sehr überbewertet werden. Der wichtigste Grund warum man einen Berater bemüht, ist, um begrenzte eigene Hauskapazitäten oder um ein neues Projekt für das noch nicht genügend personelle Ressourcen im eigenen Hause da sind, zu bemühen. Der

Kunde bekommt seine Arbeit getan und die Beratungsfirma hat die Möglichkeit, ihren Mitgliedern ein On-the-Job Training zu geringem Risiko und für einen akzeptablen Gewinn zu geben. Die eben genannten Gründe treffen aber nicht mit dem wichtigsten Kriterium zusammen: Ein Unternehmensberater muß die letzte Zuflucht in der Lösung für irgendein Projekt sein, in dem er nicht einfach die passive Rolle eines Exekutors akzeptieren kann.
Die Nützlichkeit des Beraters wird bestimmt bei den *Resultaten* in der Einführung seiner Empfehlung und nicht durch die Empfehlung selbst. Er wird also in irgendeiner Weise doch zum Projektmanager werden, der den ihn beschäftigenden Unternehmen die Problemlösung bringen soll. In den allermeisten Fällen ist die Anforderung an den Berater an die Zukunft gerichtet, d. h. man schaltet ihn dann ein, wenn man bestimmte Dienstleistungen benötigt, die für die Zukunft wichtig sind. Die Firma wird ihn nicht holen – in den meisten Fällen jedenfalls nicht – um Leichen im Keller aus der Vergangenheit von außen hervorgraben zu lassen. Erfolg oder Mißerfolg eines Personalberaters werden dann auch weniger gemessen an seinen eigenen Möglichkeiten, die er einbringt, sondern vor allem auch an den Fähigkeiten seines Kunden, ihm die eigenen Anforderungen sehr klar und deutlich darzustellen. In vielen Fällen ist es ein kleiner Marktvorsprung vor anderen Personalberatungen oder Personalagenturen, die dem Berater bzw. der Beratungsorganisation es ermöglichen im Sinne der Forderung von Peter Drucker nach mehr Kreativität und nach mehr Imagination, die schnelleren und kreativeren Wege als andere im Markt befindliche Wettbewerber zu finden.
Auch für die Personalberatung selbst gilt, was im allgemeinen Unternehmensberatungsmarkt Gültigkeit hat: Berater und Beratungsorganisationen können in 3 Kategorien eingeteilt werden

1. Einzelspezialisten
2. Kleinere Firmen mit Stäben von Spezialisten
3. Große multidisziplinäre Unternehmungen im Beratungssektor.

Sie alle haben Vorteile und Nachteile anzubieten.
In der Zusammenarbeit mit einem Einzelberater hat der Kunde natürlich ein klares Bild von dessen Erfahrung, von dessen Persönlichkeit und dessen Möglichkeiten, weil die Person, mit der die Eingangsverhandlung geführt wird, die das Interview führt auch die sein

wird, dir für ihn die Arbeit insgesamt erledigen wird. Die Referenzen sind leicht nachprüfbar und die Ausdehnung ihres Engagements in früheren Projekten ist leicht nachprüfbar. Ihr Kennzeichen sind meistens persönliche Referenzen. Ein ähnliches gilt auch für kleinere Firmen mit 1–5 Beschäftigten oder Partnern, denn als Kunde werden Sie mit dem gleichen Menschen zusammenarbeiten der die Arbeit verkauft. Es ist üblich geworden, solche Firmen als Pools zu bezeichnen, in denen unterschiedliche Individuen, Charaktere mit unterschiedlichen Fähigkeiten zusammengefaßt sind. Bei großen oder mittleren Unternehmensberatungen gibt es allerdings eine unterschiedliche Mischung. Ihre Pflichten sind sehr oft aufgesplittert zwischen den Verkäufern und denen, die die Arbeit dann durchführen, zwischen den Managern und den Operatoren. Z. B. sind Operatoren Personen mit der technischen Expertise und der Fähigkeit zu verkaufen, die erste Kontakte halten, die das Ziel definieren, die Vereinbarungen zwischen Kunden und Beratungsfirma definieren und die Ausdehnung der Zusammenarbeit bestimmen und schließlich natürlich auch, was sehr wichtig ist, Größe und Qualifikation des Teams bestimmen, das an dem Projekt arbeiten wird. Eine Kontrollfunktion ist ebenfalls eingeschlossen. Sie sind auch diejenigen, die Referenzen aus der Branche aufzuweisen haben und sich darauf berufen. Hierbei gibt es einige Schwierigkeiten:

1. Sie haben keine Versicherung dagegen, daß die Berater, mit denen Sie sprechen, wirklich Teil des Teams sein werden. Möglicherweise werden sie als Verkäufer in der Hierarchie verbraucht, und Sie erhalten nachher Mitarbeiter aus der Agentur mit mittleren Fähigkeiten oder Sachbearbeiterfähigkeiten, die nicht schlechter sein müssen als das, was in der Eingangsvereinbarung besprochen wurde, die aber zu Konflikten in der gegenseitigen Sprachregelung und des besseren Strategieverständnisses führen.
2. Die Hintergründe von Mitgliedern des Teams werden oft dem Kunden in der Kompetenz dargestellt, die für ihn am besten aussieht. Das muß sich nicht unbedingt mit den in dem Arbeitsteam befindlichen Kapazitäten des Einzelnen in der Gesamtheit seiner Erfahrung und Fähigkeiten decken.
3. Die Beschreibung der Arbeit einer Person gibt nicht seine wirkliche Rolle oder den Umfang seines Eingebundenseins wieder. Wenn sie lesen, z. B. ›nahm teil an‹ oder ›war Assistent in folgendem Pro-

jekt‹ kann das auch auf eine untergeordnete Rolle und ein lediglich passiv lernendes Dabeisein hinweisen.

4. Aus Gründen der Vertraulichkeit sind oft auch Kunden beschrieben in schwammigen Begriffen wie ›ein großes Unternehmen in diesem‹ oder ›eine leitende Unternehmung in dem Bereich‹. Forschen Sie besser nach einer verbalen Identifizierung im kleineren Gespräch mit dem Vertreter der Personalagentur, denn sonst könnte es passieren, daß Ihre Zusammenarbeit in einem einzigen Nebelschleier stattfindet und die Frage ist berechtigt, wie Frankenhuis sie stellt: »Wenn Ihr zukünftiger Berater Ihnen nicht traut und Ihrer Diskretion, warum sollten Sie seiner trauen?«

5. Lassen Sie sich nicht von allgemeinen Ausführungen über den Hintergrund der Berater irreführen. Immer wieder erleben wir, daß Beratungsfirmen weniger die praktischen Resultate ihrer früheren Beratungstätigkeit beschreiben. Wenn sie Ihnen dazu sagen, daß durch ihr Dabeisein, ihr früherer Kunde eine Umsatzsteigerung oder eine Gewinnsteigerung erreicht hat, werden Sie auf der anderen Seite niemals lesen, daß die Zusammenarbeit beendet wurde, weil der Klient die Vorschläge für sinnlos oder für zu aggressiv hielt und sie niemals eingeführt hat.

6. Es hilft Ihnen wenig, wenn Ihnen die Beratungsfirma mitteilt, daß sie in Südamerika oder in Südafrika einen besonders guten Job in ihrer Branche erfüllt hat. Die speziellen Erfahrungen stammen dann nämlich aus diesem Bereich und werden in diesem speziellen geografischen Bereich letzten Endes bleiben. Sie sind nicht direkt übertragbar. Wenn sie also mit einem Berater verhandeln, gehen Sie immer davon aus, vor allem in Ihrer Zieldefinition, daß die eingesetzten Ziele entweder durch Vorgaben, Vereinbarungen oder durch gemeinsame Erarbeitung erreicht werden müssen. Machen Sie dem Berater ebenfalls klar, daß Überschreitungen der Kosten nicht von Ihnen geduldet werden und bestehen Sie auch darauf, daß eine Strafmaßnahme für eine Überziehung im Vertrag eingebaut wird. Wenn z. B. eine Beratungsfirma Fehler macht, ist es ihre eigene Sache, wenn sie Überstunden machen muß, diese Fehler wieder auszubügeln. Es ist dabei sehr wichtig auch die Rolle des eigenen inneren Ansprechpartners in der eigenen Organisation vorher rechtzeitig zu definieren. Es könnte z. B. von großem Schaden für den Auftraggeber sein, wenn er in diesen Auftrag ohne nähere Nachprüfung und ohne

In-Verbindung-bringen andere Abteilungen einbezieht, die sich hinterher gemessen an den hohen Kosten des Beraters außerordentlich unproduktiv oder nicht kooperativ zeigen. Es bedarf nicht erst eines weiteren Hinweises darauf, daß die Arbeit eines externen Beraters in vollem Umfang zeitlich begrenzt, aber auch im ersten Augenblick besonders teuer erscheint. Der Klient hat ein Anrecht darauf, für jede Stunde seiner Arbeit auch die vorher vereinbarte Qualität seiner Arbeit zu bekommen. Das ist allein sein Risiko und nicht zu vergleichen etwa mit dem mehr oder weniger segensreichen Wirken eines seit 25 Jahren auf demselben Stuhl sitzenden Managers in der eigenen Firma.
Zusammengefaßt: Die Größe einer anbietenden Firma ist für Sie nicht so interessant, denn für den Kunden ist es nicht eine Frage, alle seine Eier in den gleichen Korb zu schmeißen, sondern die richtigen Eier in einen sehr wohl ausgewählten Korb zu legen.
Frankenhuis weist darauf hin, daß es natürlich die eine oder andere Firma im Beratungsmarkt gibt, die man mit einer Supermarktklassifikation bezeichnen könnte: Sie brauchen es und wir haben es. Solche riesigen Denktanks haben ihre speziellen Schwierigkeiten. Ihre Stärke besteht darin, daß sie innerhalb kürzester Zeit und ohne großen zusätzlichen Aufwand in der Lage sind, größere Teams zur Verfügung für den neuen Kunden zu stellen.

In der Fachzeitschrift Der Organisator (Schweiz) wurde eine Checkliste aus dem Buch von Viktor Bataillard, Das eigene Geschäft, Seite 298, veröffentlicht. Wir geben diese Liste inhaltlich als Anhalt für zu beachtende Punkte wieder:

1. Vor der Auftragserteilung zu beachten:

a) Einholung von Angeboten verschiedener Berater
b) ein Fachgespräch über den Beratungsgegenstand mit mindestens 2 Beratern.
c) Referenzen über den Ruf des Beraters
d) Prüfung der Fachkenntnisse des Beraters
e) Besprechung des Honorars
f) Vorlage eines Planes
g) Aufwandsschätzung
h) Ist Zusammenarbeit auf menschlicher Ebene möglich?
i) Festlegung von Kontrolle der Beraterleistung

2. Schriftlich formulierter Auftrag mit folgenden Punkten:
a) das zu erreichende Ziel
b) Kompetenzen des Beraters, z. B. in einer Funktionsbeschreibung
c) Abrechnungsmodus
d) Honorarhöhe
e) Zeitpunkt des Ablaufs des Auftrages
f) Möglichkeiten einer Kündigung mit oder ohne Begründung
g) Festhalten, welche Arbeiten der Berater oder seine Mitarbeiter erbringen
h) Eventuelle Haftungsansprüche des Auftraggebers
i) Kontaktpersonen beim Auftraggeber
j) die Art der Unterstützung durch den Auftraggeber
k) Bereitschaft auch unangenehme oder unbequeme Ansichten des Beraters anzunehmen
l) Festhalten, wem das Urheberrecht an den erarbeiteten bzw. abgegebenen Unterlagen gehört

3. Während der Beratung sind folgende Kontrollen vorzusehen und durchzuführen
a) inwieweit hat sich der ursprünglich erteilte Auftrag verändert
b) Hat sich die Zusammenarbeit in der vorgesehenen Form entwikkelt
c) liegen Zwischenberichte über den Arbeitsfortschritt vor
d) ist die Bereitschaft der Zusammenarbeit seitens der Mitarbeiter des Auftraggebers gegeben
e) entspricht das Fachwissen des Beraters den Erwartungen
f) welche Konflikte und Unstimmigkeiten haben sich in der Zwischenzeit ergeben und wie wurden sie gelöst
g) entspricht die Honorarabrechnung der Vereinbarung
h) ist das Budget eingehalten worden bzw. wird es eingehalten
i) kann der Zeitplan eingehalten werden

In der Zeitschrift Personal – Mensch und Arbeit, Heft 7, 1980, S. 289, berichtet Rüdiger Pillat, Personalleiter bei den Gas-, Elektrizitäts- und Wasserwerken Köln AG und Autor verschiedener Studien und Bücher zum Thema Personalwesen von einigen Extremfällen. Pillat erwähnt das Beispiel eines mittelständischen Unternehmens, dessen Geschäftsführer einen Assistenten suchte. Nach der Anzeigenschaltung gingen weit über 100 Bewerbungen ein und der Berater zog den Geschäftsführer in eine Prozedur, in der er sich ungefähr 25 Bewerber ansehen mußte. Die ganze Aktion kostete 60.000 DM und einen wahnwitzigen Zeitaufwand des Geschäftsführers. Hier liegt ein eklatanter Fall eines Ausnutzens einer Situation durch den Berater vor, bzw. Unwissenheit auf Seiten des Beraters, der nicht in der Lage war, die übliche »kurze Liste« vorzulegen, sondern aus welchen Gründen auch immer, 25 % der Bewerber der Geschäftsführung »vorführen« wollte.

Um eine sinnvolle und wenig gedeihliche Zusammenarbeit mit solchen Beratern zu vermeiden, empfiehlt Pillat den Klienten, auf folgende Punkte zu achten:

1. Beschreiben Sie dem Berater das Problem,
2. Überlegen Sie vorher genau, welche Dienstleistungen der Berater Ihnen geben soll, z. B.
3. Erarbeiten der Aufgabenstellung, der Stellenanforderung und der organisatorischen Einordnung der Stelle, evtl. auch schriftliche Zusammenfassungen einer Stellenbeschreibung mit Arbeitsanweisung:
4. Mitarbeit bei Formulierung und Gestaltung einer aussagefähigen Anzeige entweder unter eigenem oder Firmennamen oder unter Kennummer bzw. unter dem Firmennamen des Beraters.
5. Prüfen und vergleichende Bewertung der Bewerbungsunterlagen
6. Durchsprache der Ausschreibungsergebnisse mit dem Klienten
7. Durchführen von Bewerbergesprächen mit geeignet erscheinenden Bewerbern; umfassende Bewertung
8. Das Einholen von Referenzen, im Bedarfsfalle deren Auswertung
9. Vorstellung der ausgewählten Bewerber beim Auftraggeber und Mitwirkung beim Vorstellungsgespräch evtl. Beraten bei der Entscheidung
10. Schließlich Beratung bei der Festlegung der Anstellungsbedingungen.

Pillat hat auch eine wertvolle Zusammenstellung betreffend Referenzen eines Beraters gegeben (Personal – Mensch und Arbeit, Heft 7/80, s. 290)

1. Schauen Sie sich die Anzeigen des Personalberaters vor allem unter werbepsychologischen Gesichtspunkten an.
2. »Mit welcher Intensität nimmt der Berater die Daten auf, die für den Bewerber und die Auswahl notwendig sind?« Ist er in der Lage, detailliert die Daten des Unternehmens zu erfragen und zeigt er auch Interesse dabei.
3. Achten Sie auf die Vorgehensweise des Beraters bei der Sichtung der Bewerbungsunterlagen. Erstellt er ein genaues Anforderungsprofil und vergleicht es mit dem Persönlichkeitsprofil der Bewerber. Ist er in der Lage, Übersichten zu erarbeiten?
4. »Greift er noch zu so fragwürdigen Hilfsmitteln wie der Graphologie?«
5. Wenn er Tests durchführt, sind diese Tests auch detailliert? Und speziell auf die entsprechende Position zugeschnitten?
6. Ist er in der Lage, die Bewerbung schnell zu bearbeiten?
7. Wieviel Bewerber stellt er dem Unternehmen vor? Achtung, wenn er mehr als 5 Kandidaten für die engere Wahl vorstellen will.
8. Lassen Sie sich auf jeden Fall die gesamten eingegangenen Bewerbungsunterlagen zeigen.

Zur Frage der Seriosität im Verhältnis Berater – Klient weist Dr. Dieter Frisee, geschäftsführender Gesellschafter der Helmut Neumann Management-Beratungs-Gruppe Deutschland unter anderem darauf hin, daß der Berater nur dann tätig werden sollte, wenn wirklich zu erwarten ist, daß seine Arbeit Vorteile für den Klienten bringt. Im Mittelpunkt all seines Tätigwerdens steht der Nutzen des Klienten. Frisee weist deutlich darauf hin, daß ein seriöser Berater im Rahmen eines festgelegten Fest- oder Zeithonorars arbeiten wird. Eine Tätigkeit auf Erfolgsbasis ist nach Frisee nicht mit der Sicherheit für eine kontinuierliche Dienstleistung für den Klienten verbunden. Außerdem wird ein seriöser Personalberater alle unnützen Kosten vermeiden. Im übrigen wird er ein kritischer Gesprächspartner des Klienten sein, keinesfalls ein »blinder Erfüllungsgehilfe« des Klienten.
Frisee macht es sehr deutlich, daß der seriöse Personalberater sich

gegenüber den Bewerbern ebenso verantwortlich fühlt, wie gegenüber den Klienten. Er wird deswegen alle Aktivitäten und Maßnahmen unterlassen, die auch nur andeutungsweise die Möglichkeit eines Schadens für den Bewerber enthalten.

3. Klientenpflege

Berater wundern sich oft, wieviel Initiative und Kreativität sie dafür aufwenden, neue Klienten dazu zu animieren, ein Akquisitionsgespräch zu führen. Aus dem beschränkten Marketing-Mix einer Personalberatung betrachtet, werden unentgeltliche Dienstleistungen angeboten, deren sicherer und erfolgreicher Abschluß zu weiteren Aufträgen führen soll. Kommt es dann nach einiger Zeit zu dem langersehnten ersten Auftrag, dann verblaßt oft zu bald das Reizvolle an diesem neuen Klienten. Er wird in die Alltagshektik der zu bearbeitenden Projekte eingereiht und erfährt nicht mehr die bevorzugte Behandlung, es sei denn, es sind abwicklungstechnisch bedingte Kontakte notwendig. Folgt man dem Gesetz der Wahrscheinlichkeit und der großen Zahl, dann ergibt sich bei Zu- und Abgängen ein ausgeglichener Saldo, Honorargewinnen stehen Honorarverluste gegenüber. Daß dies nicht so sein muß, das beweisen vornehmlich partnerschaftlich organisierte Beratungsunternehmen, die nicht der Beraterfluktuation unterworfen sind.
Keine Beratung sollte sich eine Politik des »business as usual« erlauben, denn im Rahmen des sehr harten Wettbewerbes auf diesem umkämpften Markt wird es immer schwerer, neue Kunden hinzuzugewinnen, hat man nicht das Ansehen einer anerkannten Organisation mit langjähriger Beratererfahrung. Es zeigen sich die gleichen Symptome wie in klassischen Betriebsorganisationen, die extrem gute Budgets zur Verfügung haben, um neue Kunden zu gewinnen, aber keine Budgets, um gute Kunden zu halten, geschweige denn Strategien und Pläne. In diesem Markt, der durch einen rigorosen und brutalen Verdrängungswettbewerb gekennzeichnet ist, wird jeder potentielle Klient hart angegangen und umworben, besonders wenn er eine eigene Anzeige geschaltet hat. Eine professionell arbeitende Personalberatung legt sehr starkes Gewicht auf die Umsatzentwicklung und Steigerungsraten. Dabei muß ihr Augenmerk dem aktiven und passiven Kundenbestand gelten und die Überlegung angestellt

werden, wie die einzelnen Klienten besser weiterentwickelt werden können. Leider ist immer wieder festzustellen, daß viele Personalberatungen nach ihrem ausgefahrenen Akquisitionsschema verfahren, in der Hoffnung, ein einmal bestehender Kontakt zum Klienten entwickle sich automatisch weiter.
Beim Verlust von Aufträgen an Wettbewerber tröstet man sich mit dem Argument, daß dieser Wettbewerber billiger ist oder andere Zugeständnisse macht. Kein Klient wird andererseits leichtfertig nur wegen einer leichten Honorarreduzierung seinen Personalberater wechseln. Er ist im Gegenteil daran interessiert, sichere und vertrauensvolle Beziehungen aufzubauen, die auch für den Klienten nur ein recht begrenztes Risiko bedeuten. Der Klient erwartet von seinem Personalberater ein Gespür dafür, wann er bereit ist, mit ihm einen unverbindlichen Gedankenaustausch zu praktizieren oder wenn er sich zu einer Akquisitionsübung bemüßigt fühlt.
Jeder Personalberater sollte sich regelmäßig die Frage stellen, was für einen Nutzen und welche Vorteile er seinem Klienten bietet, was ihn von anderen Wettbewerbern abhebt und was für besondere Leistungen er erbringen kann. Die Analyse der Erwartungen des Klienten spielt bei der Erfüllung seiner Wünsche eine Rolle. Über Problemlösungen und akute Probleme sollte nur dann mit dem Klienten ein Gespräch begonnen werden, wenn dem Personalberater ein aktueller Sachverhalt vorliegt, der dem Klienten zum Nachteil erwachsen kann, oder aber wenn für bereits diskutierte Probleme Lösungsvorschläge erarbeitet worden sind.
Die Besuchsfolge bei aktiven Klienten sollte nur im Ausnahmefall davon bestimmt sein, daß der Personalberater gerade in der Gegend ist und »schnell mal vorbeischauen will«, sondern eher aufgrund eines konkreten Planes, der den ganzen Jahresverlauf umfaßt. Dabei bietet sich dann die Gelegenheit für beide Seiten, einen echten Erfahrungsaustausch stattfinden zu lassen und in gemeinsamer Zielprojektion latente Probleme anzupacken. Somit ist für beide Seiten ein nützlicher Aufhänger gegeben, der erfolgreich zur Stabilisierung der Beziehung beiträgt. Durch das Aufzeigen von neuen Beratungsstrategien und Erkenntnissen im Rahmen der vielzahligen Beratungsgespräche mit Bewerbern und Unternehmen wird dem Klienten Hilfestellung bei der Bewältigung seiner Alltagsprobleme geliefert.
Einige Personalberatungen ziehen dem persönlichen Gespräch ihrer

Berater mit den Klienten mehr oder weniger periodisch erscheinende Informationsschriften vor, die an irgendeiner Stelle den Klienten zu aktivem Handeln auffordern. Abgesehen von der Trägheit, die bei einem solchen Verfahren berücksichtigt werden sollte, muß der Berater davon ausgehen, daß sein Ansprechpartner im Unternehmen mit Alltagsproblemen derart versorgt ist, daß er sich nicht noch zusätzliche – für ihn in dieser Phase sogar unnütz erscheinende – Probleme vortragen lassen will, die zu allem Überfluß auch noch einen beträchtlichen Teil seiner Arbeitszeit kosten.
Diese wenigen beispielhaft dargelegten Maßnahmen tragen dazu bei, das Vertrauensverhältnis zwischen Personalberater und Klient zu festigen und weiter auszubauen. Sie vermitteln dem Klienten zusätzlich den Eindruck, daß sein Berater nicht nur Lieferant von Fach- und Führungskräften sowie personalwirtschaftlich Kreativer auf Abruf ist, sondern ihm qualifizierte Dienstleistungen anträgt, sich um die erfolgreiche Abwicklung von Aufgaben und Lösungen von Probleme bemüht. Gelingt dem Personalberater, diese Vorgehensweise strikt einzuhalten, wird ihm sein Klient es dadurch danken, daß er ihn ruft, wenn er ihn braucht.

III. Projektmanager in Sachen »Personal«

1. Grauzone Topmanagement

Der Personalberatung wird immer wieder attestiert, daß sie ein wachsender, jedoch undurchsichtiger Markt mit einem hohen Grauschleier sei. Was für die Personalberatung allgemein gilt, gilt besonders für den Personalberater, der seine Arbeitszeit ausschließlich der Suche nach Topkräften gewidmet hat. Es handelt sich um den sogenannten Kopfjäger. Was steckt dahinter?

In Schillers Don Carlos begegnen wir dem weitgereisten Marquis Posa. Generationen von Literaturprofessoren haben ihn als eine schillernde Figur dargestellt, nicht zuletzt wegen seiner externen Funktion als Berater und weitgereister Experte. Wer viel reist, hat viel zu erzählen. Das gilt vor allem für den Headhunter. Er lernt viele Menschen kennen. Wenn er viel reist und sich dabei in internationalen Hotels, Flughäfen, Managementseminaren und Managementsymposien bevorzugt aufhält, lernt er auch dort die Topführungskräfte der einzelnen Branchen kennen. Geld ist schon ein scheues Reh, aber noch scheuer sind Topmanager, sich etwa einer großen Agentur einfach anzuvertrauen. Vertrauen hin, Vertrauen her. Die Gefahren sind zu groß, daß durch eine ungewollte Indiskretion einer der Großen der Branche sich verraten bzw. decouvrieren könnte. Deswegen legen diese Manager auch mehr Wert auf den ganz persönlichen Kontakt mit in der Regel nicht mehr als ein oder zwei Kopfjägern.

Unter dem nicht so abwertenden Begriff wie Kopfjäger, nämlich Executive Searcher, bewegen sich weltweit an die tausend ehemalige Manager und jetzige Berater im Cremefeld der Personalberatung. Sie beschäftigen sich mit der Fluktuation der Führungskräfte, die ab DM 150.000 aufwärts bis in unbegrenzte Höhen zu finden sind. Über zwei Dutzend Headhunterfirmen sind in der BRD tätig. Die meisten davon sind ausländische Einzelkämpfer oder Firmen. Da die gewerbliche Vermittlung von Arbeitskräften dem Gesetze nach nur Sache der Bundesanstalt für Arbeit und dem ZAV-Büro ist, haben sie in der Firmierung gewisse Schwierigkeiten, denn deutsche Personalberater dürfen Kandidaten nur indirekt ansprechen. Sämtliche

Unterlagen müssen sofort nach Abschluß des Projektes an ihre Klienten bzw. an die Bewerber zurückgegeben werden. Ohne seine Kartei aber wäre der Headhunter verloren. Sein Computer bzw. seine private zentrale Kartei ist sein Kapital. Hier finden sich die wichtigen Führungskräfte großer und mittlerer Unternehmen wieder, die für einen Wechsel in den nächsten Jahren in Frage kommen. Hier sind auch die vertraulichen Gespräche gespeichert, die zwischen den Vorständen und dem Headhunter im Hinblick auf eine langfristige Nachfolgeplanung oder die Besetzung wichtiger Positionen in der unmittelbaren Zukunft geführt wurden; ebenso die Daten potentieller Kandidaten, die noch jetzt im Amt bzw. in der Position bei wichtigen Firmen der Konkurrenz oder anderer Branchen befindlich sind aber nicht daran denken, ihr weiteres Leben bis zur Pensionierung in ihrer jetztigen Firma zu verbringen. Es ist ein ununterbrochenes Puzzlespiel, die Devise lautet, einmal Kandidat, immer Kandidat. Erst weitreichende regionale Beziehungen in den Erdteilen machen den Executive Searcher zum erfolgreichen Mitglied seiner inzwischen auf 1000 Berufskollegen angewachsenen Branche.
Wie man dazu wird? Es ist der Weg eines Managers oder Personalberaters, der sich dann aufgrund seiner vielfachen Kontakte, seines Analysevermögens und auch vor allem seiner Mobilität zum Spezialisten für die oberen Führungskräfte macht. Gerade er hat, was Vertrauen und Gesprächsbereitschaft seiner potentiellen Klienten angeht, ungeheure Vorleistungen zu bringen, sei es an Zeit, an eigenen Techniken und an Ausbildung und Weiterbildung der eigenen Fähigkeiten. Kurzum, er muß eine Persönlichkeit sein, die als Berater von vielen wichtigen Persönlichkeiten dieser Welt akzeptiert wird. Sei es in der Politik, in der Wissenschaft und vor allem in der Industrie. Sein Feld ist die Welt, nicht nur die Bars in Hotels, in Clubhäusern, die Treffen in renommierten Clubs und seine Zugehörigkeit zu diesen, seine privaten Gespräche, sein gesamtes Umfeld führen zu einem sich nach und nach ergebenden dicht gewebten Informationsnetz, das es ermöglicht, zum richtigen Zeitpunkt den richtigen Mann zu sprechen. In seinem Beruf geht eindeutig Qualität vor Quantität. Planung ist sein Lebenselexier. Wer plant, der schweigt, der kann zuhören bis zum Extrem. Seine Dokumentation ist nicht mit der sonstiger Personalberatungen zu vergleichen, denn nichts was ihm zu Gehör gekommen ist, wird übergangen, sofern es wich-

tig ist. In der Regel wird dieses Feld von älteren erfahrenen Seniorberatern und ehemaligen Vorstandsmitgliedern bestellt. Nicht selten sind diese erfahrenen Persönlichkeiten unmittelbarer Gesprächspartner von Vorstandsführungskräften vor wichtigen Entscheidungen. Sie müssen deshalb auch breit gefächerte Kenntnisse in der Unternehmensberatung haben, um als Gesprächspartner ernst genommen zu werden. Es ist also nicht so sehr das Schlagwort des Kopfjägers, das in Wirklichkeit ihren Beruf kennzeichnet, sondern eine hohe Form sachlicher und personeller Problemlösungsbereitschaft. Sucht man nach einem Vergleich in einem anderen Feld, so kann man das der Übersetzer und Dolmetscher benutzen. Nur fünf von hundert Übersetzern haben die Fähigkeiten und die Möglichkeiten zu einem Dolmetscher zu werden. Ähnlich ist das Verhältnis zwischen dem normalen Personalberater und dem Headhunter. Wunder, schnelles Geld und die Instantpersönlichkeit sind hier ausgeschlossen.
Diese Berater hören selbst das Wort Headhunter nicht gerne. Einer der Autoren erlebte bei einem Gespräch, wie sich sein Gesprächspartner bei dieser Bemerkung verfärbte. Der Autor hatte vorher nicht gewußt, daß er einen solchen Headhunter vor sich hatte. Fragt man sich, warum der Ruf dieser wichtigen – Einzelkämpfer oder an der Spitze von ihnen geprägter Firmen stehend – Persönlichkeiten, bei vielen Beratern zweifelhaft ist, kommt man an dem Sozialneid der gesamten Branche nicht vorbei. Viele ihrer jüngeren Kollegen sehen es nicht gerne, wenn sie sich die Rosinen aus dem nationalen oder regionalen Kuchen picken und dazu nur rasch eingeflogen kommen. In der Vergangenheit haben sich viele Mitbewerber negativ über diese spezielle Form des Geschäftes geäußert. Vor allem klassische Personalberatungen und Personalagenturen fühlten sich, wie ein Senior der deutschen Beratungsfirmen es einmal audrückte, an Orwells »1984« erinnert. Es muß wohl nicht ganz so schlimm sein, denn inzwischen hat auch der deutsche Markt sehr viel vom Executive Search der Amerikaner, sprich einer qualitativen Anreicherung von Wissen und bestimmte Persönlichkeiten, angenommen. So berichtete Capital in der Ausgabe 2/81 unter der Überschrift ›Entführungskräfte‹ unter anderem: »Auch was die Headhunter insgesamt verdienen, haben sie Consultex gebeichtet. Die ersten 10 Firmen zusammengenommen vereinnahmten 1979 Honorare in Höhe von knapp 24 Millionen Mark. An der Spitze liegt Neu-

ling Mülder. Erst seit 1978 auf der Pirsch, kassierte er schon ein Jahr später mit seinen 10 Partnern für 120 Vermittlungen gut 5 Millionen Mark. Auf den Plätzen 2–5 folgen Berendtson (4 Berater, 75 Aufträge, 3,2 Millionen Mark), Spencer Stuart (7 Berater, 70 Aufträge, 3 Millionen Mark) und Schubart (2 Berater, 72 Aufträge, 2,5 Millionen Mark).« Die Headhunter haben keine Angst um die Zukunft. Im Gegenteil, der Markt wird sich noch vergrößern. Die Umsätze werden steigen. Auch in Deutschland trotz der bisherigen Gesetzgebung. Capital: »Der wahre Grund für die Zurückhaltung der Bundesanstalt gegenüber professionellen Headhuntern liegt wohl in der späten Einsicht, daß ein Berufsstand, dessen Können Firmen in aller Welt ohne Gewissensbisse nutzen, hierzulande nicht länger mit antiquitierten ›Grundsätzen zur Abgrenzung von Personalberatung und Arbeitsvermittlung‹ per Staatsanwalt und Polizei verfolgt werden sollte.«

Unter der Überschrift ›Headhunting ist ein aberwitziger Vorgang‹ äußerte sich Gerhard Kienbaum, der Chef einer der großen deutschen Unternehmensberatungen und begründete seine Aussagen damit: »Wir sprechen niemanden an und ich würde jeden unserer Berater an die Luft setzen, der das tut. Ich halte es geradezu für einen aberwitzigen Vorgang, jemanden anzurufen und sich anzumaßen, zu wissen, daß dies der richtige Mann ist.«

Wäre das so im Headhunting, hätte Kienbaum recht. Aber die Übertreibung stimmt nicht. Ein wirklicher Executive Searcher maßt sich nicht an, zu wissen, wer der richtige Mann ist, sondern sucht, kombiniert, stellt zusammen, geht seine Listen durch, überlegt die aktuelle Entwicklung im Markt, beobachtet und hat erst aufgrund einer langen, langen Fähigkeit und vielseitiger Kontakte – ähnlich wie der Senior-Berater einer großen Personalberatung – selbst die Möglichkeit, sich Gedanken wie jeder andere Bürger zu machen, wer wohl der geeignetste Mann sei. Wenn es einem Bürger eines Staates gestattet ist, sich aufgrund teilweiser, kaum vorhandener Kenntnisse Gedanken über die richtige Position bei einer Kabinettsbesetzung zu machen, so muß das erst recht ein verantwortungsbewußter Personalberater tun, je höher er bei der Besetzung von Positionen kommt. Der Anruf eines potentiellen Bewerbers für eine bestimmte Position ist heutzutage allein schon dadurch gewährleistet, daß eine Vielzahl von vorausgegangenen Kontakten in einer mündlichen Absprache

zwischen einem potentiellen Bewerber und dem Executive Searcher resultierten: »Wenn Sie mal einen Vorstandsposten für mich frei haben, rufen Sie mich bitte an, ich stehe jederzeit zur Verfügung.« Den Autoren selbst sind diese durchweg nicht im Scherz gemeinten Äußerungen dutzendemale begegnet. Und warum sollten sie nicht erlaubt sein, im Rahmen einer eigenen, freien Karriereplanung. Das unterscheidet uns eben von totalitären oder autokratischen Systemen, in denen nur der große Bruder oder ein Patriarch über das Schicksal einzelner Führungskräfte entscheidet. In der Industrie gilt heute der Grundsatz: Eine Hand für mein Unternehmen und eine Hand für mich. Auswahl und Suche stehen in der Personalberatung mit unterschiedlichen Schwerpunkten eng nebeneinander, sozusagen auf Tuchfühlung. Sie unterscheiden sich nur durch das Maß der in ihnen angebotenen Dienstleistung und der Ebene, auf der sie stattfinden. Nach wie vor wird das Executive Search den höheren Führungsebenen zugeschrieben, aber es gibt auch schon Beispiele, in denen ab der Ebene des Betriebsleiters gesucht wurde. Ganz besonders wichtig ist für den Headhunter die Beobachtung des oberen mittleren Managements und der dort sich abzeichnenden Karriereveränderungen nach oben. Ein seriöser Headhunter wird seinem Markt viele Karrieren von vornherein anhand der Namen und Nachrichten in den wichtigsten Tageszeitungen, Wochenmagazinen und Fachzeitschriften verfolgen. Er tut es allein schon deshalb, um zu vermeiden, sich selbst geistig zu fangen in einer Generationengruppe. Darum wird er sehr viele Kontakte zu jüngeren Menschen suchen und deren Karriereweg verfolgen, ohne daß er einen unmittelbaren Nutzen davon zur Besetzung bestimmter Positionen haben kann.
In Auswahl und Suche gilt es für den Personalberater, den Klienten einen Dienst zu leisten, der darauf gerichtet ist, den besten Mann oder die beste Frau für eine spezielle Position zu finden, für die die Positionsspezifizierung und die Bedingungen der Anstellung vereinbarungsfähig erscheinen (nach Robert McKinnon). Zum Namen Headhunter hat Robert McKinnon, ein englischer Unternehmensberater, eine sehr treffende Bemerkung in seinem Buch ›Headhunters‹ gemacht.
»Der Begriff ›Headhunter‹ ist keinesfalls ein Begriff, der von Personalberatern anerkannt wird. Viele halten ihn für eine rüde und unzutreffende Beschreibung ihrer Aktivitäten in einer ähnlichen Weise

wie ein Psychiater sich über den Gebrauch des Wortes ›headshrinker‹ oder ein Zahnarzt als ›ivory snatcher‹ aufregen würde. Wir mögen in einer permissiven Gesellschaft leben, aber das muß nicht bedeuten, daß ein Hauch von Würde oder, wenn man es vorzieht, von stuffiness völlig von der professionellen Szene verschwunden ist.«

Es ist inzwischen eine Legende, daß der Prozeß des Executive Search nur von Männern betrieben werden könnte. Mehr und mehr Frauen finden sich in diesem interessanten Beruf für jeden erfahrenen Manager, der ein gutes Verständnis für Kommunikation hat, Spaß daran hat, zu reisen und Menschen in intensiven Gesprächen zu treffen. Daß dazu Durchaltevermögen und Ausdauer und ein Hellwachsein gehören, sei nur am Rande erwähnt. In den Hauptarbeitsmonaten sind Zeiten wie Frühstück, Zwischenfrühstück, Lunch, Kaffeezeit, Happy Hour und abendliches Dinner nach wenigen Tagen eine harte Belastung für den Personalberater im Executive Search. Im äußeren Auftreten unterscheiden sich Headhunter überhaupt nicht von den Kollegen ihrer Branche, die in den Personalberatungen an anderer Stelle tätig sind. Wohl aber sollten sich Neulinge und auch altgestandene Berater von einem Maskenball dergestalt fürchten, daß sie bei einem Klienten, der eine große landwirtschaftliche Genossenschaft führt und Jäger ist, in dessen Jagdhütte im dunklen Anzug erscheinen. Situationsanpassung ist eine der wichtigsten Voraussetzungen für den Beruf des Beraters.
Das Handelsblatt brachte am 8.9.1981 interessante Informationen über einen Bereich, der als ein potentieller Konfliktbereich in der Zusammenarbeit zwischen Personalberatungen und Klienten stark beachtet werden mußte. Gerade den Headhuntern wurde immer wieder der Vorwurf gemacht, daß sie, ohne Rücksicht auf langfristige Zusammenarbeit ganz auf den Einzelfall und die unmittelbare Problemlösung eines Klienten eingestellt, ihre potentiellen Bewerber direkt ansprächen. Viele Firmen sind dazu übergegangen, eine Vereinbarung mit ihrer Personalberatung zu treffen, die vertraglich oder in anderer Form vereinbart eine Zusicherung enthält – im internationalen Jargon als off-limit-rule beschrieben – auf der Suche nach Führungskräften für andere Klienten, das von ihnen schon länger beratene Unternehmen auszusparen. Die Beratungsfirmen sichern dabei inzwischen ihren Klienten für einen Zeitraum von 2–4 Jahren,

in Einzelfällen sogar unbegrenzt, nach einer durch sie erfolgten Plazierung keine Kräfte des beratenen Unternehmens abzuwerben. Handelsblatt: »Daß sich auf diese Weise insbesondere für die großen Beratungsfirmen das Potential für Spitzenkräfte zusehends verringert hat, liegt auf der Hand.
Zuweilen mußten »Headhunter«-Firmen auch die Erfahrung machen, daß sich bedeutende Konzerne durch die Beratung mehrerer Beratungsfirmen Schutz vor Abwerbern verschafften. Kleinere »Headhunter«-Firmen erhielten Chancen, weil die großen Beratungsunternehmen »an der Kette« lagen. In den USA haben deswegen große Beratungsfirmen schon Konsequenzen daraus gezogen und die Klienten-Schonformel entweder ganz aufgegeben oder elegant zu umgehen versucht. Handelsblatt: »Mehr und mehr gehen inzwischen die großen ›Headhunter‹-Firmen dazu über, ihr Image als Personalberater für das gesamte Unternehmen aufzupolieren und die off-limit-Regel nur auf einzelne Unternehmensbereiche oder ›divisions‹, nicht aber auf den gesamten Klienten-Konzern anzuwenden.
Diese diskrete Änderung der Beratungspraxis hat die Wachstumsmöglichkeiten der großen Firmen erheblich verbessert.«

2. Bereich Mittelmanagement

Eine neue Entwicklung ist seit mehreren Jahren zu beobachten, die die klassischen Headhunter und die klassischen Personalberatungen in der Bundesrepublik enger zusammenführen: Die Chefberater gehen ins Mittelmanagement. Headhuntingfirmen haben sich bei der Ausweitung ihres Marktes darauf eingestellt, auch wichtige Positionen des mittleren Management zu besetzen, natürlich im Auftrage von Klienten. Gleichzeitig entwickeln sich renommierte Personalberatungen mit ihrem sogenannten VIP-Service oder mit den Dienstleistungen für die oberste Etage des Unternehmens durch ihre Chefberater und Senior-Berater ebenfalls in einer Form, die dem Headhunting nicht sehr unähnlich ist. Hier ergeben sich interessante Aspekte für die Zukunft. Es kann wohl von einer prozessualen gegenseitigen Durchdringung der Arbeitsmethodiken für die Zukunft gesprochen werden.
Als Mittelmanagement werden Führungskräfte und Spezialisten be-

zeichnet, die unterhalb der Vorstandsebene und oberhalb der tariflich bezahlten Angestellten tätig sind, wobei fließende Übergänge möglich sind. Die Personalberatung als Dienstleistung führt gerade im Stellenmarkt der mittleren Führungskräfte Angebot und Nachfrage intensiv zusammen. Ein sehr freizügiger, differenzierter und anspruchsvoller Markt ist hier der Tummelplatz von Personalberatern, ohne die es in diesem Bereich auf keinen Fall gehen wird. Schon der Quantität wegen, die sich deutlich von den Verschiebungen in der Topebene und der Beobachtung der in der Topebene befindlichen Manager untereinander unterscheidet, gibt es viele Gründe zur Einschaltung eines professionellen Personalberaters. Renate Nikolai*: Der Personalberater hat durch seine vielseitigen wie vielfachen Kontakte im Arbeitsmarkt einen breiten, branchengegliederten Überblick über das jeweilige Stellenangebot und in die ihm gegenüberstehende Nachfrage und erkennt frühzeitig gewisse strukturelle Veränderungen wie auch Verschiebungen im Marktwert von bestimmten Tätigkeiten. Solche Informationen helfen dem Personalchef bei seinen unternehmensspezifischen Dispositionen und Entscheidungen. Er seinerseits wiederum orientiert den externen Berater über Geschäftsziel und Personalpolitik und liefert ihm damit wichtige Kriterien für die Bewertung von Bewerbern. In 4 Hauptpunkten erhält das Unternehmen große Vorteile durch die Einschaltung eines Personalberaters: a) der Personalberater spricht Bedarf und Anforderungsprofil mit dem Unternehmen sehr kritisch durch, b) der Personalberater erspart dem Unternehmen einen hohen Zeitaufwand eigener Kräfte, indem er selber textet, die Anzeigen schaltet, die Lebensläufe prüft und die Zeugnisse prüft, eine Vorsichtung der Bewerbungen wird durchgeführt und die ersten Gespräche mit den qualifizierteren der Bewerber werden ausgewertet. c) Im allgemeinen wird ein größerer Kreis von Stelleninteressenten durch die Einschaltung eines Beraters angesprochen. Wenn ein Unternehmen unter eigenem Namen oder chiffriert am Markt sucht, gibt es viele Ängste und Vorurteile möglicher zukünftiger Mitarbeiter, die sich von vornherein eines neutralen Dritten bedienen wollen. d) Nur durch den Berater sind Vertraulichkeit und Diskretion gesichert. Dadurch werden »Unruhen im eigenen Betrieb, Verunsicherung bei

* Renate Nikolai, Düsseldorf, Personalwirtschaft 7/82, S. 4 ff

Kunden und Lieferanten, zu frühe Informationen an den Wettbewerb« vermieden.

Im Bereich des mittleren Managements finden sich eine Vielzahl von hochqualifizierten Angestellten, die am zweckmäßigsten über die Anzeige in den einzelnen Medien angesprochen werden. So bietet sich den suchenden Personalberatern bzw. seinen Klienten die beste Möglichkeit, aus einer Vielzahl von unterschiedlichsten Erfahrungen und beruflichen Werdegängen sich diejenigen Kandidaten herauszusuchen, die am ehesten in der Lage sein sollten, den gestellten Anforderungen gerecht zu werden. Der Personalberater wird schon aus eigenem Interesse zunächst für die Schaltung einer Anzeige allein unter seinem Namen votieren. Denkbar sind aber auch die beiden anderen Variationen, daß das Unternehmen selber die Anzeige unter seinem Namen schaltet und den Berater nur in der Selektionsphase als qualifizierten Interviewer einschaltet. Die Kombination dieser beiden Möglichkeiten ist die Schaltung einer Anzeige durch den Berater und das Hinzusetzen des Firmenlogos. Vor- und Nachteile der verschiedenen Vorgehensweisen werden an anderer Stelle dargelegt.

3. Personalmarketing

Seit Mitte der 60er Jahre benutzen Personalfachleute den Begriff Personalmarketing. Heute steht dieser Begriff gleichrangig neben der Personalpolitik und der Personalverwaltung. Seine erste Erwähnung fand das Personalmarketing in einem Beitrag von Berger und Geißler im Blick durch die Wirtschaft vom 24.11.1969. Sie definierten damals so: »Personalmarketing zieht den unternehmensexternen Arbeitsmarkt in die personalpolitischen Überlegungen mit ein.«

Schnell machte sich dieser Begriff zu einem viel benutzten Schlagwort der Personalberater, die hauptsächlich im Einzelhandelsgeschäft ihre Projekte abwickelten. Sie drückten damit die Anpassung der Arbeitsbedingungen und die Ausschreibung von offenen Positionen an die Bedürfnisse der Angestellten und möglichen Bewerber für anfänglich niedrigere Positionen aus. War zunächst dieser Begriff Personalmarketing als eine Anwendung der Methoden der Konsumgüterwerbung für Personalwerbung zu verstehen, so hat sich im Laufe der Jahre Personalmarketing zu einem Konzept entwickelt, das von der Anzeigenwerbung über Personalplanung bis hin zur Gehaltsverwaltung reicht. Berger/Geißler stellten als erste die umfassende Bedeutung von Personalmarketing als Gestaltung der Arbeitsplätze und des innerbetrieblichen Laufbahnwesens, der Gehaltspolitik, Gestaltung der Entlohnungssysteme und der Sozialleistungen, Gestaltung eines attraktiven Arbeitgeberbildes, Erarbeitung einer langfristigen Personalwerbekonzeption dar. Personalmarketing hat damit das technische Ziel, Unternehmen mit einem ständigen wirtschaftlichen und methodischen System der richtigen Auswahl von Bewerbern zu versorgen. Dieses Ziel wird erreicht durch die Marktanalyse oder das zur Verfügung stehende menschliche Material. Dies beinhaltet die Analyse statistischer Kenndaten über allgemeine und besondere Möglichkeiten, mit spezifizierter Unterteilung und Daten über die Beweggründe von möglichen Bewerbern, in Kontakt mit einem Unternehmen zu treten. Dies beinhaltet auch den Eindruck, den Mitarbeiter des Unternehmens auf dem Markt hinterlassen, und ihre eigenen Beweggründe, die sie veranlaßten bei diesem Unternehmen ihre Arbeit aufzunehmen. Aus diesen Daten kann eine Beratung sehr leicht die richtige Gruppe von potentiellen Bewerbern herausfinden und gleichermaßen die Argumente finden, die Bewerber überzeugen, in dieses Unternehmen einzutreten.

Die Analyse der Wettbewerber oder gleichzeitig angebotener Positionen auf dem Markt dienen der Informationsgewinnung und haben hauptsächlich statistischen Wert. Daneben geben sie aber ein Bild des Marktbereiches und von Segmenten, die noch nicht durch Personalanzeigen und Aktionen von Wettbewerbern belegt sind. Diese Analyse sollte Gehaltsvergleiche enthalten.

Die Entwicklung von Strategien sollte im Zentrum ihrer Überlegungen die Planung von regionalen und karriereorientierten Punkten enthalten. Welche Medien zur Erreichung des Zieles eingesetzt werden müssen, was man tun kann, um ein möglicherweise negatives Image oder nur einzelne negative, bewerbungshemmende Punkte auszugleichen. Sie könnte auch zur Beeinflussung der Planungsüberlegungen in anderen Unternehmensbereichen führen. Am Ende stünde eine effizientere Ausnutzung des zur Verfügung stehenden Personalwerbebudgets.

Die speziell aufgabenbezogene Anzeigenschaltung wird auf den Erkenntnissen der Analysen aufgebaut und wird sich genau im Rahmen dieser Analysen bewegen. Nur so wird es möglich, Positionen sehr aufgabenbezogen auszuschreiben und damit auch neue Methoden zu entwickeln, potentielle Bewerber anzusprechen. Insofern kann man auch eine vernünftige Kontrolle über das gesamte Personalwerbebudget erreichen.

Da in einer Vielzahl von Stellenbesetzungen die Dienstleistungen einer Personalberatung nicht erforderlich scheinen, bieten Personalberatungen auch Teilleistungen an, die dem wirtschaftlichen Bedürfnis der Auftraggeber entgegenkommen. Dies sind Einstellungsverfahren und Trainings für Unternehmensmitarbeiter zur Anwendung dieser Verfahren. Manche Beratungen bieten auch die von ihnen verwendeten Testverfahren in Lizenz an.

Die effiziente Wirksamkeit dieses Systems und der einzelnen Maßnahmen, die man ergreift, muß kontrollierbar sein. Dadurch wird der Klient in die Lage versetzt, Verbesserungen vorzunehmen und Zahlen für eine realistischere Planung in der Zukunft zu erhalten.

A. Hoboken hält das Selbstverständnis vieler Personalberater für antiquiert und illusionsreich. Er vertritt dann die interessante These, daß die Dienstleistungen seiner Branche nicht mehr darin bestehen könnten, Männer für Positionen aufzuspüren, sondern geradezu umgekehrt: Positionen an den Mann zu bringen, sich selbst als Verkäufer zu begreifen. In seinem Beitrag in Topics Nr. 11/12. Jahrgang 4, stellt er fest: »Wir können nicht mehr die Hoffnung verbreiten, den besten Mann im Markt ausfindig zu machen. Dazu gibt es zuviele Manager, die sich zu diesem Zeitpunkt gar nicht verändern wollen und deshalb nicht sichtbar werden. Was nützt Ihnen aber der liebe Herrgott, wenn Sie ihn erst am jüngsten Tag zu Gesicht bekommen? Geschäftsführer Meier, der voraussichtlich keine Wunder vollbringt, ist ihm überlegen, weil er am 1. Januar 1981 bei Ihnen anfängt.« Er betrachtet seine Arbeit als eine Marketingaufgabe, der nach sorgfältiger Analyse Positionen am Markt verkauft.

Zur effizienten Ausnutzung des Personalmarketings ist auch ein Blick auf neue Formen der Kommunikation zu werfen. Im Modellversuch Düsseldorf für das BTX hat eine Personalberatung teilgenommen und über dieses neue Medium Fernsehen Positionen des EDV-Bereiches ausgeschrieben. Die Ergebnisse lassen aufgrund der Beschränkungen in diesem Versuch keine allgemein gültigen Aussagen zu, deuten jedoch auf neue Möglichkeiten des Personalmarketings hin. Es ist zumindest eine neue Form der Ansprache der Kunden einer Personalberatung – in diesem Fall Bewerber – möglich und bietet beiden beteiligten Parteien eine unkomplizierte und unverbindliche Kontaktaufnahme. Weitere Formen des Personalmarketings sind denkbar, dennoch nicht durchführbar, da sie den Richtlinien der Bundesanstalt für Arbeit widersprechen. Trotz eines EDK gestützten Vorgehens der Bundesanstalt für Arbeit bei der Vermittlung von Fach- und Führungskräften, ist die Effizienz der Bundesanstalt für Arbeit nach Einschätzung der Autoren noch nicht der privaten Personalberater vergleichbar. Den privaten Personalberatern ist der Einsatz zeitgemäßer Arbeitsmittel aufgrund der rechtlichen Situation dabei nicht einmal erlaubt. Bei allem Unverständnis für diese Situation müssen sich die Personalberater aber damit abfinden.

4. Personalwerbung

In der Personalwerbung als einem wesentlichen Bestandteil des Personalmarketing erwartet man ein professionelles Vorgehen, wobei werbefachliches Wissen und Können mit profunden Kenntnissen im Personalmarkt verbunden werden müssen. Da jede Position im Gefüge unserer Gesamtwirtschaft ihre Zielgruppe hat, muß folglicherweise auch jede Position besetzbar sein. Wenn diese Feststellung stimmt, dann kommt es darauf an, den Erfolg einer Personalwerbemaßnahme dadurch sicherzustellen, daß sie in ihrem gesamten Verlauf systematisch und überprüfbar verläuft. Beginnend mit einer groben Konzeption für eine Personalwerbemaßnahme müssen der Personalbedarf im Zusammenhang mit dem Personalmarkt und dem Unternehmensbild in der Öffentlichkeit festgelegt werden, wie es im Personalmarketing schon dargestellt wurde.

Der Personalbedarf wird nach kurz-, mittel-, langfristigen Bedarf, unterteilt nach Tätigkeitsbereichen und hinsichtlich zahlenmäßiger und qualitätsmäßiger Erfordernisse untersucht. Ein besonderes Augenmerk ist der Ursachenanalyse von sogenannten Problempositionen zu widmen.

Bei der Analyse des Personalmarktes sind die konkurrierenden Unternehmen festzulegen, um festzustellen, welcher Bewerbertyp dem eigenen Unternehmen entspricht, und welcher Bewerbertyp den Wettbewerbsunternehmen entspricht. Da es sich um eine Zukunfts-

planung handelt, muß vorausschauend dem heutigen Bewerbertyp auch der mögliche Bewerbertyp der Zukunft gegenübergestellt werden.
Überlegungen werden angestellt, wo das beste Bewerberpotential zu finden sein kann, unterteilt nach Wettbewerbsunternehmen, artverwandten Branchen oder fremden Bereichen, wie gegebenenfalls auch der Nachwuchs in diese Überlegungen eingebaut werden kann. Ein weiterer nicht unerheblicher Gesichtspunkt ist die geografische Lage des suchenden Unternehmens und seiner Wettbewerber und die damit verbundene Frage der Mobilität von anzusprechenden Bewerbern.
Das Bild des Unternehmens ist nicht ohne Bedeutung für die Entscheidung eines Bewerbers, eine Position im Unternehmen anzunehmen. Das Bild des Unternehmens kann von Position zu Position variieren. Festzustellen sind die Einstellungen von Stelleninhabern in Schlüsselpositionen einzelner Unternehmensbereiche und sofern diese negative Aspekte aufzeigen, ist eine Ursachenanalyse durchzuführen, um das nach außen bestehende Bild zu korrigieren.
Eine Personalwerbungskonzeption hat die Optimierung der Personalanzeigen zum Ziel. Inhaltlich befaßt sie sich mit den zu besetzenden Positionen und den dafür notwendigen Anforderungsprofilen für mögliche Kandidaten. Daraus ergibt sich der Personalwerbungsplan, wann welcher Bewerberkreis auf welche Weise durch welche Medien angesprochen werden soll.
Der Einsatz neuer Medien wie Bildschirmtext, Rundfunkwerbung und Karrierebörsen können in Zukunft zusätzliche Möglichkeiten für eine zeitgemäße Ansprache darstellen. Mit neuen Anspracheformen könnte man auch die Sorgen überkommen, daß mit einer Anzeige in einer Tageszeitung nur ein kleiner Teil von interessanten Bewerbern animiert werden kann, über die ausgeschriebene Position und eine daraus resultierende Bewerbung nachzudenken. Daß sich auch andere Medien mit einer höheren Langfristwirkung im Stellenmarkt etablieren und behaupten können, beweist »Capital«. Die Zeitschrift »Capital« hatte begonnen, Führungspositionen von verschiedenen Personalberatern im redaktionellen Teil auszuschreiben. Eine Personalberatung machte sich dieses neue Medium zu eigen und schaltete ganzseitige Anzeigen, in der regelmäßig mehrere Positionen immer gleichzeitig ausgeschrieben sind. Der Erfolg ist so

überwältigend, daß diese Anzeigenseite nunmehr seit zwei Jahren in »Capital« geschaltet wird und andere Personalberatungen diese Idee aufgriffen. Durch die monatliche Erscheinungsweise von »Capital« und die zielgerechte Leserschaft haben diese Positionen in der Ansprache eine Langzeitwirkung, die sich bei der Suche und Auswahl von Fach- und Führungskräften positiv auswirkt.

5. Die Medien der Personalberatung

Am auffallendsten treten die Personalberatungen am Wochenende in den Stellenteilen von vornehmlich überregionalen Tageszeitungen in Erscheinung. Die führenden Personalberatungen belegen in schöner Regelmäßigkeit ganze Seiten und dokumentieren damit ihre gesunde wirtschaftliche Position und Anerkennung durch ihre Klienten. Für den Bewerber verstärkt sich so der Eindruck, es mit einem kompetenten Partner der Unternehmen zu tun zu haben. Kleinere Beratungen, die nicht jedes Wochenende eine Seite mit Anzeigen belegen können, versuchen ihre Aufträge so zu koordinieren, daß sie von Zeit zu Zeit mit mehreren Anzeigen gleichzeitig im Stellenteil erscheinen. Diese Belegung von Anzeigenseiten in den Wochenendausgaben der überregionalen Zeitungen führt dazu, daß man mit dem Kunden der Personalberatung, der Tageszeitung, Wünsche diskutieren kann, z. B. die Plazierung der Anzeigen, was eine Auswirkung auf den Aufmerksamkeitsgrad des Lesers bewirkt.
Die Anzeige wird von den meisten Personalberatungen als das wichtigste Instrument der Ansprache von wechselwilligen Fach- und Führungskräften betrachtet. So ist es verständlich, daß jede Beratung versucht, ihren Bekanntheitsgrad durch die Anzeigengestaltung und den Anzeigenaufbau zu erhöhen. Schlägt man am Wochenende die Stellenteile der Zeitungen auf, so erkennt man sofort die einprägsamen Logoi und Namenszüge der inserierenden Berater. Personalberatungen gehen davon aus, daß die Stellenteile sehr aufmerksam in den Personalabteilungen der Unternehmen, von Bewerbern auf aktueller Jobsuche und solchen mit Interesse für einen möglichen Karriereschritt verfolgt werden. Bei all diesen Lesern mit ihren unterschiedlichen Zielsetzungen bewirken die Anzeigenseiten eine Einprägung des Beratungsnamens, der zu vielen Bewerbern und auch neuen Aufträgen führt. Man kann davon ausgehen, daß be-

kannte Personalberatungen, wie Kienbaum, Baumgartner, Hattesaul, JMP und andere mehr, einen Teil ihres Auftragsvolumens allein durch die Anzeigen erhalten, ohne daß weitere werbliche Aktivitäten notwendig sind.
Man findet in nahezu allen Zeitschriften und Tageszeitungen Beiträge, Informationen und Meldungen von Personalberatern, die sich immer wieder zu bestimmten Tagesthemen oder Grundsatzfragen äußern. Mit dieser Form der neutralen Darstellung und der Nennung des Namens erzielen die schreibenden Personalberater einen Aufmerksamkeitswert in der Öffentlichkeit, der sich natürlich auch wieder geschäftlich niederschlagen soll. Neben der eitlen Selbstdarstellung bieten diese Veröffentlichungen jedoch auch eine hervorragende Gelegenheit, aus dem umfangreichen Erfahrungsbereich einer interessierten Leserschaft Informationen zu vermitteln, die allen beteiligten Parteien in Zukunft das Zusammenarbeiten erleichtern können. Angesehene Beratungsunternehmen verpflichten ihre Berater, innerhalb bestimmter Zeiträume zu ihren Spezialgebieten Veröffentlichungen zu schreiben, die den Medien zur Veröffentlichung angeboten werden. Hiermit wird ein Informationsbedürfnis in der interessierten Öffentlichkeit befriedigt, das vornehmlich der Berater durch seine Tagesarbeit überhaupt erst erkennt.
Die weltweite Zunft der professionellen Öffentlichkeitsarbeiter kann in wenigen Jahren ein gut 100jähriges Bestehen feiern. Ein Zyniker hat einmal zur Frage der public relations gesagt: es ist die Kunst, für umsonst in den redaktionellen Teil der Zeitungen zu kommen. Er hat damit den Bereich Pressearbeit im Rahmen der Öffentlichkeitsarbeit angesprochen. Der Begriff PR umfaßt jedoch mehr. Gerade für den Personalberater ist heutzutage das Begreifen der Hauptpunkte eines Netzwerks von Öffentlichkeitsarbeit wesentlich, wenn er seine Öffentlichkeitsarbeit mit den richtigen Mitteln in die richtige Richtung betreiben will. Wir unterscheiden heute vier wichtige Definitionsbereiche für Öffentlichkeitsarbeit:

1. Die interne Kommunikation: die Kommunikation und Beziehungen nach innen (internal communications). Die Bedeutung für den Personalberater liegt auf der Hand. Ohne entsprechende Maßnahmen der internen Kommunikation und auch ohne Einblick und Einwirkung in den Bereich der internen Kommunikation des Klienten ist für ihn eine Existenz nahezu unmöglich, die

Erfolg für beide Teile bedeutet. Resultatsorientierte Auftragsabwicklung und sinnvolle Entwicklung von Management-Developmentplanungen und -maßnahmen sind ohne IC undenkbar.

2. Public affairs: Bewußtsein, Planung und Maßnahmen von öffentlichen Angelegenheiten, ein Tätigwerden in Ereignisfeldern mit gesellschaftspolitischem Einschlag. Jeder Personalberater ist Bestandteil und Mitwirkender im Bereich public affairs. Seine Rollenspannweite vom »Headhunter« bis hin zum personalwirtschaftlichen Hilfsarbeiter läßt ihn eng mit dem Faktor Mensch im Organisationsbereich verbunden sein. Die ständige Definition seiner Rolle durch ihn und andere ist praktisch public affairs. Die Bewältigung kann aktiv oder passiv erfolgen.
3. Public relations: die klassische Beziehung zu den zahlreichen Öffentlichkeiten und Zielgruppen werden häufig nur von den großen Agenturen mit allen Konsequenzen einer umfassenden PR-Planung vorgenommen. Im Rahmen der Public Relations jedoch haben sich fast alle Personalberater daran gewöhnt, das Kernstück der PR, nämlich ständige oder sporadische Zusammenarbeit mit der Presse und in neuester Zeit auch mit den elektronischen Massenmedien zu suchen. Pressegespräche, Pressekonferenzen und das Einschicken eigener für wichtig gehaltener Artikel zu bestimmten redaktionellen Feldern bestimmter Publikationsorgane gehören zum Alltag der eigenen Öffentlichkeitsarbeit.
4. Produkt-Publizität: Produkt-Publizität im Rahmen eigener PR ist sozusagen das Kupplungsstück zum Bereich der Werbung. Zahlreiche Hochglanzbroschüren, die Präsenz mit Anzeigen in den Medien, gewichtet nach Personalhitlisten, Mitteilungen über eigene Erweiterungen, Spezialisierungen, wechselnde Namen usw. sind in unseren Augen Produkt-Publizität.

Alle vier Bereiche werden von den deutschen Personalberatern einigermaßen beherrscht. Der Unterschied liegt jedoch im Zeitaufwand, der angesetzt wird. Die Frage lautet dabei: Was kommt beim Empfänger an? PR muß deshalb an Zielorientiertheit und Effektivität gemessen werden. Dabei gilt es Kritik, Aversion und Voreingenommenheit zu überwinden. Für ein gutes Image sollte jeder Personalberater etwas unternehmen. Das kostet Ideen, Zeit, Nerven und Geld, aber es lohnt sich, denn allein schon die Annahme einer Information

durch eine Redaktion deutet darauf hin, daß der Personalberater etwas wesentlicheres getan hat als nur im klassischen PR-Sinne »tue Gutes und rede darüber«. Er hat in Zusammenarbeit mit verantwortungsbewußten Journalisten dann die Öffentlichkeit informiert, beraten, ja er verhandelt sogar mit ihr über bestimmte Anschauungsweisen aus seinem Managementbereich. Wir können diesen Kommunikationsvorgang bezeichnen aus der Sicht des Personalberaters: »Ich bin da und möchte gehört werden« und seitens der Öffentlichkeiten »ich bin da und ich möchte informiert werden über euch.«
Eine gezielte Projekt-PR mit 5–6 Öffentlichkeitsarbeitsmaßnahmen pro Jahr sollte für jeden Personalberater zeitlich möglich sein. Kosmetik durch clevere Kosmetikspezialisten, die mit einer guten Überschrift ein Nichts aufbauschen können, nach dem Motto »mehr scheinen als sein« haben heute immer weniger Chancen. Die Projekt-PR wird durch Ereignisse und Informationen bestimmt, die es wert sind, mitgeteilt zu werden. Mit der nötigen Empathie im Hinblick auf das angesprochene Publikum wird der erfolgreiche Personalberater es nicht schwer haben, auch in diesem Falle die mögliche Aufnahmefähigkeit seines Gegenübers Öffentlichkeiten vorher zu bestimmen und die richtigen Nachrichten an den richtigen Platz zu setzen.
Für den Personalberater wichtiger als für andere Branchen: Zur Öffentlichkeitsarbeit gehört es auch, schweigen zu können. In vielen Fällen ist der Begriff Öffentlichkeitsarbeit als ständiges Auf-sich-aufmerksam-machen mißverstanden worden. Eine tiefergehende Öffentlichkeitsarbeit beinhaltet aber ein vorhergehendes Augenmaß dafür, ob eine Agentur oder Person, die ständig über Diskretion, Vertrauen, Zurückhaltung, Seriosität des eigenen Bereiches spricht, um einer schnellen Schlagzeile willen ständig mit einem Katalog von PR-Maßnahmen im Markt zu finden sein muß. Leser und Zuhörer könnten sich Gedanken über die Zuverlässigkeit ihres Personalberaters machen, wenn er ständig in den Medien zu finden ist. In diesem Zusammenhang warnen wir vor der weitverbreiteten Unsitte, kaum kaschierte, als neutral hingestellte Fallstudien zum eigenen Ruhme zu benutzen, die jedem Branchenkenner als Enttarnung einer gerade stattgefundenen oder stattfindenden Operation im Bereich Personalbeschaffung nach wenigen Sätzen zum Klartext wird. Gerade in Krisensituationen würde das zu einem starken Mißtrauensaufbau

zwischen Berater und Klient führen. Wer hat es schon gerne, sich auf dem Arbeitstisch der Pathologie seziert zu sehen. Knappe Pressenotizen über den eigenen Arbeitsbereich, über Personalveränderungen, wissenschaftliche Kurzstudien sowie empirische Untersuchungen im Markt sind die besten Arbeitsinstrumente der Personalberatung in der Öffentlichkeitsarbeit.

Im Bereich der neuen Medien haben sich vereinzelt Berater auch schon mit Bildschirmtextversuchen beschäftigt. Über ein erstes qualifiziertes Ergebnis und die Möglichkeiten dieser neuen Medien für die Zukunft der Personalberatung kann noch keine endgültige Aussage getroffen werden. Dazu ist der Feldversuch in Düsseldorf im Hinblick auf die Teilnehmerzahl zu eingeschränkt und die damit verbundenen Ergebnisse sind nicht als repräsentativ zu betrachten. Es wird interessant, zu verfolgen, wie sich die neuen Medien entwikkeln, und wie sich die Personalberater in Zukunft dieses neuen Mediums bedienen werden.

Als vor einigen Jahren das Wirtschaftsmagazin Capital begann, eine Karrierebörse einzurichten, wurde diesem Versuch keine Chance gegeben. Capital hat sich als monatlich erscheinendes Magazin heute seinen festen Standort als Ansprechmedium für Fach- und Führungskräfte bewährt. Dies ist allein daraus abzulesen, daß mehrere sehr renommierte Personalberatungen Monat für Monat Anzeigenseiten in Capital mit Positionen ausfüllen. Die Resonanz auf diese Anzeigen gibt den beteiligten Personalberatungen eine gute Grundlage für die erfolgreiche Abwicklung ihrer Projekte.

Auch in der Wirtschaftswoche sind Anzeigen von Personalberatern zu finden. Die Wirtschaftswoche bietet den Vorteil, daß sie wöchentlich erscheint. Bei einer Insertion in Capital kann man davon ausgehen, daß die Leserschaft während eines Monats immer wieder durch die ausgeschriebenen Positionen angesprochen wird. Bei der Wirtschaftswoche ist der Aufmerksamkeitseffekt nach einer Woche verloren, bei der Tageszeitung sogar schon am nächsten Tag.

Ideenreich initiieren Personalberatungen mit einem guten Verhältnis zu Journalisten und durch die Einschaltung von Public Relations Agenturen Artikel, Serien und Veranstaltungen, die ihnen dann wieder die Chance geben, sich in der Öffentlichkeit darzustellen. Je besser es eine Personalberatung versteht, im positiven Sinne Schlagzeilen zu machen, um so sicherer darf sie sein, daß durch diese Aktivitä-

ten ihre Geschäftsaktivitäten gestärkt werden. Das Problem der Zusammenarbeit mit den Medien für die Personalberatung besteht immer wieder darin, daß man einerseits die öffentliche Beachtung dringend benötigt, andererseits aber durch zuviel Öffentlichkeitsarbeit den Verdacht erwecken kann, zu trommeln um des Trommelns willen. Hinzu kommt die Überlegung, daß in diesem Rahmen verbrachte Arbeitszeit der eigentlichen Arbeit abgeht. Bei all ihren Aktivitäten läßt sich die Personalberatung von dem Gedanken leiten, Erfolg zu haben. Diesen Erfolg erreicht sie, wenn sie einen guten Bekanntheitsgrad im Markt besitzt, dafür angesehen ist, vakante Positionen erfolgreich zu besetzen und dem Bewerber den Eindruck eines vertrauensvollen Gesprächspartners hinterläßt.
Qualifizierte Berater nutzen die Medien, um wichtige Informationen der interessierten Öffentlichkeit anzubieten. Sie stellen sich in ihren Anzeigen nicht mit großen Weißflächen, sondern mit aufgabenbezogenen Aussagen dar, die dem anonym angesprochenen möglichen Bewerber die Entscheidung ermöglicht, sich für die ausgeschriebene Position zu bewerben.

6. Das Agenturgeschäft

Die maßgebenden Personalberatungen bieten als Teilbereich ihrer Leistungen einen ergänzenden Service, nämlich den Anzeigendienst durch eine eigene Agentur. Diese Maßnahme entspricht dem Wunsch vieler Klienten, sie über die Unterstützung bei der Suche und Auswahl von Führungskräften hinaus auch in anderen Bereichen der Personalwerbung zu unterstützen, nämlich bei der Besetzung von Führungspositionen, die aus internen Gründen vom Klienten selbst vorgenommen werden soll, bei Nichtführungspositionen, bei der Suche von Außendienstmitarbeitern und schließlich zur Verwaltung von gesamten Personalanzeigenetats.
So hat sich in den letzten Jahren eine Verselbständigung des Agenturbereiches im Rahmen der Mutter Personalberatung ergeben. Teilweise treten Personalberatungen und Agentur der Personalberatung nebeneinander am Markt auf, wobei die Agentur ihre Dienste anbietet, um durch zweckvoll gestaltete Personalwerbung zu einer effektiven, zügigen und wirtschaftlich vertretbaren Besetzung von offenen Positionen für den Klienten zu kommen. Angeboten wer-

den die Gestaltung von Personalwerbemaßnahmen hinsichtlich des Textes, der Gestaltung, der Medienauswahl, des Anzeigenformats, der Plazierung, des Einschalttermins und das Angebot einer Kontaktadresse, die Sperrvermerke beachtet. Der Anspruch verschiedener Agenturen, mit ihrer Unterstützung ein positives und einheitliches Unternehmensbild auf dem Personalmarkt durch entsprechende grafische und textliche Gestaltung zu erreichen, ist auf dem deutschen Markt bisher nicht gelungen, schaut man sich die Wochenendausgaben der regionalen und besonders überregionalen Stellenmedien an.
In der Regel verfügen die Anzeigenagenturen über ausgezeichnete Kenntnisse des Stellenmarktes. So können sie Empfehlungen abgeben, ob für Ausschreibungen neben Standardmedien auch noch Fachzeitschriften belegt werden sollen, oder aber, ob in Einzelfällen Fachzeitschriften eine bestimmte Zielgruppe besser ansprechen als die bekannten Titel. Diese Mediaplanung sollte von Klienten grundsätzlich für alle Aufträge durchgeführt werden. Das Für und Wider der Belegung einzelner Medien oder die Ausschreibung mehrerer Titel muß vom Berater oder der Agentur als Empfehlung begründet werden. Es sei jedoch darauf hingewiesen, daß insbesondere bei kleineren Fachzeitschriften in manchen Fällen auf die Eigenuntersuchung der Verlage bei der Mediaplanung zurückgegriffen werden muß. Vielfach wird die Titelauswahl auch bei regionalen Tageszeitungen nur aufgrund der Auflagenzahl getroffen werden können.
Anzeigenagenturen sind sogenannte Werbungsmittler und erhalten als solche eine Agenturprovision, von der sie leben müssen. Insofern werden die Anzeigenkosten auch in voller Höhe den Klienten weiterbelastet.
Anders sieht es aus, wenn Unternehmen ihren gesamten Anzeigenetat einer Agentur übertragen. Sie erhalten dann eine Rückvergütung, die abhängig ist vom Auftragsvolumen.

Gründe für die Einschaltung einer Agentur bei der Besetzung von offenen Positionen können sein:
1. Der Wunsch nach Anonymität. Dies kann begründet sein in Wettbewerbsgründen, wie auch in internen Gründen.
2. Der Wunsch, das Bewerberpotential zu erweitern. Die Ausschreibung einer Position über eine Anzeigenagentur kommt dem

Bedürfnis der Bewerber sehr nahe, in der Anfangsphase seiner Bewerbung nicht seine Identität gegenüber einem möglichen Auftraggeber zu offenbaren. Wo diese beiden Punkte nicht zutreffen, bieten die Agenturen ebenfalls an, das Firmenlogos neben dem Agenturlogos erscheinen zu lassen. Sie offerieren damit möglichen Bewerbern ebenso die Bereitschaft, bei Wahrung der eigenen Identität zusätzliche Informationen einzuholen. Die Einschaltung der Anzeigenagenturen bietet sich verstärkt auch im Bereich der Außendienstmitarbeiterrekrutierung an. Der Personalmarkt in diesem Bereich ist im Grunde eng bei einem hohen Angebot von Außendienstpositionen. In diesen Fällen kann eine Agentureinschaltung das Bewerberpotential erweitern, indem nicht aktiv stellensuchende Kandidaten angesprochen werden, die aber trotzdem am Wochenende in den Stellenteil ihrer Zeitung schauen. Meist verbinden die Agenturen diesen Service mit einem Wochenenddienst, an dem ein Mitarbeiter an Interessenten Informationen gibt, die über das in der Stellenanzeige Gesagte hinausgehen. Vorgefertigte Unterlagen werden an Interessenten noch am Wochenende verschickt, so daß ein kurzfristiger Rücklauf möglich ist. Damit tritt eine erhebliche Beschleunigung gegenüber dem üblichen Personalsuchverfahren mit Vorauswahl durch den Berater ein. Die Agentur nimmt zusätzlich dem Auftraggeber die Abwicklung des gesamten Schriftverkehrs ab und kann gegenüber den Bewerbern die Einhaltung von Sperrvermerken garantieren.

Im Rahmen der Betreuung von Personalanzeigenetats von Unternehmen unterstützen die Agenturen ihre Auftraggeber auch bei der gesamten Personalwerbung. Im Regelfall beinhaltet diese Agenturleistung folgendes:

- Entwicklung eines Grundkonzeptes für das Unternehmen zur Gestaltung der Anzeigen. Dabei soll berücksichtigt werden, daß das Unternehmen ein einheitliches und positives Firmenimage erhält, was zudem noch mit der Produktwerbung des Unternehmens in Einklang stehen sollte. Zusätzliches Ziel ist die Erreichung eines hohen Aufmerksamkeitsgrades.
- Das Texten von Anzeigen nach allgemeinen Angaben, über die man sich zuvor grundsätzlich verständigt hat, das Ausarbeiten von Mediaempfehlungen und die Durchführung der Anzeigenschaltung. So übernimmt die Agentur verantwortlich die Abwick-

lung des Anzeigenauftrages mit den Verlagen, indem sie die Anzeigen in den ausgewählten Medien plaziert. Eine starke Anzeigenagentur kann dabei bestimmte Plazierungswünsche mit dem Medium aushandeln. Durch die Bündelung von Aufträgen kann die Agentur die für den Klienten günstigsten Konditionen aushandeln und sie tritt gegenüber den Verlagen als Rechnungsprüfungs- und Fakturierungsstelle auf.

Interessant für eine Anzeigenagentur sind hauptsächlich solche Unternehmen, die regelmäßig viele Personalanzeigen über das gesamte Bundesgebiet verstreut schalten. zudem kann eine Anzeigenagentur auch Aufträge durchführen, die aufgrund rechtlicher Bestimmungen der Personalberatung nicht übertragen werden dürfen. Mittel- und Großkunden sind also die Hauptumsatzträger von Anzeigenagenturen, denn sie bieten diesen Unternehmen aufgrund der anfallenden Arbeitsintensität eine Entlastung für die Personalabteilung.

Hingegen sind Personalabteilungen, die im Laufe eines Jahres nur wenige Anzeigen veröffentlichen, gerne mit dem Texten und Gestalten von Anzeigen beschäftigt und insofern auch von ihrer Arbeitsleistung überzeugt.

Die Anzeigenagenturen der Personalberatung sind dadurch stark geworden, daß zum einen die Klienten die Personalberatungsleistungen schätzten und so bereit waren, auch ihr Agenturgeschäft ihren Beratern zu übertragen. Zum anderen haben es die vermeintlichen direkten Wettbewerber, nämlich die Werbeagenturen, versäumt, rechtzeitig ihre Klienten aus der Konsumwerbung davon zu überzeugen, daß sie auch Personalwerbung betreiben können. Es ist anzunehmen, daß ihnen das wirtschaftliche Ergebnis aus der Personalwerbung im Verhältnis zur geforderten Leistung zu gering war. Heute bemühen sich einige um solche Etats, jedoch mit zweifelhaftem Erfolg. Im stärkeren Maße erfolgreich im Wettbewerb mit den Anzeigenagenturen sind jedoch die Verlagsvertreter, die vor Ort den direkten Kontakt mit maßgebenden Inserenten pflegen. Durch die Offerierung von Rabatten für Personalanzeigen und entscheidende Gestaltungshilfen bei der Konzeption der Anzeigen können diese Verlagsvertreter einen beträchtlichen Umsatzanteil in diesem Geschäft für sich verbuchen.

Zunächst ist es für eine Personalberatung, die sowohl den Standard Beratung als auch das Agenturgeschäft anbietet, selbstverständlich,

in einem ersten Gespräch mit dem möglichen Klienten beide Dienstleistungen anzubieten. Von diesem Gespräch jedoch hängt es ab, in welchem Bereich die vordringlichen Bedürfnisse des Unternehmens liegen.
Bei der Entscheidung für eine Agenturleistung wird sich ein Klient ausrechnen können, daß er sich durch das Zusammengehen in der Personalwerbung mit einer darauf spezialisierten Anzeigenagentur eine kosteneinsparende Partnerschaft und die Hilfe beim Texten und Gestalten der Anzeige ohne Mehrkosten für das Unternehmen einhandeln kann. Hinzu kommt der Einkauf von Anzeigenraum, die Entscheidung für die geeignetsten Personalwerbemedien und dann die von der Agentur vorzunehmende Abrechnung mit den einzelnen Verlagen.
Unternehmen, die mit einer Anzeigenagentur ihren Personalwerbeetat planen wollen, sollten für ein erstes Gespräch eine Präsentation über Leistungsspektrum, -fähigkeit und bestehende Klienten fordern. Um die Verkaufspräsentation für beide Seiten so erfolgreich wie möglich zu gestalten, sollte das Unternehmen der Agentur auch Basisdaten zur Verfügung stellen, die über das hinausgehen sollten, was in bisherigen Stellenanzeigen gesagt wird. So liefert man der Agentur eine gute Grundlage, damit sie eigene Vorstellungen entwickeln kann. Interessant für ein Unternehmen ist es zudem, Positionen zur Präsentation mit vorbereiten zu lassen, bei denen man Probleme im Unternehmen in der Vergangenheit gehabt hat. Generell kann man feststellen, daß Agenturen im Bereich der Personalwerbung durch verbesserte Texte, verbesserte Gestaltung und gezielte Mediaanwendung neue Impulse geben können und somit eine Mithilfe den Personalabteilungen bei Arbeitsabläufen anbieten, die normalerweise keine Routinearbeit in diesen Abteilungen darstellen, sondern eher eine notwendige und zeitraubende Zusatzarbeit. Darauf aber gerade hat sich die Agentur spezialisiert. Es ist empfehlenswert, wenn man in die Überlegung eintritt, die Personalwerbung einer Anzeigenagentur zu übertragen, gleichzeitig mehrere Präsentationen von im Wettbewerb miteinander stehenden Agenturen veranstalten zu lassen. Namen und Anschriften dieser Agenturen kann man entweder durch drei- bis vierwöchiges Studium der Stellenanzeigenteile der einschlägigen Medien erfahren, oder aber von den Verlagsvertretern.

Der inzwischen verstorbene Maximilian Schubart bezeichnete die deutschen Agenturwerber 1978 als unfähig, profillos und imitationssüchtig. Im Grunde nicht viel besser kamen die Stellenanzeigen der Personalberatungen und ihrer Agenturen bei Klaus Hattemer in einem Capital-Beitrag in Heft 9, im Jahre 1980 weg. Er kritisiert, daß die Stellenanzeigen von Personalberatern alle einem ähnlichen Gestaltungsraster entsprechen: »Ein Drittel Selbstdarstellung mit anspruchsvollem Weißraum, ein Drittel Herausstellung der Position in einer gewaltigen Schlagzeile auch für kurzsichtige ältere Bewerber, ein Drittel Information über Aufgabe, Position und Unternehmen.« Er meint an anderer Stelle, daß der Stellenmarkt zum Jahrmarkt der Eitelkeiten der suchenden Personalberatungsunternehmen würde und diese Inserate immer mehr Eigenleben entwickelten. Auf diese Problematik wird an anderer Stelle ausführlicher eingegangen.

Zusammengefaßt bleiben Vorteile einer Zusammenarbeit für die Klienten in der Nutzung der besseren Kenntnis des gesamten Personalmarktes durch die Agentur bzw. die Beratungsunternehmen. Es ergibt sich ein Vorteil für den Klienten durch die detaillierte Kenntnis des Medienangebots für Stellenausschreibungen und der für die Besetzung der Position notwendigen Bewerberzielgruppen. Das Unternehmen genießt den Vorteil einer guten Plazierung und die gegebenenfalls problemlose Schaltung kurzfristiger Anzeigenaufträge. Bei renommierten Personalberatungen wird zudem der gute Name der Agentur genutzt und damit letztendlich die Bewerberzielgruppe erweitert. Schon mancher Bewerber ist nur aus Interesse an einer Anzeige in eine neue Position gekommen und hat damit einen entscheidenden Karriereschritt begonnen.

Das Problem ist, daß viel Geld allwöchentlich für Anzeigen ausgegeben wird, die in ihrer Aussagekraft nicht das bieten, was man von ihnen erwarten sollte. Viele Personalanzeigen sind häufig oberflächlich mit Anforderungen gespickt, die schwer erfüllbar sind. Für die Anzeigen im Stellenmarkt sollte es im Grunde einfach sein, mit schlichten Worten das Einfache und Selbstverständliche zu sagen. Wer dabei bei der Wahrheit bleibt und nicht Anforderungen stellt, die unerfüllbar bleiben werden, wird mit seinen Anzeigen auch die entsprechende Resonanz haben. Auch für eine Personalanzeige gilt: Weniger ist mehr, aber das Wenige einfach und verständlich darstel-

len. Originell gemachte Anzeigen und schlichte Anzeigen fallen einem sofort ins Blickfeld, wenn man den Stellenteil einer Zeitung aufschlägt. Wer schon in der Anzeige stark übertreibt, darf sich nicht wundern, daß auch die Bewerber es mit der vorgegebenen Meßlatte halten und genauso übertreiben, wie ihnen gegenüber übertrieben worden ist.
Alle Personalberater fordern von ihren Klienten, daß diese in ihrer Personalwerbung mit sich selbst identisch bleiben sollen. Es kommt aber immer wieder zu maßlosen Übertreibungen in Anzeigen und nicht nur das: Noch schlimmer sind die Schlagwort-, Femdwörter- und Wunschfriedhöfe, die sich in deutschen Anzeigen finden. Die Autoren haben manchmal das Gefühl, daß jeder bei jedem abschreibt bzw. mit einer Phrasendreschmaschine arbeitet. Das Rezept ist ganz einfach; man nimmt eindrucksvolle Wörter aus dem Wunschbereich des eigenen Unternehmens, vor allem das, was man an Betriebsklima und an Entlohnungssystem nicht hat und mischt es kräftig durch. Die Anzeige wirft dann einen »dynamisch-progressiven-autoritär-kooperativen-situativen Arbeitslatz« aus. Es darf deswegen nicht wundern, daß sich Bewerber ebenfalls hinsetzen und den Anzeigenkreislauf an jedem Wochenende studieren, sich ihre persönlichen Notizen machen und nach dem selbstverfaßten Backrezept alte Zutaten neu verarbeiten. Das Ergebnis sind maßlose Übertreibungen und Mißverständnisse. Den Autoren ist selten eine Untertreibung in einer Anzeige aufgefallen. Dieses der eigenen Selbsterbauung dienende Spiel führt bereits in der Anfangsphase von möglichen Beziehungen zu einem Spielchen mit verdeckten Karten, die unter Umständen der Ausspielende selbst nicht kennt. Wir erinnern nur an einen einzigen Zusatz: »Wir sind Ihnen gerne bei der Beschaffung einer Ihren Wünschen entsprechenden Wohnung behilflich.« Dieser Satz hat z. B. in vielen Bereichen zu unendlichen Konflikten und Frustrationen geführt, wenn nämlich nach fast einem Jahr der neue Mitarbeiter immer noch in einer Behelfshausung dahinvegetiert.

7. Anzeigen erfolgreich gestalten

Je wichtiger Spezialerfahrung bei den einzelnen Positionen wird und je weniger heute die Bewerber z. B. bereit sind, umzuziehen, desto wichtiger ist eine ausreichende Resonanz auf Personalanzeigen. In vielen Fällen reicht dazu die Anzeige in einem Medium nicht mehr aus. Neben den klassischen Wochenendmedien, der »Frankfurter Allgemeinen Zeitung« und der »Welt«, hat sich eine Tendenz bei den Personalberatungen durchgesetzt, ein zweites Medium zu wählen, um damit die Resonanz bei engen Zielgruppen zahlenmäßig zu verbessern. Bei der Verfolgung der geschalteten Anzeigen kann man vielfach feststellen, daß gleichzeitig eine Position in der »Frankfurter Allgemeinen Zeitung« und in der »Welt« ausgeschrieben wird. Soll neben der überregionalen Ansprache ein Bewerberkreis angesprochen werden, der in der Region des Unternehmens oder des vakanten Arbeitsplatzes wohnt, dann werden zusätzlich regionale Tageszeitungen belegt. Unterschiedliche Bewerbergruppen kann man ebenfalls über verschiedene Medien gezielt ansprechen, oder aber alternativ in Fachzeitungen den Bewerber aus der Branche und mit den Standardmedien die alternativen Bewerber.

Zur Verbesserung der Erfolgsrate, d. h. zur Erhöhung der Anzahl der Bewerber, empfehlen viele Personalberatungen eine Doppelinsertion in zwei Medien. Diesem Trend ist neben anderen Überlegungen auch die »Welt« mit ihrer Combi-Anzeige entgegengekommen, bei der man Anzeigen an zwei aufeinander folgenden Terminen erscheinen lassen kann.

Klaus Hattemer schrieb in seinem Beitrag über Personalberatung: »So wird der Stellenmarkt zum Jahrmarkt der Eitelkeiten, den die großen und kleinen Beratungsfirmen mit *manirierter* Sprache und auffälliger Gestaltung hätscheln.« Was für andere Werbebereiche gilt kann im Umfeld eines enormen Erfolgszwanges nicht abgelehnt werden. Dennoch hat Hattemer recht, wenn er den Anzeigen der Personalberatungen ein hohes Maß an Eigenleben bescheinigt. An anderer Stelle wurde bereits darauf hingewiesen, welche Bedeutung die Anzeige für die Ansprache von möglichen Bewerbern besitzt. Gleichzeitig ist das Ansehen des die Anzeige schaltenden Personalberaters von nicht unerheblicher Bedeutung dafür, daß Leser dieser Anzeigen animiert werden, sich über einen Jobwechsel Gedanken zu machen. Die Form der gewählten Selbstdarstellung der Beratungsunternehmen läßt gewisse Rückschlüsse auf den Stil der Personalberatung zu – von sehr konservativ über aggressiv bis arrogant und einfältig. Eines ist jedoch auffällig: jede Personalberatung hat ihren eigenen Anzeigenstil entwickelt, nicht nur in der Gestaltung der Anzeige, sondern auch im Aufbau und der Formulierung des Anzeigentextes. Vielfach fragt man sich jedoch, ob die Anzeige wirklich die Bedeutung der Positionen widerspiegelt.

Für Führungspositionen kann man eine bestimmte Anzeigengröße als Minimum voraussetzen, ob solch eine Anzeige an Kosten jedoch nach einer alten Faustregel mindestens ein Monatsgehalt der Position widerspiegeln muß, ist mehr als fraglich. Eine Anzeige in zu kleinem Format wird wiederum nicht den richtigen Bewerberkreis ansprechen, der für die Besetzung der vakanten Position gefunden werden sollte. Eine attraktive Ansprache durch eine Anzeige ist und bleibt die entscheidende Voraussetzung für den Eingang von qualitativ guten Bewerbern in quantitativer und qualitativer Hinsicht. Ohne die richtige Ansprache erhält weder der Berater noch das die Anzeige bezahlende Unternehmen eine umfassende Information darüber, welche Leute auf dem Markt sind, mit welchen Qualifikationen und vor allem zu welchen Einkommensgrößen.

Diese Informationen sind jedoch eine unabdingbare Voraussetzung dafür, daß man mit der Einstellung eines Bewerbers eine optimale Entscheidung getroffen hat im Hinblick auf den eingebrachten Erfahrungswert und den dafür notwendigen Gehaltsrahmen. Seriöse Berater lehnen daher Kleinanzeigen für Führungspositionen grundsätzlich ab. Sie sind davon überzeugt und wissen dies aus der Erfahrung, daß sie damit eine erfolgreiche Lösung des Personalproblems von vornherein in Frage stellen. Eine andere Überlegung für eine erfolgreiche Bewerberansprache im Anzeigenmarkt ist die Alternative, zunächst in einem regionalen Medium einen begrenzten Markt anzusprechen und bei nicht entsprechendem Erfolg noch ein überregionales Medium nachzuschalten. Dies führt allerdings dazu, daß direkte Vergleichsmöglichkeiten fehlen, sich das Projekt unendlich lange hinzieht, wodurch zusätzliche Belastungen im Verhältnis zwischen Klienten und Personalberater auftreten.

Unternehmen, die einen Personalberater zur Besetzung einer vakanten Position hinzuziehen, wollen natürlich, daß ihr Problem als Projekt professionell in Angriff genommen wird und zügig zu einer Lösung kommt. Das Fundament dazu ist eine optimale Einschaltung. Der Klient nimmt dabei gerne die notwendige Selbstdarstellung der Personalberater durch ihre Anzeigen in Kauf, denn er kauft sich das

Vertrauen, daß diese von ihm eingeschaltete Personalberatung gegenüber den Bewerbern besitzen sollte. In den seltensten Fällen jedoch wird ein Personalberater ohne Absprache mit seinem Klienten einen Anzeigentext schalten. Wenngleich also das beauftragende Unternehmen in der Anzeige überhaupt nicht genannt wird, im Gegenteil bewußt verschleiert wird, so bemühen sich trotzdem die eingeschalteten Verantwortlichen des Unternehmens, ihren persönlichen Stil in den Anzeigenvorschlag des Personalberaters einfließen zu lassen. Der Klient sollte bedenken, daß es für ihn wichtig ist, möglichst zügig durch den Personalberater zur Lösung seines Problemes zu kommen. Worauf der Klient bei Vorliegen des Anzeigenentwurfes zu achten hat, ist vor allem die sachlich-fachliche Aussage, die in der Anzeige enthalten ist; Satzbau, Rechtschreibung und Logik des Anzeigentextes sollte ein qualifizierter Berater beherrschen, der jede Anzeige individuell neu textlich verfaßt.
Eine erfolgreiche Variante einer Doppelinsertion und damit eine Verbesserung des angesprochenen Bewerberkreises könnte sich dadurch ergeben, daß bei der Ausschreibung einer Position in verschiedenen Medien, insbesondere am gleichen Wochenende, es notwendig erscheint, unterschiedliche Headlines und Texte zu verwenden. Natürlich läuft der Personalberater dabei Gefahr, daß er von einem Bewerber zwei Anschreiben erhält. In einer Zeit der kurzen und schnellen Kommunikationswege ist diese Gefahr nicht so hoch zu bewerten, denn der aufgeschlossene und erfahrene Bewerber ruft sowieso vor Absendung seiner Bewerbungsunterlagen seinen Gesprächspartner an, um zu erfahren, ob eine Bewerbung überhaupt sinnvoll erscheint. Bedenklich wird dieses Verfahren jedoch dort, wo einmal die Anzeige in der Schlagzeile und im Text den »Geschäftsführer eines Management Institutes« und zum selben Job den »Leiter eines Verkaufsbüros« suchen würde. Udo Sennholz hat in seinem Buch »Besser um Bewerber werben« den Stellenteil einer Samstagszeitung in seiner Tristheit mit einem Telefonbuch einer Großstadt verglichen. Sennholz stellt bei seinen Vorschlägen fest, daß Geld ausgegeben wird für Anzeigen, die nichts anzeigen, und empfiehlt die vergleichende Lektüre der Rubrik der vereinsamten Herzen. Denn dort liest man das, woran es den Stellenanzeigen mangelt:
Informationen und Wissenswertes über die Position. In der Praxis

ergibt sich die Situation immer wieder, daß der Klient oder die entsprechende Führungskraft im Unternehmen gegen den Rat des Personalverantwortlichen und des Personalberaters den weißen Elefanten sucht. Nur durch mühsame Überzeugungsarbeit und gegebenenfalls unter Einsatz von Kosten einer ersten Anzeigenaktion gelingt es dann, die Anforderungen an den Bewerber so zu gestalten, daß sie erfüllbar werden. Die Schwierigkeit bei der erfolgreichen Gestaltung einer Anzeige liegt im menschlichen Bereich. Einerseits soll bei der Anzeige Wesentliches verschwiegen werden und andererseits enorm wichtige Informationen weitergegeben werden. Wenn es gelingt so nah wie möglich an der Wahrheit zu bleiben, den Kompetenzbereich nicht zu groß zu schildern und in etwa auch den finanziellen Rahmen von vornherein anzudeuten, dann wird es gelingen, Aufmerksamkeit bei den Lesern des Stellenteils zu erregen, ihr Interesse zu wecken und sie zur Bewerbung zu animieren. Dies gelingt um so besser, je informativer die Anzeige gestaltet ist.

Von Bedeutung für die erfolgreiche Anzeige ist der Zeitpunkt, an dem sie erscheinen soll. Der Regelfall der Personalsuche läuft wie folgt ab: Der Vorgesetzte eines Mitarbeiters, der gekündigt hat, geht zur Personalabteilung und verlangt die schnellstmögliche Neubesetzung der vakant werdenden Position. So versucht die Personalabteilung, schnell eine Anzeige zu entwerfen, die sie noch in der nächste Wochenendausgabe plazieren möchte, oder sie ruft ihren Personalberater an und bittet ihn, ganz dringend vorbeizukommen, um bei der schnellen Lösung des Problems zu helfen. Zu den Kündigungsterminen verstärken sich die Seiten in dem Stellenanzeigenteil. Dabei ist zu bedenken, je höher eine Position angesiedelt ist, desto unabhängiger wird sie von den Kündigungsterminen. Auch ist dieser Kreis von angesprochenen Interessenten mit Ausnahme der verkaufsbezogenen Positionen selten zu spontanen Reaktionen bereit. Problemzeiten sind die Urlaubszeiten und Zeiten um Fest- und Feiertage. Eine allgemein gültige Aussage läßt sich in diesen Fällen nicht machen. Hinreichende Fälle belegen, daß auch in diesen Zeiten erfolgreich Anzeigen geschaltet werden können. Man muß nur der besonderen Situation Rechnung tragen und dies auch in der Anzeige zum Ausdruck bringen, wie z. B.:

»Aus dem Urlaub genügt uns eine kurze Information, die Ihr Interesse bekundet«, oder ein Hinweis darauf, daß man einen Bewerbungseingang innerhalb der nächsten vier Wochen erwartet.

Der Leiter einer Anzeigenagentur einer Personalberatungn erlaubte sich anläßlich eines bevorstehenden 1. Aprils den Scherz, an alle Berater neue Anzeigenentwürfe zu versenden. Diese Anzeigenentwürfe sollten der Verbesserung des Vertrauensverhältnisses mit den Bewerbern dienen und dafür Sorge tragen, daß die Bewerber auch die Gesprächspartner schon von Beginn der Aktion an kennen. Deshalb hatte er den verschiedenen Anzeigenentwürfen jeweils Bilder von einzelnen Beratern beigefügt. Einmal war ein Bild unterhalb einer Anzeige plaziert, in einem anderen Fall rechts oben in der Ecke. In seinem Begleitschreiben forderte er die Berater auf, ihre Stellungnahme zu diesen Entwürfen abzugeben, und bei Interesse am Einsatz solcher Anzeigen ihm Fotos in einem bestimmten Format zuzuschicken. Diese als Aprilscherz gedachte Aktion führte zu der unerwarteten Reaktion, daß einige Berater ihre Bilder umgehend an die Agentur schickten.

Wenn diese Aktion auch als Aprilscherz gewertet war, so beinhaltet sie dennoch eine Idee, die einer tieferen Überlegung bei den anzeigenschaltenden Beratern wert ist. Bei der Durchsicht der Stellenanzeigen von Personalberatern fällt auf, daß es solche gibt, die nur den Namen der Beratung als Anschrift angeben, und daß es andere gibt, die den Namen des mit dem Auftrag befaßten Beraters stark herausstellen und damit auch dessen Eitelkeit im organisationsinternen Umsatzwettbewerb stützen. Die Möglichkeit für den Bewerber, seinen Gesprächspartner direkt zu verlangen, wirkt vertrauensbildend, führt jedoch zu einer Verzögerung des Bewerbungsprozesses, wenn der entsprechende Ansprechpartner nicht im Büro ist und der Bewerber vertröstet wird, wieder anzurufen. Aus der Erfahrung heraus verlangen in solchen Fällen die Bewerber immer den direkten Ansprechpartner und sind wenig geneigt, mit der Sekretärin oder einem anderen Berater über die Position zu sprechen.

Personalberater geben den Bewerbern gute Tips, wie z. B., daß sie für ein Foto von hoher Qualität sorgen sollen. Personalberater, die selbst mit Fotos in ihren Anzeigen werben, beachten in der Regel diese Qualität nicht. Die Autoren haben jedenfalls selten das Bild des Beraters in Fachzeitschriften oder in der Wochenendpresse gesehen, das den Leser ansprechen könnte. Der Streuverlust ist viel zu groß.

Wenn ein potentieller Bewerber bereits eine Abneigung gegen den im Foto erscheinenden Typus entwickelt, ist das für die Quantität der Bewerbungen zumindest nicht positiv. Nichts zu sagen ist gegen die Benennung eines Namen in Anzeigen großer Personalagenturen, damit die Vermittlung beim ersten Telefonkontakt genau an die richtige Stelle kommt, wo auch schließlich die Dokumentation über den Klienten zu finden ist. Es ist allerdings Augenwischerei, ständig einen Namen aus eigenen PR-Gründen zu schalten und dann den Bewerber an eine nicht genannte x-beliebige Sekretärin oder einen x-beliebigen Sachbearbeiter im Hause abzuschieben. So empfindet es jedenfalls der Bewerber. Es mag ja im internen Wettbewerb sehr schön sein, durch das Lesen seines eigenen Namens immer wieder bestätigt zu bekommen, daß man mehr Klienten hat als die verehrten Kollegen im gleichen Hause. Aber das sollte in internen Statistiken ausgetragen werden und nicht in aller Öffentlichkeit. Im übrigen hat es noch einen entscheidenden Nachteil: Der ständig genannte Name wird mit Anrufen überhäuft werden, während andere Nachwuchsberater und Nachwuchsbearbeiter sozusagen mit verschränkten Armen in ihrem Sessel sitzen, dumpf brüten, Sozialneid entwickeln und schnellstens zur Konkurrenz wechseln.

Checkliste für die Formulierung von Stellenanzeigen

Aussagen über das Unternehmen
- Branche
- Größe
- Produkte
- Stellung am Markt
- Zahl der Mitarbeiter
- in welcher Stadt (Gebiet/Bundesland)
- Freizeitwert
- Weiterbildende Schulen/ Einkaufsmöglichkeiten

Aussagen über die Position
- Stellenbezeichnung
- Aufgabenbereich
- Warum wird die Stelle neu besetzt?
- Wird die Position neu geschaffen?
- Entwicklungsmöglichkeiten oder Aufstiegschancen
- Weiterbildungsmöglichkeiten im Betrieb
- Vollmachten und Verantwortung

Aussagen über das Entgelt
- Höhe der Dotierung
- Ergebnisbeteiligung
- 13. oder 14. Monatsgehalt
- zusätzliches Urlaubsgeld
- Leistungen zur Vermögensbildung
- Reisekosten, Trennungsentschädigungen, Umzugskostenvergütung
- Firmenfahrzeug (km-Geld)
- betriebliche Altersversorgung
- Unfall-/Lebensversicherung
- Umsatzbeteiligung/Jahresabschlußprämien
- Weihnachtsgeld
- Unterstützung bei Wohnungsbeschaffung

Aussagen über die Qualifikation
- Alter
- Lehre, Fachschule, Abitur, Fachhochschule, Hochschule
- Fachrichtung
- Spezielle berufliche Erfahrungen
- Fremdsprachen
- Spezialkenntnisse und besondere Fähigkeiten
- Wie lange Erfahrungen in bestimmten Stellungen oder Abteilungen?
- Wer sind die künftigen Gesprächspartner
- Gewünschte persönliche Eigenschaften
- Führungseigenschaften und Beherrschung von Führungstechniken

Bewerbungsart, Unterlagen
- Kurzbewerbung
- Anforderung eines Bewerbungsbogens
- Handgeschriebener Lebenslauf
- Gehaltswünsche
- Frühester Eintrittstermin
- Zeugniskopien
- Arbeitsproben
- Referenzen
- Telefonische Kontaktaufnahme

IV. Unternehmensinterne Vorleistungen

1. Ursachen für den Stellenwechsel

Eine mögliche Auswirkung des Verfalls von Hebelkräften in der Gesellschaft und Auswirkungen des Zerfalls der Ethik von Arbeit, Leistung und Resultatsbezogenheit, die auch dem Personalberater in seiner täglichen Arbeit begegnen:

1. Weniger Loyalität zum Unternehmen, weniger organisationsverbundene Mitarbeiter
2. Häufiges Job Hopping (Stellenwechsel)
3. Anreizwirkung von Geld nimmt ab
4. Instinkt für gute handwerkliche Arbeit nimmt bei Arbeitern und Führungskräften ab
5. Hohe Krankheitskosten, Tendenz zu weniger menschlicher Produktivität: Mitarbeiter »schalten ab« am Arbeitsplatz
6. Mehr Diebstähle, mehr Sabotage durch Mitarbeiter
7. Qualitätsabnahme in den Dienstleistungsindustrien
8. Wachsender Zynismus und wachsende Abwendung der Verbraucher
9. Werbung als Kaufanreiz weniger effektiv
10. Mobilität nach oben als Motivation für viele weniger wichtig
11. Lange haltende Konsumgüter, Status- und Convenience-Produkte verlieren ihre Attraktivität für eine immer größer werdende Gruppe (moderne Küchen, Farbfernsehgeräte)
12. Macht, hohes Gehalt, Prestige in der Firma gilt für viele als weniger wichtig oder irrelevant
13. Aufgrund der Arbeitskräftefluktuation kurzes Gedächtnis in den Firmen
14. Aufgrund aller oben genannten Punkte höhere Betriebskosten

Traditionelle Führungsüberzeugungen werden heute ebenso in Frage gestellt

1. Gewinn ist legitim und grundlegend für ein erfolgreiches Geschäft
2. Stärke und Erfolg unseres Unternehmens bilden die Grundlage für den Erfolg unseres Landes.

3. Die Welt ist heute besser dran denn je aufgrund des Wohlstandes, zu dem wir mit unserem Geschäftserfolg beigetragen haben.
4. Management (Führung) ist kein Beruf, zu dem man besondere Fähigkeiten und eine besondere Ausbildung braucht, sondern eine Kunst, die nur wenige »Akademiker« (d. h. Naturwissenschaftler, Juristen) gut beherrschen
5. Effizienz läßt sich am besten mit Gewinnkriterien und Wettbewerb auf dem Markt messen und ist grundlegend für Geschäftserfolg.
6. Das Management sollte sich gegenüber der Firma und ihren Gewinnzielen und/oder Zielen zur Gewinnsteigerung loyal verhalten.
7. Geschäft sollte vom Staat getrennt sein.
8. »Gutes tun« oder humanitäre Bemühungen sind keine Funktion des Unternehmens.
9. Führung ist ein aufregender und lebenswichtiger Beruf, er ist es wert, daß man ihm sein Leben widmet, selbst wenn dies auf Kosten der Gesundheit und der Freizeit geht.
10. Die Führung weiß am besten, welches die Funktionen und die Rollen des Unternehmens sind und sein sollten.

Und schließlich fragt sich heute der zukünftige Manager und Bewerber:

1. In welcher Gegend oder Landschaft möchte ich gerne leben?
2. Welchen Lebensstil möchte ich haben?
3. Wie sind die Schulen?
4. Welche Auswirkungen hat das auf meine Familie?
5. Welchen Einsatz bin ich persönlich bereit zu leisten?

Ehe er fragt:

6. Wie sieht das Vergütungspaket aus?
7. Welche Entwicklungsmöglichkeiten bieten sich?

Faktoren, die die Zufriedenheit im Beruf bestimmen

Bereich	*Hauptfaktoren*	*Primärdimension*
I. Eigene Fähigkeiten	Fertigkeiten Fachgebiete Charakterzüge Interessen	Entwicklungsfähig
II. Arbeitsbezogene Bedürfnisse	Sicherheit Zugehörigkeit Anerkennung Selbstbestimmung	Psychosozial
III. Wertvorstellungen und Lebensziele	Sinn/Zweck Familie Umwelt Freizeit	Sozio-ökonomisch
IV. Chancen auf dem Markt	Arbeitsstellen Einkommen Fortkommen Mobilität	Ökonomisch

Hier sind die den Erfolg im Beruf bestimmenden Faktoren in vier Bereiche eingeteilt. Insgesamt stellt diese Tabelle eine Checkliste zu den die Zufriedenheit im Beruf bestimmenden Kriterien dar: Setzen wir unsere eigenen Fähigkeiten nutzbringend ein? Werden unsere arbeitsbezogenen Bedürfnisse erfüllt? Werden unsere Wertvorstellungen und Lebensziele erfüllt? Stehen uns Arbeits- und Mobilitätschancen offen?

(Quelle: Schwartz)

Mitarbeiter des Instituts Arthur D. Little Company fanden heraus, daß in den USA der Prozentsatz der Unternehmer, die sich um die Beseitigung von Beschwerden ihrer Mitarbeiter kümmern von ca. 90 % auf ungefähr 45 % in den Jahren zwischen 1960 und 1977 gefallen war.* Im selben Zeitraum stieg die Versagensrate bei der Beseitigung von Mängeln von 45 % auf 85 %. Die Autoren der Studie fanden drei grundsätzliche Veränderungen heraus:

1. Mehr Mitarbeiter haben neue Werte
2. Ältere Mitarbeiter waren in einem Wandlungsprozeß ihrer Werte und

* Leon B. Sager und Richard E. Kipling in Business Horizons, Augut 1980, S. 23–30 »Sich wandelnde Mitarbeiterwerte: Vertieft sich die Unzufriedenheit?« Harvard Business Review, Februar 1979

3. Die Mitarbeiter begannen damit, sich darüber zu artikulieren, was sie anders als die Unternehmensspitze bewerten

Was begründet heute ein sich Wohlfühlen des Mitarbeiters im Betrieb? Neuere psychologische Studien in den USA stellen z. B. fest, daß ein Gefühl von Können und Effizienz, ein Sinn von Selbstwertgefühl und Überzeugung über den eigenen Wert und ein Set von konkreten Zielen und Werten zunimmt. Über allem steht das Gefühl, daß man etwas erreicht, weiter wächst, daß das Leben sinnvoll ist. Die meisten US-Unternehmen haben dazu im Gegensatz eine ziemlich materialistische Haltung gegenüber Mitarbeitern. Sie erwarten einen Mitarbeiter, der seine ganze Zeit seinem Job gibt. Die Disziplin im Unternehmen selbst verlangt oft, daß der Mitarbeiter, gerade auch auf dem Toplevel, seine persönlichen Interessen wie Kunst oder andere kreative Aktivitäten beiseite läßt. Er wird als exzentrisch und unzuverlässig angesehen und deswegen nicht gefördert. Erfolgreiche Geschäftsführer großer Korporationen sind daher auch zu sehr an Wachstum und Profit interessiert, anstatt die Aufmerksamkeit auch auf ihre eigene volle Entwicklung zu richten, geschweige denn auf die ihrer Mitarbeiter.

Unter den Mitarbeitern wächst der Widerstand gegen autoritäres Führungsverhalten. Der Wunsch nach mehr Partizipation im Entscheidungsprozeß wächst und ein größeres Verlangen nach Befriedigung in der Arbeit und nach Gelegenheiten, sich selbst zu aktualisieren. Ehrlichkeit und Offenheit im Hinblick auf die finanziellen Daten und die politischen Entscheidungen des Unternehmens sind auf dem Vormarsch. Der 18- oder 15-Stunden-Tag reizt nicht länger mehr positiv. Lange Reisen, Abwesenheit von der Familie und vom Wohnort, zahlreiche Umzüge finden ähnlich wenig Zustimmung wie z. B. das Arbeitsplatzangebot in der Schichtarbeit für untere Führungskräfte. Hinzu kommt der Faktor Stress.

Wir leben nicht nur in der Industrie augenblicklich im Zeitalter der Angst oder besser gesagt, der Ängste. Herzattacken, Krebs und viele andere Krankheiten hängen damit zusammen und nicht selten resultiert dieser Stress aus einer schlechten Arbeitssituation. Status, Einfluß und Geld sind nicht mehr die allein bestimmenden Faktoren, die viele Führungskräfte vor dem Ausstieg oder sogar schon vor dem Einstieg in die Führungswelt positiv zu beeinflussen. Ganz entscheidend werden in Zukunft Identifikationsmöglichkeiten mit dem Un-

ternehmen und noch mehr mit dem eigenen direkten Vorgesetzten sowie Freude an den eigenen Fachkenntnissen und der eigenen Weiterentwicklung sein. Der allgemeine Spruch vom lebenslangen Lernen, vom ständigen Wechsel, vom ewigen Neuanfang, ist für viele Führungskräfte Alltag geworden. Sie müssen oft mitten in ihrer bisherigen knicklosen Karriere eine Umkehr bzw. einen Neubeginn anstreben. Ständiger Wandel der Umwelt und der Formen der Unternehmungen haben zu einer Vielzahl von neuen Berufen und neuen Karrieren geführt. Gerade in hochtechnologisierten Branchen finden sich ständig neue Aufstiegsmöglichkeiten.
Gerade bei jungen Führungskräften ist ein starker Trend festzustellen, in mehr sie selbst befriedigende Berufe umzusteigen. Ihre gegenwärtige Situation ist nicht mehr motiviert, vor allem nicht sich mit *allen* Kräften dafür einzusetzen. Das führt oft gleichzeitig zu einer Abnahme der Qualität der Arbeit. Wir sehen dabei zwei Hauptmöglichkeiten für einen Wechsel.
1. Eine völlig neue Karriere außerhalb des bisherigen Berufsfeldes zu beginnen.
2. Eine neue Karriere innerhalb des Berufsfeldes durch Wechsel des Unternehmens, Wechsel in einen anderen Zweig des Unternehmens, Wechsel in eine andere Abteilung des Unternehmens mit anderen Verantwortungsbereichen, sich selbständig machen oder Berater werden.

Sager und Kipling geben der zum Karrierewechsel bereiten Führungskraft einige wichtige Ratschläge.
1. Bevor Sie in eine neue Karriere gehen, beschäftigen Sie sich mit sich selbst. Ist Ihre gegenwärtige Berufssituation wirklich das Problem? Machen Sie sich eine Liste von Gründen für Ihre derzeitige Unzufriedenheit und versuchen Sie, herauszufinden, wo der wunde Punkt oder die wunden Punkte liegen.
2. Schreiben Sie sich Ihre allgemeinen und die Berufsziele für sich selbst auf.
3. Führen Sie ein Tagebuch, in dem Sie Bewertungen Ihres Berufsstatus eintragen und Ihre Entscheidungen auch in anderen wichtigen Bereichen Ihres Lebens festhalten. Nehmen Sie sich dazu Zeit und Geduld. Lesen Sie es immer wieder und Sie werden ein Bewußtsein für Ihre Stärken und Schwächen, für Ihre Vorlieben und Abneigun-

gen, für vergangene Fehler und Erfolge bekommen. Es ist das beste Werkzeug für Selbstbewertung.
Tobias Brocher hat darauf hingewiesen, daß Karrierewechsel oft ein Fluchtverhalten ist, das die Anerkennung interner Widerstände sowie Unterentwicklung des Gefühls, einen Mangel an wirklicher Reife, Frustrationstoleranz, realistischer Lebensbeurteilung und Fertigwerden mit dem Alter beinhalten kann. Ein absolutes Muß vor einem Karrierewechsel ist eine Beratung mit der ganzen engeren Familie. Die Familie kann einmal raten auf Grund der Kenntnisse der Persönlichkeit der Führungskraft in anderen Bereichen als der des Unternehmens. Vor allem aber auch ist die Familie ja gezwungen, mit dem Resultat der Entscheidung der Führungskraft zu leben. Wenn jemand mir nichts, dir nichts einen hochbezahlten Anstellungsvertrag bricht, bzw. nicht verlängert, wird die Familie in erster Linie die Konsequenzen davon fühlen. Schließlich sollte sich der Bewerber nach dem Berufswechsel die Fragen stellen, ob der Wechsel so nach vorne geführt hat, wie er es erwartet hatte und falls das nicht der Fall sein sollte, was sollte der Bewerber dagegen tun. Weitere Fragen: Hat der Wechsel eine Familiensituation negativ beeinflußt? War es psychologisch und wirtschaftlich ein weiser Wechsel? Wird dieser Berufswechsel seine Zukunft positiv beeinflussen?

2. Personalplanung

Personalplanung muß nicht, kann aber in vielen Unternehmen auf die Ebene der strategischen Planung gehoben werden, das heißt, sie muß in der Unternehmensspitze beginnen, wenn sie wirkungsvoll sein soll. Ideen von Komitees, Pläne von individuellen Abteilungen müssen in diesen strategischen Planungsprozeß einbezogen sein, damit auch schon kurzfristige Erfolgsziele erreicht werden können. Der Personalberater kann hier die Rolle eines strategischen Analysators, Katalysators und Moderators übernehmen, wenn auf Grund der bisherigen Unternehmenspolitik und auf Grund des bisherigen Verhaltens starker Abteilungskräfte eine fehlweisende Extrapolation unternehmensinterner Machtströmungen von der Geschäftsführung des Klienten vermutet wird, Machtströmungen, die eine Planung in die falsche Richtung lenken könnten, wenn diese nicht von außen kritisch hinterfragt und angestoßen wird.

Strategie und Management der Personalplanung haben vorausgehende Faktoren zu klären wie

1. Stärken und Schwächen der Organisation und Mitarbeiter erkennen.
2. Die organisationsmäßigen Auswirkungen der Produkt-, Marketing- und Technologie-Strategien erkennen, während sie entwikkelt werden. In bezug auf Strukturen, Systeme und Mitarbeiter sollte die Organisationsstrategie ein integraler Bestandteil der Personalplanung sein.
3. Positiv auf Organisationswandel hin planen.
4. Die Verantwortung für den Wandel als nicht an andere delegierbar ansehen.

Und bei der endgültigen Umsetzung in die alltägliche Praxis müssen wir noch spezifischer werden:

Zur Optimierung der Leistung müssen bestimmte Maßnahmen getroffen werden:

1. Potentielle Einstellungsbedürfnisse feststellen (nach Arbeitsplatzkategorie und -Ort) um richtige Stellenbesetzung und die richtige Verteilung des Mitarbeitereinsatzes zu gewährleisten.
2. Identifizierung der Prioritäten innerhalb des Aus- und Weiterbildungsprogrammes.
3. Entwicklung von Karriereleitern und Nachfolger-Tabellen, um die individuelle Karriereplanung und die Stellenbesetzungsplanung innerhalb der Organisation zu erleichtern.
4. Entwicklung detaillierter Arbeitsplatzbeschreibungen, was das Verhalten angeht, für jede Führungsposition in der Organisation. Darin sollen spezifisch genannt werden die Ziele und Rollen der jeweiligen Position, die erwarteten Hauptergebnisse und das Verhalten, das man zu effektiver Leistung braucht. Die Entwicklung dieser Beschreibungen ist zwar zeitaufwendig, aber sie bieten eine ganze Reihe von nützlichen Ergebnissen, die sich schließlich in Geldvorteile und vorteilhafte Auswirkungen auf den Kunden umrechnen lassen.

   Sie garantieren Übereinstimmung zwischen Vorgesetzten und Mitarbeiter zu den erwarteten Zielen und bieten den Mitarbeitern Ausbildungsmöglichkeiten und Weiterbildungsmöglichkeiten auf zukünftige Chancen und Notwendigkeiten hin.

Ein Prozeß zur Personalplanung und -programmierung läßt sich wie folgt darstellen:

1. Organisationsziele und -pläne erstellen
2. Nettopersonalbedarf errechnen
3. Personalinventur durchführen
4. Fehl- und Ausfallzeitenausgleich rechnerisch festlegen und damit Bruttopersonalbedarf ermitteln
5. Personalprogramme erstellen mit den Konsequenzen
   a) Reduzierung empfehlen und Maßnahmen entscheiden
   b) Ausweitung empfehlen und Aktionen einleiten
   c) Anpassungen empfehlen bei innerbetrieblichen Ungleichgewichten und Durchführung der Versetzungsmaßnahmen.

Für den problematischsten Fall, die Reduzierung, liefert Benton (in seinem Beitrag Work Force Reduction Planning, Personnel No. 7 vom April 1980) eine hilfreiche Matrix:

Alternativen/Pläne	Fair/ Kostenneutral	Kurzfristig Kostenwirksam	Langfristig
Firmenzugehörigkeit			
Beurteilungsrang			
Zukunftspotential			
Befristete Entlassung			
Verzögerte Gehaltsanpassung			
Zulagenkürzung			
Vorzeitiger Ruhestand			
Abbau von Urlaub			
Kürzere tägl. Arbeitszeit (Kurzarbeit)			
Arbeitszeitverlegung			
Versetzung innerbetr.			
Frühzeitigere Kündigung			

Personalentwicklung/ Trainingsmaßnahmen			
Nichtersetzen von Trainingsmaßnahmen			
Nichtersetzen von Fluktuation			
Hierarchieabbau			
Rückversetzung			
Outplacement			
Andere			

Zeichen:

++ sehr positive Annahme o Negativ
+ positive Annahme oo Sehr negativ
– unvoraussehbar, indifferent

3. Personalentwicklung

In der Personalentwicklungsarbeit haben wir einen Wandel feststellen können, der allgemein in drei Phasen gesehen wird:
1. In der ersten Phase erkennt der Betrieb zumeist die Wichtigkeit, Fachkenntnisse und betriebsspezifische Kenntnisse des Mitarbeiters durch Fort- und Weiterbildung zu ergänzen. Dabei werden in der Fortbildung die Mitarbeiter auf Wandel, Hinführung und Organisation eingestellt, während die Weiterbildung mehr der Ergänzung und Abrundung des eigenen Wissens und der eigenen Fähigkeiten im bereits existierenden Arbeitsumfeld gilt. Nicht selten werden solche Maßnahmen als Incentives, als Belohnungsmaßnahme durchgeführt. In dieser Phase ist allein die Aus- und Weiterbildungsabteilung des Betriebes mit ihren Spezialisten und externen Spezialisten zuständig.
2. In einer zweiten Phase wird die Mitarbeiterentwicklung zu einem zentralen Bestandteil des betrieblichen Controllings jedes einzelnen Managers. Er selbst hat in seiner Abteilung die Verantwortung und kann sie nicht delegieren, seine Mitarbeiter systematisch weiterzuführen. Er wird zum Steuermann, zum Monitor, zum Coach und Trainer on the job. Die Führungskraft selbst bedient sich der Abtei-

lung Aus- und Weiterbildung im Personalbereich sozusagen als Instrumentenkasten der Hilfe zur Selbsthilfe. Als Gefahr können unter Umständen Bürokratisierungsvorgänge bzw. das gestanzte Vernormen prozessualer Maßnahmen seitens der einzelnen Abteilungen erfolgen. Alles wird nach wie vor über einen Kamm geschoren.

3. In der dritten Phase werden die Mitarbeiter, Analytiker, Trainer und Berater im Bereich der Mitarbeiterentwicklung als Prozeßberater im Sinne eines internen Beraters angesprochen. Situationsregelungen und Prozeßregelungen sowie Problemlösungsvorschläge kommen aus dem inneren Bereich der betroffenen Abteilung. Wir nennen hier das Stichwort Qualitätszirkel stellvertretend für andere. Das Transferproblem von Trainingssituation und realter Situation wird dadurch gar nicht erst geschaffen bzw. ad hoc und mittelfristig gemeistert. Der Betrieb hat eine offene, zwar resultatsbezogene Erwartungshaltung, die jedoch gekennzeichnet ist durch große Flexibilität im Zielsetzungs- und Kontrollprozeß gegenüber den vereinbarten Maßnahmen. Fast alles, was in diesen Rahmen geht wird als gut angesehen. Gerade hier kann sich der externe Berater in Zusammenarbeit mit einem internen Berater weitmöglichst entfalten.

Das angestrebte Ziel des Klienten wird erfahrungsgemäß heute sein:
Keine Erhöhung der Mitarbeiter*zahl*,
wohl aber Erhöhung der Produktivität
durch Selektion   Ausbildung   Weiterbildung

Die Begründung mit den Worten eines international erfahrenen Managers:

»Wir müssen dazu attraktiv sein und fähige, kompetente Mitarbeiter einstellen und wir müssen sie für ihre Leistung gut entlohnen. Wir brauchen erstklassige Mitarbeiter.

Wir haben die Wahl – Erstklassigkeit erzielen oder Personalkosten senken. Arbeitslos werden wollen Sie nicht und ich auch nicht. Deshalb bleibt uns keine andere Wahl, als Erstklassigkeit durch harte Arbeit und durch Opfer zu erzielen.

Wir wissen, die richtigen Mitarbeiter auszuwählen, um das grundlegende und unberechenbare Bindeglied zwischen den Unternehmenszielen und der Wirklichkeit schmieden zu können.

Die richtigen Mitarbeiter sind die, die auf Erstklassigkeit seitens des Unternehmens und seitens ihrer selbst bestehen. Die Mitarbeiter sind vorhanden, die Märkte sind vorhanden.«

Flußdiagramm zur Entwicklung von Berufs-/Stellenzielen

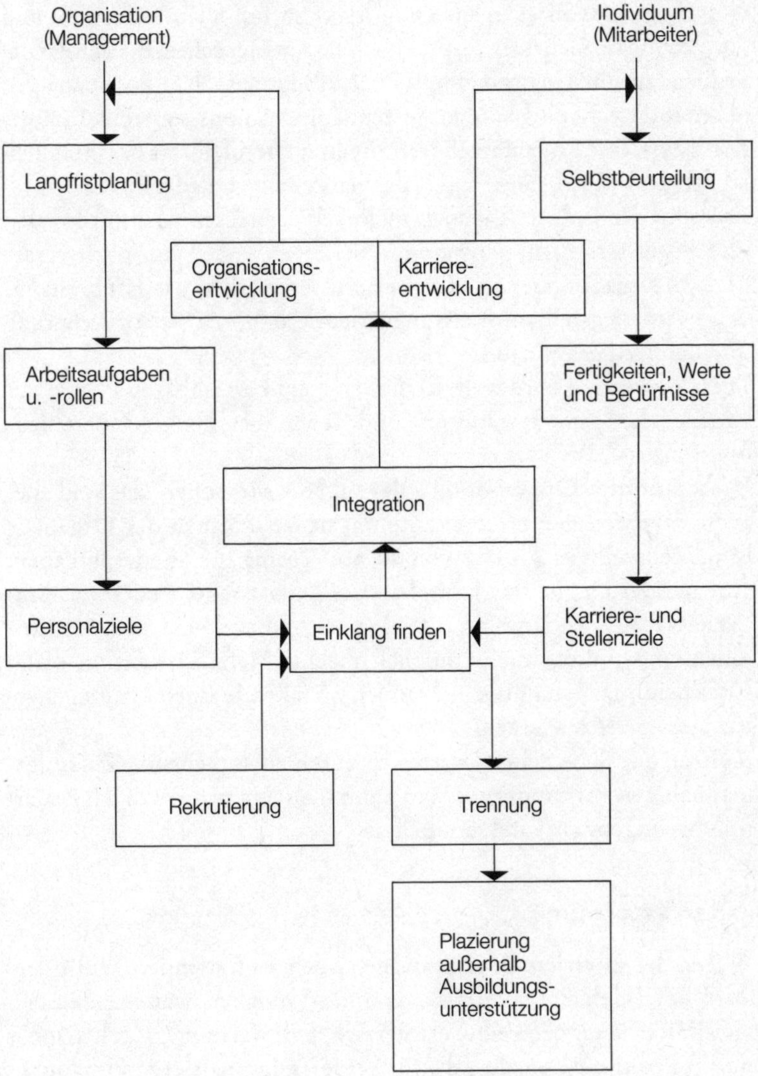

Trainingsunterlage des IfMS Institut für Mitarbeiterschulung W. Reineke & Partner, Heidelberg

Personalpolitik und Mitarbeiterbeziehungen sind gekennzeichnet durch:
Die Organisation – und das sind die Menschen. Vermehrte Einstellung und Nutzung von »Organization Men« in fast allen Industrien und gleichzeitig vermehrte Inanspruchnahme von Menschen, die sich hauptsächlich auf ihr Fachgebiet und ihr Ausbildungsgebiet konzentrieren (Computertechnologie, Management-Informations-Systeme, Innovation usw.). Ihre Loyalität gehört mehr ihrem Beruf, ihrem Fortkommen im Beruf oder Problemen und Aufgabenstellungen als der Firma.
Es sollte der Industrie jedoch nicht schwer fallen, sich mit loyalen und begeisterten, organisationsverhafteten Mitarbeitern zu versehen, (organization men), die eine hohe Arbeitsbereitschaft besitzen, u. a. Aufstiegswillen, Leistungsorientierung, Arbeitsorientierung und deferred gratification.
Diese Bewegung wird wahrscheinlich von übertragbaren Plänen zur betrieblichen Altersversorgung und Gewinnbeteiligungen beschleunigt werden.
Die zukünftige Organisation – das sind die Menschen, das sind aber auch Faktoren wie Experimente mit neuen Formen der Organisation. Zeitweiliger Einsatz von ad hoc-Teams für Sonderaufgaben, Abbau oder Umgehung komplizierter Dienstwege, da der bürokratische Prozeß zu langsam funktioniert und so keine schnelle Entscheidungsfindung mehr möglich macht. Mehr Delegation realer Entscheidungsbefugnisse für täglich zu fällende Entscheidungen an das mittlere Management.
Auftretende Schwächen lassen sich durch entsprechende Trainingsmaßnahmen vermindern. Dazu kann man den notwendigen Bedarf mit der folgenden Tafel feststellen:

4. Karriereplanung

Wegen der in vielen Organisationen noch zu findenden Friß-oder-Stirb-oder Geh-unter-oder-Schwimme-Verhaltensweise finden sich viele Mitarbeiter nach einer erfolgreichen Bewerbung plötzlich nicht nur in Positionen wieder, die für beide Teile frustrierend und nicht erfüllend sind, sondern auch noch auf Entwicklungswegen, die in einer Sackgasse enden können. Das Karrieremanagement für Mitarbeiter ist neben vielen anderen Gründen besonders wichtig dafür,

Ein Modell zur Sammlung von Problemen, die sich durch Schulung lösen lassen

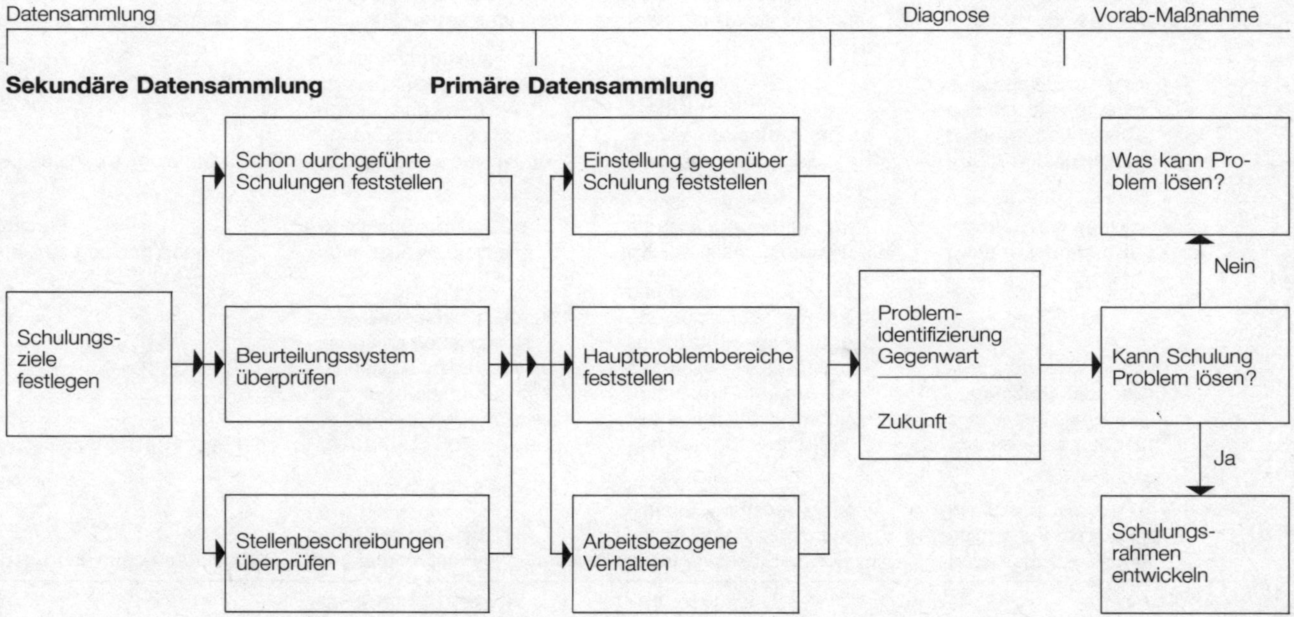

Methoden zur Bewältigung des Widerstandes gegen den Wandel

Ansatz	Anwendung in folgenden Situationen	Vorteile	Nachteile
Ausbildung und Kommunikation	Bei mangelnder oder ungenauer Information und Analyse	Mitarbeiter werden, sobald sie überzeugt sind, bei der Durchführung des Wandels helfen	Kann sehr zeitraubend sein, wenn es um viele Mitarbeiter geht
Partizipation und Engagement	Wenn die Initiatoren nicht alle notwendigen Informationen zur Durchführung des Wandels besitzen oder wenn Mitarbeiter beträchtliche Widerstandsmacht haben	Wer beteiligt wird, wird sich auch für die Durchführung des Wandels engagieren, relevante Informationen ihrerseits werden in den Änderungsplan aufgenommen	Kann sehr zeitraubend sein, wenn die Teilnehmer ungeeignete Vorstellungen vom Wandel vorbringen
Erleichterung und Unterstützung	Widerstand entsteht aus Anpassungsproblemen	Bei Anpassungsproblemen funktioniert kein anderer Ansatz	Kann zeitraubend und teuer sein und trotzdem versagen
Verhandlung u. Einigung	Wenn Einzelne oder wenn Gruppen durch den Wandel verlieren und wenn die Gruppe beträchtliche Widerstandsmacht besitzt	Manchmal relativ leicht, um Hauptwiderstände auszuschalten	Kann in vielen Fällen zu teuer werden, wenn andere dadurch auf Verhandlungen aufmerksam machen
Manipulation u. Ko-option	Wenn andere Taktiken nicht funktionieren oder zu teuer sind	Kann eine relativ schnelle und preiswerte Lösung für Widerstandsprobleme darstellen	Kann zu Problemen in der Zukunft führen, wenn sich die Mitarbeiter manipuliert fühlen
Expliziter und impliziter Zwang	Wenn es schnell gehen muß und die Initiatoren des Wandels beträchtliche Macht haben	Geht schnell und kann jeden Widerstand überwinden	Kann riskant sein, wenn bei den Mitarbeitern Wut auf die Initiatoren zurückbleibt

dem Mitarbeiter zu helfen, mit der zunehmenden Zahl von Wandel und Wechsel im Unternehmen, Arbeitsdruck und arbeitsbezogenen Problemen fertig zu werden, die diesen vorhin schon erwähnten physischen und psychologischen Streß für sie beeinflussen. Individuelle und Gruppenkarriere, Entwicklungsaktivitäten gekoppelt mit persönlicher Beratung in einem vollorchestrierten Programm werden benötigt um dem Mitarbeiter dabei zu helfen, mit seinen verschiedenen Streßsituationen fertig zu werden. Auch hier kann der Personalberater im Rahmen einer erweiterten Unternehmens- bzw. Führungsberatung eine wichtige Funktion als externer Moderator einnehmen. Ein effektiver Karriereentwicklungsprozeß besteht aus 3 miteinander verbunden Phasen.*

1. Assessment (= Einschätzung)
2. Individuelle Entwicklung und
3. Integration

Zu 1. Um erfolgreich die Ziele des Mitarbeiters und die Bedürfnisse der Organisation miteinander zusammenzuführen, müssen beide erst einmal genau und aktuell definiert werden; aber in vielen Fällen haben Organisationen ausdrücklich nur ihren Bedarf genau definiert. In der Bestimmung von Mitarbeiterzielen machen sie viele Generalisierungen über die Charakteristiken von Mitarbeitern, die sehr weit von der Wahrheit entfernt sein können. So haben z. B. Unternehmen jahrelang automatisch angenommen, daß ein Mitarbeiter, der keine Förderung wollte, nicht bereit war, nicht fortschrittlich orientiert war und einen Mangel an Zugehörigkeitsgefühl zur Organisation erkennen ließ. Er erhielt deswegen auch keine weiteren Angebote mehr. Erst in neuester Zeit haben Unternehmen, nachdem sie den Wertwandel begriffen hatten, auch begriffen, daß nicht alle hochmotivierten und kompetenten Mitarbeiter eine höhere Führungsposition im eigenen Hause anstreben und das aus völliger Übereinstimmung mit ihren eigenen persönlichen bzw. familiären Zielen. Dies wiederum hat auch die Rolle des Personalberaters in der Zusammenarbeit, was Suche und Auswahl neuer Kräfte außerhalb des Hauses angeht, noch unentbehrlicher als bisher gemacht.

Ein bedeutender amerikanischer Führungsberater und früherer

* Career development: An Integration of Individual and Organizational Needs, von John C. Aplin und Darlene K. Gerster in Personnel, März/April 1978, S. 23 ff

Staatssekretär im Wirtschaftsministerium, Sidney Harman, weist immer wieder darauf hin, daß die Personalabteilung es dringend nötig hat, eine effektive Führungsrolle zu formulieren. Die Mitarbeiter benötigen eine Identität und ein Gefühl der Zugehörigkeit zu einem Arbeitsbereich, an dem sie aktiv teilhaben. Menschen haben ein Recht darauf, daß ihre Bedürfnisse beantwortet werden und daß sie eine eigene Persönlichkeitsentwicklung durchmachen. Schwimmbäder, soft music und Farbenkoordinierung sind nette kosmetische Beigaben, aber auf auf keinen Fall Garantien für eine erhöhte Produktivität. Diese kommt nur mit der Mitsprache im eigenen Arbeitsbereich. Der Personalbereich hat seit wenigen Jahren die einmalige Gelegenheit, bis zum Jahre 2000 den Wandel der Organisationen maßgeblich zu beeinflussen und damit den Menschen in der Organisation zu helfen und die zukünftige Führungsrolle des Managementteams maßgeblich zu beeinflussen. Je mehr sie sich dabei der informatorischen und der Projekthilfe des externen Personalberaters bedient, desto eher wird sie Erfolg haben. Ein Personalberater muß eingestellt sein auf die Entwicklungen und diese nicht nur vorahnen, sondern dank der ihm eigenen Kreativität initiieren. Nimmt er in Personalbereichen nicht seine Rolle als Antriebsaggregat sowie als unbequemer Mahner und bohrender Frager nach den Hintergründen für seine Beauftragung wahr, dann wird seine Klientenschar bald stark schrumpfen.

Eine bewußte Karriereplanung ist schon deswegen nötig, weil der beratende, informelle Kontakt zwischen einem Vorgesetzten und einem seiner Mitarbeiter nicht ausreicht, dessen Karrierepotential auszuloten oder tatsächlich zu beraten. Es gibt Unternehmen, in denen innerbetriebliche Stellenausschreibungen erfolgreich angewendet werden und interne Transfers üblich sind, in denen aber die Mitarbeiter den Bericht niemals mit ihrem Chef besprechen. Zudem, wenn eine Information über die Absichten eines Mitarbeiters und seiner Karriereziele im Kopf von direkten Vorgesetzten gespeichert ist, wird ein Mitarbeiter dauernd damit bewertet, verglichen und unterliegt mannigfachen Vorurteilen.

Auch tendieren Vorgesetzte dazu, ein wertvolles Mitarbeiterpotential zu behalten und ein weniger resultatsorientiertes an andere loszuwerden. Für den Mitarbeiter selbst bedeutet das bei seiner Karriereplanung einen unerträglichen zusätzlichen Verdeckungsdruck und möglicherweise persönliche Konflikte, die sich in Form von bewußten Unterbewertungen seitens seines Vorgesetzten zeigen könnten. Effektives assessment setzt Wissen um die Möglichkeiten und die Herausforderung in der Organisation voraus. So sollte eine Organisation ihre eigenen Mitarbeiter rechtzeitig über zukünftige Möglichkeiten neuer Berufe im eigenen Hause informieren ohne ihnen damit die Zusicherung für, oder besser eine Garantie für eine zukünftige Position damit zu geben. Gute Mitarbeiter wissen das richtig einzuschätzen.

Zu 2. Vorbereitung und individuelle Entwicklung. Vorbereitungs- und Entwicklungsaktivitäten sind darin begründet, daß sie dem Zweck dienen, die technischen Fähigkeiten die interpersonellen und menschlichen Fähigkeiten, und die konzeptionelle Kompetenz weiterzuentwickeln. Hierfür gibt es zahlreiche Seminarprogramme, die in einem logischen Zusammenhang in kleineren Gruppen trainiert werden können. Dazu gehören Kommunikationsseminare, Führungsseminare, Selbstsicherheitstrainings, Lebensplanungsseminare, mit dem Streß fertigwerden, Transaktionsseminare und zahlreiche andere Entwicklungsaktivitäten. Hinzu kommen immer mehr die genutzten Möglichkeiten von Jobrotation und des direkten Kontakts durch Information aus der Vorstandsebene.

Zu 3. Die Integration ist das Ziel des gesamten Karriereentwicklungsprozesses. Damit ist gemeint, eine Integration aller drei Schritte und vor allem der Ziele des Unternehmens mit den Zielen des Mitarbeiters, womit noch nicht gesagt ist, daß die Plazierung von Mitarbeitern in bessere Positionen damit die Arbeit der Karriereentwicklungsabteilung beendet. Im Gegenteil ist die Positionierung gerade der Anfang eines ständig weitergehenden Prozesses von Beratungssitzungen und Feedbackinstrumenten, die dem Mitarbeiter die Erfordernisse für seine zukünftige Karriere zeigen. Die eigenen Karriereabsichten können so auch besser mit den Forderungen der Organisation verbunden werden. Beide, Organisation und Mitarbeiter benötigen einen Rückkoppelungsmechanismus, durch den sie ihre Karriereprobleme ihrer Organisation mitteilen können und den Mitarbeiter ebenfalls mitteilen können. Aplin und Gerster sehen 4 unverzichtbare Konditionen, ohne die bei auch nur Verlust auch nur einer Kondition das Karrierentwicklungsprogramm wenig Aussicht auf Erfolg hat.

1. Das Topmanagement muß die Karriereentwicklung unterstützen und zwar nicht nur durch Bereitstellung von Mitteln, sondern vor allem und am wichtigsten dadurch, daß es sich selbst zu den Zielen

der Karriereentwicklung bekennt. Wenn es das nicht tut wird die Frage »Was machen die da oben?« immer wieder gestellt werden, und die anderen Maßnahmen lediglich als Lippenbekenntnisse und als Wunschdenken vom mittleren Management mit Killerphrasen bedacht werden. Auch hier hat der Personalberater eine wichtige Funktion in der Beratung des Topmanagements und auch in der Funktion des Übersetzers bzw. Dolmetschers in der Organisation wenn die Maßnahmen anlaufen.

2. Berater auf dem Gebiet der Karriereentwicklung müssen die Autorität haben, dem Mitarbeiter Vertraulichkeit zusichern zu können. Die Führungsspitze sollte keinen Zugang zu den persönlichen Informationen haben, die der Berater hat. Es sei denn, es wird die Erlaubnis des Mitarbeiters dazu eingeholt. Vertraulichkeit wird den Grad des Mitarbeitervertrauens erhöhen und damit auch den Karriereentwicklungsdienstleistungen dienen.

3. Die Einführung eines Karriereentwicklungsprogramms im Unternehmen darf nicht als ein Schnellschuß angesehen werden, ein deus ex machina, ein Sturzkampfbomber, der aus der Sonne kommt, sondern sie muß Schritt für Schritt in einem evolutionären Prozeß erfolgen. Und was noch wichtiger ist, das Topmanagement darf einfach nicht unmittelbare, meßbare Erfolge erwarten, bevor überhaupt die eine oder andere Maßnahme greifen konnte. Der Berater in Sachen Karriereentwicklung wird sich zurückhalten und auch damit dazu beitragen, daß der Mitarbeiter das Gefühl dafür bekommt, daß seine persönliche Integrität nicht durch die Schwatzhaftigkeit und durch den Mißbrauch seines Vertrauens durch den Berater gefährdet wird.

4. Karriereentwicklung als Funktion muß eine angemessene Position innerhalb der Organisationshierarchie haben. Wo immer dieses Programm angesiedelt wird, es darf nicht zu weit unten in der Organisation angesetzt werden, denn wenn es positive Beiträge in der Organisation leisten will, benötigt es eben Einfluß und Autonomie. Insofern könnte auch der Personalberater mit dem Status eines psychologischen Sonderbotschafters in diesem Konzept einen wichtigen Platz einnehmen als Gesprächspartner für Geschäftsleitung und Betriebsrat, und das nicht nur in kritischen Fragen.

Bis jetzt haben wir von der Entwicklung des Einzelnen im Rahmen und außerhalb des Rahmens der Organisation gesprochen. Aus der Sicht des Unternehmens ist die Personalentwicklungsarbeit noch wichtiger.

Zielsetzung der Karriereplanung

Hilfestellung für des Mitarbeiters Karriereplan, um seine vorgesehene Entwicklung zu fördern

Hilfe für den Mitarbeiter, sein Selbstverständnis und sein Arbeitsfeld und -umfeld besser erfassen zu können

Hilfestellung für den Mitarbeiter bei der Durchführung der folgenden Entwicklungsschritte:

1. Verständnis für den eigenen Standort und die von anderen durchgeführte Bewertung der Leistungen (Wo stehe ich zur Zeit?)
2. Zielsetzung (Wohin will ich kommen?)
3. Entwicklung von Maßnahmen zur Verwirklichung (Wie und wodurch erreiche ich das Ziel?)
4. Alternativpläne (Was ist zu tun, wenn ...?)

Beeinflussung des Mitarbeiters persönlicher Einstellung hinsichtlich seines Eigenbeitrages zur eigenen Entwicklung und seiner positiven Einstellung, seine Entwicklung selber beeinflußen zu können durch:

a) Langfristige Zielsetzungen
b) Methoden der persönlichen Selbstkontrolle

Dem Mitarbeiter die entsprechenden Mittel und Methoden an die Hand geben, um folgende Sachverhalte zu bewältigen

- Methoden zur besseren Selbsterkenntnis
- Methoden der Planung und Zielsetzung
- Methoden, um seine eigenen keiten für die berufliche Entwicklung und Möglichkeiten besser zu erkennen
- Fähigkeiten, um die eigene Entwicklung und durchgeführte Maßnahmen auf ihren Erfolg hin zu überprüfen

Der Prozeß der Karriereentwicklung unter Berücksichtigung der persönlichen Erwartungen sowie der im Unternehmen bestehenden Möglichkeiten kann sich wie folgt darstellen:

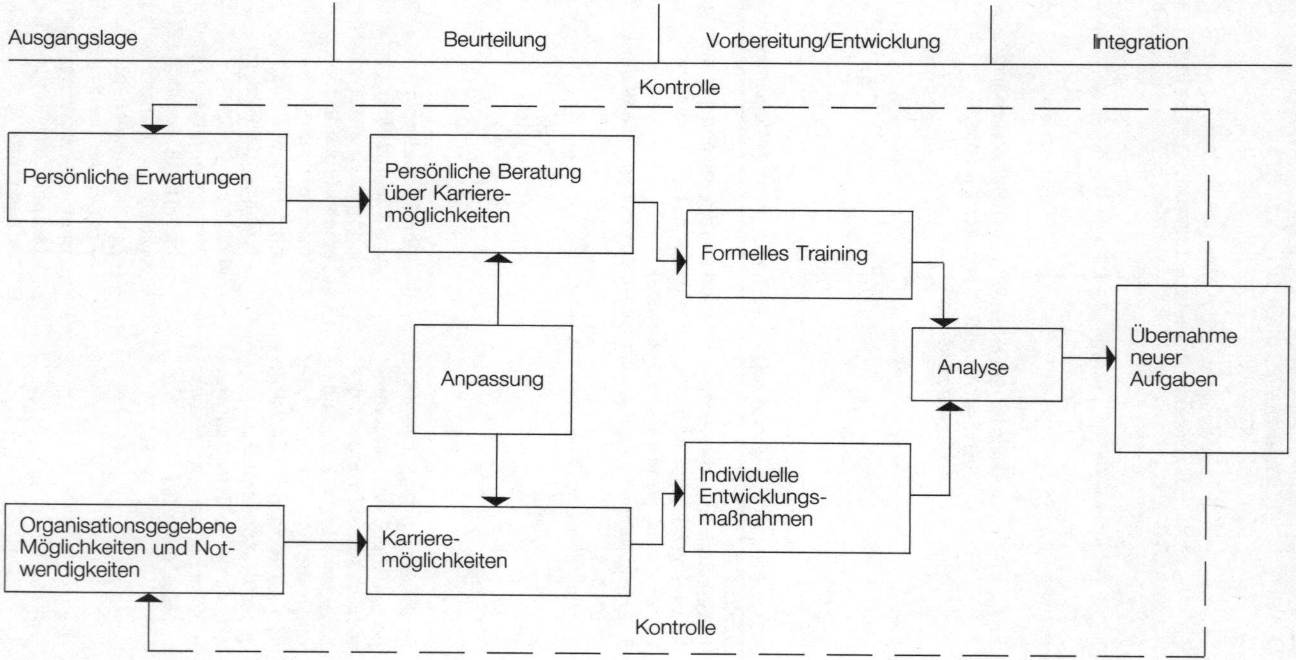

Daraus läßt sich ein Aktionsplan für die Karriereentwicklung aufstellen, der die dargestellte Abfolge zeigen kann:

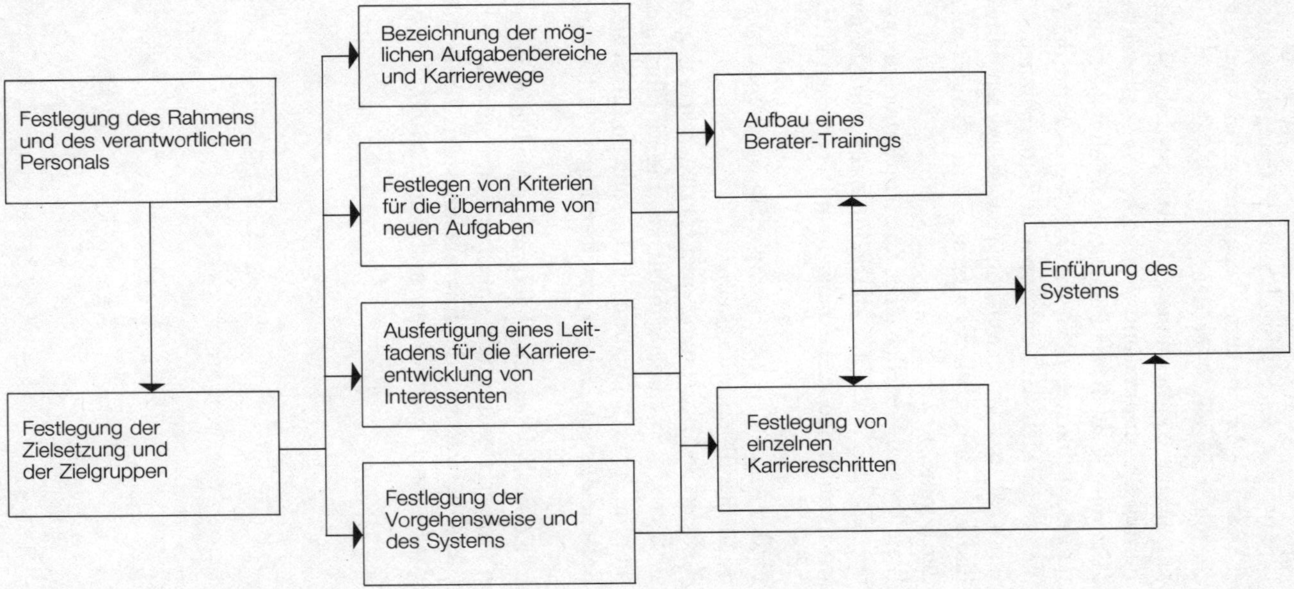

Nach Abschluß der entsprechenden Planungen für die Einführung eines Karriere-Entwickluns-Programmes müssen noch folgende Maßnahmen eingeleitet werden:

1. Benennung von besonders förderungswürdigen Mitarbeitern in Führungspositionen und technischen Spezialbereichen.
2. Mitteilungen an diesen Personenkreis über die bestehenden Karrieremöglichkeiten sowie die einzelnen Schritte des Aufstiegs für die verschiedensten Funktionen im Unternehmen.
3. Auswahl und Unterweisung von geeigneten Führungskräften und Spezialisten, die als interne Karriereberater eingesetzt werden können.
4. Erstellen und Verteilen eines Karriere-Entwicklungs-Leitfadens, der als Handbuch für die geförderten Mitarbeiter eingesetzt wird, um in den Zielsetzungen und Techniken Hilfestellung zu geben.
5. Einbau eines Teiles dieses Spezialprogrammes in alle innerbetrieblichen Bildungsmaßnahmen.
6. Auswahl und Benennung einer speziellen Projektgruppe für jede größere Unternehmenseinheit, die die Einführung und Durchführung dieser Maßnahmen sicherstellt und als Schiedsstelle auch Entscheidungen bei unterschiedlichen Auffassungen treffen kann.

Eine Kontrolle der durchgeführten Maßnahmen sollte immer schriftlich erfolgen mittels einfacher Formulare. Gleichzeitig dient dies der Überwachung des Entwicklungsfortschritts und der weiteren Maßnahmen (s. Musterformular auf S. 109).

Trainingbericht:	Datum:
Mitarbeiter:	Trainer:
Vorgesetzter:	Abteilung:

Art des Berichtes:	☐ Zwischenbericht ☐ Schlußbericht	☐ Zentrales Training ☐ Individuelles Training

Berichtszeitraum	Beginn:	Ende:	Dauer in Wochen:

Kurzbeschreibung der Maßnahmen:

Bewertung erfolgt durch Ankreuzen (×) des entsprechenden Feldes Bemerkungen, wenn 2 oder 3 beurteilgt	1 – genügend	2 – genügend mit Einschränkungen	3 – ungenügend	Bemerkungen
1. Persönliche Eigenschaften intellektuelle Fähigkeiten				
persönliches Verhalten				
äußere Erscheinung				
Initiative und Energie				
pers. Gesprächsverhalten				
Sozialverhalten				
2. Technische Fähigkeiten diagnostische Fähigkeiten				
Vorschlagsvorbereitung				
Techniken zur Herbeiführung von Änderungen				
Mündlicher Vortrag				
Schriftlicher Vortrag				
3. Spezielle Fähigkeiten –				
–				
4. Allgemeine Beobachtungen Anwesenheit/Pünktlichkeit				
Individuelle Beiträge				
Gruppenbeiträge				
Anteil am Durchführen von Arbeiten				
Termineinhaltung				
Schnelligkeit				
Genauigkeit				

Kurze Zusammenfassung des Tainers:

Anmerkungen des Vorgesetzten:

Empfehlungen zum weiteren Vorgehen und Maßnahmen:

Sonstige Anmerkungen und Entscheidungen:

Unterschriften

....	....	....
Trainer	Vorgesetzter	Mitarbeiter

V. Aufgaben für Spezialisten

1. Personalwirtschaftliche Systeme

Die Tätigkeit einer Personalberatung ist vornehmlich durch die Unterstützung von Unternehmen bei der Suche und Auswahl von Fach- und Führungskräften bestimmt. Dennoch ist ein nicht unerheblicher Umsatzträger bei den Personalberatungen der Bereich Personalwirtschaftliche Systeme. In diesem Sektor bieten die Personalberatungen gerade mittelständischen Unternehmen ohne eigene Fachabteilungen im Personalbereich ein erfahrenes Know-how an und erzielen durchweg erfolgreich gute Ergebnisse. Personalwirtschaftliche Systeme lassen sich in mehrere Hauptbereiche untergliedern, die von Unternehmen zu Unternehmen unterschiedliche Bedeutung in der Personalpolitik des Unternehmens haben. Für nahezu jeden einzelnen Bereich gibt es Personalberatungen, die sich auf diesen Bereich spezialisiert haben.

Die Personalplanung, unterteilt in kurz-, mittel- und langfristige Planung, stellt einen Bereich dar, der erfahrungsgemäß gerade in mittelständischen Betrieben stark vernachlässigt wird. Vielfach wird in einer Abteilung gerade jemand gesucht, während in einer anderen Abteilung wegen Unterbeschäftigung gleichzeitig jemand gekündigt wird. Sofern in Unternehmen keine selbständigen Personalabteilungen bestehen, ist es für die Führungskraft schwer, die sich zusätzlich des Personalbereichs annehmen muß, mit vollem Engagement und Überblick diesen Bereich zu gestalten. Mit recht geringem Zeit- und günstigem Kostenaufwand läßt sich die Systematik der Personalplanung in betroffenen Unternehmen einführen und durch einfache Arbeitsmittel dann auch von den Unternehmensverantwortlichen fortführen. Meist nach Durchführung von Personalkostenanalysen und insbesondere der Personalwerbekostenanalyse wird man in den Unternehmen zu der vorgeschilderten Überlegung gelangen, Personalplanungen durchzuführen. Auch die Personalkostenanalyse und die Kostenanalyse für Personalbeschaffungsmaßnahmen können mit einfachen Mitteln schon von jungen Personalberatern durchgeführt werden. In den Bereich der Personalkostenanalyse gehören auch Untersuchungen über die Personalstruktur in verschiedenster Hinsicht.

Die Entwicklung von Gehaltssystemen – tarifähnlich und vor allem leistungsorientiert – wie auch die Erarbeitung von Provisionssystemen ist heute noch für viele produktionsorientierte Mittelbetriebe gleichbedeutend mit der bloßen Festlegung von Quoten und Prozenten. In den meisten Fällen, in denen Berater sich mit dem Ausgangsproblem »Provisionssystem« für den Außendienst befassen, erkennen sie sehr schnell, daß auch andere charakteristische Symptome gleichzeitig mit untersucht werden müssen. Diese Symptome stellen sich in der Analyse dar. Nicht wenige dieser Aufträge zur Neugestaltung von Gehaltssystemen münden darin, daß in einer Reorganisation neue Steuerungsinstrumente für die Unternehmensleitung geschaffen werden und damit auch gleichzeitig die Voraussetzungen für faire und wirksame Gehaltssysteme geschaffen werden, deren am Schluß des Auftrages stehende Erstellung dann ohne große Probleme verläuft, weil alle Beteiligten im Unternehmen die Vorzüge einer solchen Aktion erkennen.
Die Durchleuchtung der Verkaufsorganisationen insbesondere bei Markenartikelunternehmen bringt häufig überraschende Ergebnisse zutage: So ist die Zusammensetzung von Kundenstrukturen nicht genau analysiert worden und dies bedeutet damit als Konsequenz eine falsche Besuchsfrequenz und damit Vernachlässigung von besserem Kundenpotential. Die Marktmöglichkeiten in den einzelnen Verkaufsgebieten stellen sich als untereinander nicht vergleichbar dar, bei Verkäufern im gleichen Marktgebiet ergeben sich erhebliche Verschiebungen durch veränderte Strukturen im Bereich der Nachfrage-Organisationen, z. B. der Großmarktformen im Handel. Diese Nebenprodukte ergaben sich durch Befragungen von Außendienstmitarbeitern eines Markenartikelunternehmens. Ganz beiläufig wurde durch die Befragungen mit den Außendienstmitarbeitern deren Motivation zum Teil gefördert, einige erkannten, daß sie fehl am Platze seien, und bei einem geringen Teil konnten Aufstiegschancen realisiert werden.
Der planvollen Steuerung des Führungsnachwuchses gilt das Augenmerk verschiedener Personalberatungen. Auswahl und Förderung innerbetrieblichen Führungsnachwuchses wird in Großunternehmen sehr systematisch betrieben. Mittelständische Unternehmen finden dazu weder Zeit noch eigene Mitarbeiter, die diese Programme durchführen können. Seien es nun Assessment-Center, an-

ders firmierende Methoden und unternehmensspezifischeingesetzte Maßnahmen, einschließlich Testbatterien, sie bewirken allesamt die Festlegung der Leistungsfähigkeit sowie die beruflich bedeutenden Persönlichkeitsmerkmale der analysierten Mitarbeiter, die am Schluß zur Aussprache von Förderungsempfehlungen führen. Die innerbetriebliche Durchführung solcher Maßnahmen ist externen Maßnahmen jederzeit vorzuziehen, zumal betriebsspezifische Situationen offen durchgespielt werden können, die darüber Aufschluß geben, wie sich das individuelle Entscheidungsverhalten, das Gruppen- und Führungsverhalten und anderes mehr der beteiligten Personen darstellt. Die Ergebnisse solcher Untersuchungen und die daraus sich ergebenden Förderungsmaßnahmen für die einzelnen Mitarbeiter stützen sich auf praxiskonforme Beobachtung der Verhaltensweisen. Sie bieten eine sichere Grundlage, zukünftige Führungskräfte zu identifizieren und entsprechend dafür auszubilden.
In allen Unternehmen, in denen mehrere Abteilungen gemeinsam zum Ergebnis beitragen, entstehen Reibungsverluste. Diese Reibungsverluste können dadurch beseitigt werden, daß eine Motivationsanalyse oder auch Betriebsklimastudie im Unternehmen durchgeführt wird. Diese Untersuchungen fördern die Ursachen zutage, die vornehmlich zu diesen Reibungsverlusten führen, und zeigen die Mängel in der Kooperation und Kommunikation mit anderen Abteilungen auf. In Kooperationsseminaren organisieren und leiten erfahrene Personalberater Zusammenkünfte zwischen Mitarbeitern verschiedener Abteilungen mit dem Ziel, die bestehenden gegenseitigen Vorurteile abzubauen. Dabei stehen nicht im Vordergrund die Bewältigung von Sachproblemen, sondern des offene Zutagetreten von Emotionen und danach deren gemeinsamer Abbau. Für derartige Maßnahmen sind Erfahrungen in ähnlichen Seminaren notwendig, eine vorsichtige Führung der Veranstaltung durch den Moderator und vor allem eine genaue Kenntnis der beteiligten Personen und ihres betrieblichen wie sozialen Umfeldes. Gewarnt sei vor den Versprechungen, daß mit einem Kooperationstraining alle Probleme im Unternehmensalltag beseitigt bleiben. Im Gegenteil, die begonnene Grundlage muß im Rahmen einer kanalisierten betrieblichen Kommunikation fest verankert werden und durch Folgetreffen immer wieder aufs Neue ihre Bestätigung erfahren.
Um ein anerkanntes und funktionierendes Gehaltssystem zu ent-

wickeln, ist die Kenntnis der einzelnen Arbeitsplätze und des Zusammenspiels der einzelnen Arbeitsplätze in ihren Tätigkeitsbereichen mit anderen Bereichen notwendig. Kompetenzen müssen gegeneinander abgegrenzt werden und Verantwortungen gehören den einzelnen Mitarbeitern zugeordnet. Dies erreicht man durch eine konsequente Stellenbeschreibung, die sich durch Lesbarkeit und Nachvollziehbarkeit auszeichnet. Voraussetzung für die Durchführung einer solchen Maßnahme ist die Erstellung eines Organigramms und die Bereitschaft aller Führungskräfte, sich an die einmal festgelegten Linien solch einer neuen Organisation zu halten. Im Rahmen der Durchführung einer Stellenbeschreibungsmaßnahme wird der eingeschaltete Berater viele Einzelgespräche mit den jeweiligen Stelleninhabern führen, die ihm zusätzliche Erkenntnisse bringen über das Betriebsklima, innerbetriebliche Reibungen und am Rande auch Fähigkeiten der einzelnen Stelleninhaber.
Gehaltssysteme und Stellenbeschreibungen werden sinnvoll ergänzt durch ein Beurteilungssystem, dessen Ergebnisse in das Gehaltssystem Einfluß finden. Die Einführung eines Beurteilungssystems ist nur dann sinnvoll, wenn es offen gehandhabt wird, d. h. wenn der Mitarbeiter erfährt, wie er beurteilt wurde und was die Kriterien eines Beurteilungssystemes sind. Mit der Einführung eines Beurteilungssystems können auch Erwartungshaltungen gezüchtet werden, die ein mittelständisches Unternehmen nicht zu erfüllen in der Lage ist. In diesem Fall gilt genau wie bei allen anderen personalwirtschaftlichen Systemen notfalls, daß weniger mehr ist.
In Unternehmen, in denen ein ständiger Gedankenaustausch mit dem angestellten Geschäftsführer oder dem Inhaber stattfinden kann, erweisen sich starre Systeme als Hemmschuh. Für alle personalwirtschaftlichen Systeme gilt grundsätzlich, daß es nicht bei ihrer Einführung belassen werden kann, sondern daß sie einer ständigen Pflege bedürfen und von Zeit zu Zeit auch weiterentwickelt werden müssen. Wer sich auf die Einführung eines personalwirtschaftlichen Systems einläßt, muß sich dessen bewußt sein. Für ein Unternehmen stellt sich somit die Frage, ob es mittel- und langfristig immer wieder mit dem Berater diese Fragen zu diskutieren bereit ist.
Gute Mitarbeiter am richtigen Platz sind die wichtigsten Grundlagen für Erfolg und Wachstum eines Unternehmens. Darum ist Personalentwicklung auch so immens wichtig. Darunter versteht man

die Auswahl, systematische Aus- und Weiterbildung sowie die auf die unternehmerische Zielsetzung bezogene Einstellung der Führungskräfte und ihrer Nachfolger. Personalentwicklung sollte hauptsächlich innerbetrieblich durchgeführt werden, kann jedoch von externen Maßnahmen sehr sinnvoll ergänzt werden. Je geringer die Mitarbeiterzahl in einem Unternehmen ist, um so schwieriger wird die Anwendung der Methode der Personalentwicklung. Dabei sollte dies bereits im gewerblichen Bereich für die Meisterebene beginnen und im kaufmännischen Bereich für die Gruppenleiterebene. Die Analyse der Anforderungen am Arbeitsplatz und die Bedürfnisse der Mitarbeiter werden in Entwicklungsprogramme umgesetzt. Diese müssen umfassen das Fachtraining, das Führungstraining, Kreativitätstechniken, Gruppenverhalten und auch Interviewtechnik. Die beiden Funktionen Leitung und Führung werden ausführlich abgehandelt. Zu den Einzelschritten gehören Aufgaben planen, Ziele setzen, organisieren, koordinieren, entscheiden und kontrollieren. Dazu zählt aber weiter auch motivieren, anweisen, unterweisen, einweisen und delegieren. Eine Erfolgskontrolle in diesem Bereich ist subjektiv und daher sehr schwierig meßbar. Die maßgeschneiderten betrieblichen Programme bieten einen Vorteil gegenüber externen Programmen.

Jede der hier genannten personalwirtschaftlichen Systeme oder Maßnahmen bildet im Grunde eine flankierende Maßnahme zu anderen Aktionen und Aktivitäten oder Zielsetzungen. So kann die Personalentwicklung eine flankierende Maßnahme für eine neue Gehaltsstruktur und ein Beurteilungssystem sein, andererseits kann sie aber auch als zentrale Maßnahme andere Bereiche der Aus- und Weiterbildung des Unternehmens nach sich ziehen.

Qualitätskreise als Methode der Produktverbesserung, Kostenreduzierung und Motivationssteigerung bei den betroffenen Mitarbeitern bilden eine Möglichkeit, Mitarbeiter auf der untersten Ebene ihren Fähigkeiten entsprechend einzusetzen. Ein Qualitätskreis besteht aus einer kleinen Gruppe von Mitarbeitern, die freiwillig eine Qualitätskontrolle innerhalb ihres eigenen Arbeitsbereiches ausüben. Diese Gruppe ist fortwährend bemüht, als ein Teil des Unternehmens Qualitätskontrollaktivitäten zu praktizieren, Eigenentwicklungen und gegenseitige Entwicklungen zu fördern, die Verbesserung und Überwachung des Arbeitsbereiches anzuregen und

die Nutzbarkeit der angewandten Techniken mit allen Teilnehmern zu unterstützen. Das für die Qualitätskreise Festgestellte gilt sinngemäß auch für die Modelle der Lernstadt oder ähnlich strukturierte Ansätze.
Auch das Betriebsklima ist ein meßbarer und beeinflußbarer Faktor in einem Unternehmen. Die Motivationsforschung hat dazu beigetragen, Mitarbeiter eines Unternehmens mittels Motivation zu besseren Leistungen zu führen und sie gleichzeitig zufriedener ihre Tätigkeit ausüben zu lassen. Der Mensch wird nicht als reine Arbeitsmaschine betrachtet, die einfach für Geld Leistung erbringt und deren Zufriedenheit in Abhängigkeit vom bezahlten Geldes automatisch steigt. Die anerkannte Berücksichtigung eigener Motive und Wünsche der Mitarbeiter hat dazu geführt, daß der Betrieb heute einem Sozialsystem entsprechend dasteht. In der Beratungspraxis wird dies durch die Mehrzahl der Führungskräfte bestätigt, die die in ihrem Betrieb herrschende Atmosphäre als verbesserungsfähig oder zum Teil sogar unbefriedigend betrachten. Da diese Probleme zumeist erst in einem akuten Stadium zutage treten, wenn es Probleme in der Zusammenarbeit gibt, und der Organisationsfluß gefährdet ist, bietet sich in solchen Fällen eine Betriebsklimastudie an. Durch die systematische Befragung über Unzufriedenheit der Mitarbeiter im Unternehmen und die Analyse der informellen Informationskanäle wie auch Fragen zur subjektiv empfundenen Karriereplanung erkennen die in Einzelgesprächen befragten Mitarbeiter, daß sie ernst genommen werden. Arbeit am Betriebsklima beginnt nicht mit organisatorischen Maßnahmen, sondern mit Einzelgesprächen. Eine derartige Studie bildet die Grundlage, das Betriebsklima im Unternehmen systematisch erfolgreich zu gestalten und zu pflegen.
In diesem Zusammenhang muß auch der ureigene Bereich der Personalberatung angesprochen werden. Personalberater haben ihren höchsten Erfahrungswert in der Durchführung von zielgerichteten Interviews und dem Erkennen wie Einschätzen von Bewerbern. Sie sollten die Gesprächstechnik beherrschen und die Taktiken von Bewerbern kennen. So bietet sich Unternehmen die Möglichkeit, ihre eigenen Führungskräfte, die mit Einstellungen befaßt sind, durch Personalberater schulen zu lassen. Gegenstand einer solchen Schulung sollte sein die Personalplanung, Stellenanforderung, Vorgabe der erwünschten Eignungen, Fähigkeiten und Erfahrungen, Analy-

se einer schriftlichen Bewerbung und die Interviewtechnik an sich. Solch ein Programm läßt sich ideal durch Maßnahmen der richtigen Einarbeitung von neuen Mitarbeitern ergänzen. Damit kann man unternehmenstern der kostenintensiven Anfangsfluktuation von neuen Mitarbeitern während der Probezeit entgegenwirken.

Die Integration eines Mitarbeiters in ein für ihn neues soziales Umfeld ist prägend für seine Einstellung zum Unternehmen und seine Einsatzbereitschaft bei der Durchführung seiner Aufgaben. In vielen Fällen wird die Grundlage zum nächsten Wechsel bei einem Mitarbeiter in der mangelhaft durchgeführten Einarbeitungsphase gelegt.

Viele Firmen haben sich auch an Modelle und Systeme angelehnt wie Harzburger Modell, MBO oder an Namen wie Likert und Reddin.

Der Personalberater sieht sich in der Praxis der Unternehmensführung mit einem Vordringen des kooperativ-situativen Führungsstils konfrontiert. Bei seinen Interviews muß er der Überprüfung dieses Bereiches hinsichtlich des Gleichklangs zwischen Bewerber und Klient großen Raum gewähren.

Nach Likert werden alle Management-Systeme in vier Hauptgruppen eingeteilt. Am einen Ende des Extrems steht System 1 – strenge und starre Kontrolle.

System 4 steht am anderen Ende des Systems – volle Einbeziehung der Mitarbeiter in Entscheidungen, die sie angehen. System 2 und 3 stehen auf den Stufen dazwischen.

Nach Likert ist ein System-4-Manager zugänglich, freundlich, immer gesprächsbereit, immer interessiert am Wohlergehen seiner Mitarbeiter. Er führt die Mitarbeiter zu Teams zusammen, die zusammenhalten, sehr effektiv und kooperativ sind. Die Mitarbeiter werden nicht gegeneinander ausgespielt.

Ein System-4-Manager hilft seinen Mitarbeitern bei der Arbeit, indem er dafür sorgt, daß ihnen alle notwendigen Mittel zur Verfügung stehen – Raum, Vorräte, Budget, Ausbildung usw. Mitarbeiter werden informiert über allgemeine Pläne, so daß sie ihre eigene Arbeit effektiver planen können.

Ein solcher Manager hat leistungsorientierte, hohe und keine unsinnigen Ziele. Er erwartet Qualitätsleistung von sich selbst und anderen.

Manager mit einem Führungsstil nach System 4 schaffen auch Orga-

nisationen, die nach System 4 arbeiten. In solchen Organisationen herrscht eine hervorragende Kommunikation, hohe Motivation, Möglichkeit zur gegenseitigen positiven Einflußnahme. Es werden hervorragende Leistungen erzielt und die Mitarbeiter sind gleichermaßen hoch zufrieden.
Bei innerbetrieblichen Umfragen und Surveys kann der Personalberater als Mittler und Projektmanager für seine objektivere Darstellung des Selbstverständnisses der Mitarbeiter und des Führungsstils der Vorgesetzten eingesetzt werden, z. B. auch zur Tätigkeit und dem Verhalten des Vorgesetzten im Führungsbereich.

Beispiele für Antworten sind z. B.:

Positiv	Negativ
»Fragt mich nach meiner Meinung«	»Schwer, ihm etwas recht zu machen«
»Lobt gute Arbeit«	»Unhöflich
»Hat Takt«	»Übt nicht genug Aufsicht aus«
»Ist einflußreich«	»Regt sich schnell auf«
»Ist auf dem laufenden«	»Ärgert mich«
»Sagt mir, wo ich stehe«	»Ist stur«
»Kennt seine Aufgaben«	»Kennt seine Aufgaben nicht«
»Ist intelligent«	»Faul«
»Läßt mich selbständig arbeiten«	

Ein Fragebogen für eine Trenduntersuchung zum Thema »Information« könnte nach einem amerikanischen Unternehmensberater folgendermaßen gestaltet werden, ehe man eine umfangreiche Befragung im gesamten Unternehmen beginnt:
Kennen Sie die Rolle, die *Sie* im Betrieb spielen?
Bitte lesen Sie die folgenden Fragen aufmerksam durch. Dann kreuzen Sie bitte an, welche Aussage Ihrer Meinung am nächsten kommt. Es gibt keine richtigen oder falschen Antworten auf diese Fragen. Es kommt auf Ihre persönliche Meinung an. Die Skala reicht von 1–5, von »Ist mir überhaupt nicht klar« bis »Ist mir 100%ig klar«.

1. Sind Ihnen die Grenzen Ihrer Befugnisse an Ihrem jetzigen Arbeitsplatz klar
   Nein, überhaupt nicht ______ Ja, 100%ig
2. Wissen Sie, was Sie an Ihrem Arbeitsplatz tun müssen? Sind Sie sich darüber immer so klar, wie Sie es gerne wären?
   Nein, überhaupt nicht ______ Ja, 100%ig

3. Wissen Sie, wie Sie Ihre Arbeit erledigen sollen?
Sind Sie sich darüber immer so klar, wie Sie es gerne wären?
Nein, überhaupt nicht ______ Ja, 100%ig
4. Sind die Firmenpolitik und die verschiedenen Regeln, Verfahrensweisen und Richtlinien, die Ihren Arbeitsplatz angehen, immer klar definiert?
Nein, überhaupt nicht ______ Ja, 100%ig
5. Sind die Regeln, die politischen Richtlinien und Verfahrensweisen in Ihrer Abteilung, die Ihren Arbeitsplatz angehen, immer klar definiert?
Nein, überhaupt nicht ______ Ja, 100%ig

2. Outplacement

Zeiten großer Arbeitslosigkeit schlagen sich auch im Führungsbereich nieder. Viele Unternehmen müssen heute gute Führungskräfte gehen lassen, ohne daß diese in irgendeiner Weise negativ dazu beigetragen hätten. Interne und externe Gründe liegen vor, die mit der Persönlichkeit der Führungskraft nichts zu tun haben. Die Führungskraft ist hier zumindest zum Teil ein Opfer. Deswegen nur zum Teil, weil sie ja bei entsprechender Analysefähigkeit rechtzeitig selbst hätte Konsequenzen hätte ziehen können. Diese neue Situation hat ebenfalls einen neuen Typ des Beraters bzw. eine Funktionserweiterung der Beratung gebracht: Spezialisten, die Mitarbeiter unterstützen, vor allem Führungskräfte und andere Professionelle, die auf der Suche nach einer neuen Stelle sind. Diese Berater suchen keine Jobs für die Menschen, sondern bereiten sie vor, selbst eine erfolgreiche und starke Marketingkampagne für sich selbst gegenüber potentiellen neuen Anstellern zu betreiben. Auch die ersten Unternehmen haben begonnen, interne Abteilungen für interne Dienstleistungen anzubieten, die dem überflüssig gewordenen Mitarbeiter in gleicher Weise helfen, sich im Markt zurechtzufinden.
Diese neue Form der Dienstleistung erhielt in den USA den Namen Outplacement und ist fast ausschließlich für Führungskräfte gedacht. Die Überlegung der Unternehmen ist einfach, sie wollen sich von ihren Führungskräften trennen, ohne sie dabei zu zerstören. Sie

* Siehe auch: International Management, März 1980, S. 12 ff

wollen dabei helfen, unter einem Minimum von Streß oder Zerrissenheit eine neue Karriere für diese Führungskräfte vorzubereiten. Außerdem ist eine solche Dienstleistung nur die konsequente Fortentwicklung der eigenen Hauspolitik, die nicht dann enden darf, wenn dem Mitarbeiter aus welchen Gründen auch immer der Stuhl vor die Tür gesetzt wird. Er muß eine Chance haben, wenn das Wort von MBO und von Führungsentwicklung gelten soll. Wenn eine Führungskraft 20 Jahre lang dem Unternehmen gedient hat und sich plötzlich einem nichtverschuldeten Wechsel gegenüber sieht, dann ist das ein sehr tiefer Eingriff in seine eigene Karriereplanung und in seine Persönlichkeit. Depressionen und nervöse Zusammenbrüche können oft die Folge sein. Erwachsene Männer weinen, denn es ist z. B. das erste Mal, daß sie in einer Abfolge ununterbrochenen Erfolges nun einen Karriereknick erleben. Sie haben dann Zweifel an ihrem eigenen Wert. Daher ist es eine der Hauptaufgaben des Outplacement-Beraters, den Menschen zu helfen, mit ihren eigenen emotionalen Problemen fertigzuwerden.

Auch ein Mitarbeiter, der nicht an sich zweifelt, sondern eher aggressiv und wütend wird, der Gründe bei anderen Kollegen und bei seiner Firma sucht, ist nicht gerade gut darauf vorbereitet, eine neue Anstellung zu bekommen. Er ist zu verbissen, zu negativ in seinem ganzen Auftreten. In diesem Falle wird der outplacement-Berater versuchen, die negativen Reaktionen, die auf das Vorhandensein von genügend innerer Energie hindeuten, in eine mehr positive und konstruktive Bahn zu lenken.

Als Vater der outplacement-Methoden wird in den USA Thomas Hubbard angesehen, der Chef einer New Yorker Beratergruppe. Outplacement-Techniken verhindern z. B., daß ein verzweifelter Jobsuchender an die falschen Berater kommt. Vor allem ist es wichtig, daß die Kosten für diese Serviceleistung von dem Unternehmen selbst und nicht vom einzelnen Manager bezahlt werden, der auf der Straße steht. Nach einem Bericht in International Management liegt die Honorarhöhe normalerweise bei 15 % des früheren Jahresgehalts des zu Beratenden. Hinzu kommen weitere Kosten für das Drucken und Schreiben von Lebensläufen, Briefen, Telefon und andere Ausgaben. Viele Fachleute halten es nicht für gut, daß die Kosten sozusagen dem Manager in seine Abfindung mit hineingegeben werden. Die bisher meistens praktizierte Lösung, nämlich die Dienstleistung im Rahmen des früheren Unternehmens, hat den Vorteil, daß sie auch tatsächlich in Anspruch genommen wird und daß der mit der Abfindung allein gelassene Manager diese nicht insgesamt für andere Zwecke verwendet. Outplacement-Berater lösen nicht das Problem des Managers, sondern sie geben ihm eine Hilfestellung vor allem darin, wie man sich eine neue Stelle sucht, denn in langjähriger Zugehörigkeit zu einer Firma sind diese Fähigkeiten möglicherweise verschüttet oder vergessen worden. Die outplacement-Beratung beginnt unmittelbar nach der Mitteilung über die Kündigung bzw. über das Lösen der gemeinsamen Arbeitsvereinbarung. Es soll aus psychologischen Gründen versucht werden, die Schockphase so kurz wie nur möglich zu halten. Der outplacement-Berater wird dem gekündigten Mitarbeiter geduldig zuhören und seine Gefühle, den Ärger und die Scham so rasch wie möglich nach stundenlangen ersten Sitzungen in eine zukunftsorientierte Aktion umdirigieren. Der Betroffene wird innerhalb kürzester Zeit in der Lage sein, wieder an seine Zukunft zu denken und nicht so sehr an die schlechten Nachrichten der Gegenwart und die Versäumnisse der Vergangenheit. Eine der wichtigsten Tätigkeiten der outplacement-Berater ist es, bei der Ausarbeitung eines Lebenslaufs behilflich zu sein, der die Wahrheit widerspiegelt und auf den zukünftige Arbeitgeber positiv reagieren können. Dieser Lebenslauf, dieses Zeugnis, wird von dem früheren Unternehmen und dem ehemaligen Mitarbeiter gemeinsam abgezeichnet. Im Anschluß daran findet ein Training der Fähigkeiten und eine Umsetzung der Erfahrungen in zukünftige Tätigkeiten statt, so daß dem Gekündigten verschiedene Möglichkeiten und Optionen offenstehen. Unter Hilfestellung des outplacement-Beraters entscheidet der Betroffene selbst, welche Firmen und welche Positionen in diesen Firmen er anstreben wird.

Der große Vorteil gegenüber der früheren Verhaltensweise des Abfindens und eines freundschaftlichen Schulterschlages ist der, daß die Betroffenen von Anfang an nicht aus ihrem normalen Managerverhalten herausgerissen werden, sondern nun versuchen, im Zentrum ihres Denkens ihre eigenen persönlichen Ziele so rasch wie möglich in einer neuen Firma zu erreichen. Wie wichtig die Einschaltung des externen Beraters dabei ist, zeigt allein die Tatsache, daß viele ihrer Klienten bis zu zehnmal ihre Lebensläufe neu schreiben mußten. Ohne Supervision wäre das nicht möglich gewesen.

Der Betroffene hätte wahrscheinlich den falschen Lebenslauf abgeschickt mit den falschen Formulierungen, oder entnervt nach dem dritten oder vierten Neuversuch aufgegeben. Der outplacement-Berater wird seinem Klienten von vornherein klarmachen, daß er zwar von der Firma bezahlt wird, aber ausschließlich für ihn, seinen Klienten arbeitet. Allein auf dieser Ausgangsbasis entwickelt sich das nötige Vertrauen für eine lebenswichtige Partnerschaft in den nächsten Monaten. Es ist auch wichtig, daß der outplacement-Berater nicht erst gerufen wird, wenn die Entlassung unmittelbar bevorsteht. Eine frühe Einbettung in die Hauspolitik der Firma, ein Vertrautmachen mit den Personalplanungskapazitäten der Firma zu einem früheren Zeitpunkt erleichtert ihm die spezielle Vorbereitung auf diese Firma und die Probleme ihrer noch nicht bekannten, aber sicherlich zur Entlassung in den nächsten 1–5 Jahren anstehenden Manager. Wenn dann die Entscheidung ansteht, diskutieren die Führungskräfte des Unternehmens mit dem outplacement-Berater, was dem Mitarbeiter gesagt werden sollte und wie seine Entlassung intern und extern bekanntgegeben werden sollte. Die outplacement-Berater können dann bereits Manager der Firma darin einweisen, in welcher Art und Weise Menschen entlassen werden sollten, z. B. ohne sie unnötig unbewußt zusätzlich zu verletzen.

Es gibt keinen Zweifel darüber, daß natürlich auch die Rechtsprechung zur Entwicklung des Outplacement-Beraters als einer neuen Funktion der Personalberatung beigetragen hat. Mehr und mehr häufen sich die Fälle, in denen Führungskräfte des Unternehmens selbst vor die Arbeitsgerichte ziehen, weil sie ihr Recht auf Arbeit einbringen und jede mögliche legale Verhinderung dieser Entlassung nutzen wollen. Hinzu kommt, daß Unternehmen die Gefahr vermeiden wollen, in der Öffentlichkeit von entnervten und verbitterten ehemaligen Mitarbeiter bloßgestellt zu werden. Ein Unternehmen kann durch diese ehemaligen Mitarbeiter sehr viel Schaden in der öffentlichen Meinung erleiden. Persönlich werden Mitarbeiter auch einer Firma gegenüber, die sie asozial behandelt hat, möglicherweise bis zum Lebensende nachtragend sein und nach einer Revanche suchen. Ganz abgesehen davon, daß sie Unternehmensgeheimnisse an Wettbewerber oder an den Staat weitergeben. Deswegen ist die Meinung eines Manager (Fox, Iroquois Brands) verständlich, wenn er postuliert: »Outplacement ist unser Weg, einem

Mann, den wir gehen lassen müssen, zu sagen, daß wir sehr respektvoll von ihm und an ihn denken.«

Die Autoren selbst sehen outplacement als einen menschenwürdigen Weg an, hochqualifizierte Führungskräfte nicht, wie zu oft bisher geschehen, von heute auf morgen aus der Firma zu entfernen wie ein Nullum oder sie von jeder weiteren Information in dem ihnen mühsam anerzogenen Teamverhalten und Teamprozeß des bisherigen Unternehmens auszuschließen. Ganz im Gegenteil; alle Kräfte, auch die der früheren Kollegen und der Geschäftsführung, sein ganzes Informationsnetz und auch die Fähigkeiten des outplacement-Beraters tragen dazu bei, ihn für seine weitere Zukunft vorzubereiten. Der outplacement-Berater ist kein Wunderdoktor, der schmerzstillende Mittel verabreicht, sondern Helfer zur Selbstfindung eines bisher erfolgreichen Managers.

Kündigungen sind immer unangenehm, gleich für wen. Zum Wohle des zu kündigenden Mitarbeiters und zur Erhaltung seines Selbstwertgefühls sollten sie so menschlich wie möglich ausgeführt werden und zum Wohle des Unternehmens mit höchstmöglicher Umsicht und Sorgfalt. Die meisten Führungskräfte, sind diesen Maßnahmen vielfach nicht gewachsen. Dabei kommt es nur sehr darauf an, dies in einer Art und Weise zu tun, die es den Beteiligten Parteien ermöglicht, ihr Gesicht zu wahren. Der Ablauf des Kündigungsgespräches sollte in drei Phasen untergliedert sein: 1. Die Begründung für die Kündigungsmaßnahme, 2. Vorschlag für die Lösung des Arbeitsverhältnisses und mögliche Abfindungsregelungen sowie 3. die Durchführung eines Austrittsinterviews und gleichzeitig Beratung des weiteren Vorgehens für die Findung einer neuen Aufgabe.

Der außenstehende Berater bietet für solch ein Gespräch den beteiligten Parteien die Möglichkeit, emotionsfrei die Situation zu analysieren und durch seine Hilfestellung Lösungsalternativen zu erarbeiten. Die unterstützende Hilfe eines Personalberaters bei einem derartigen Verfahren setzt ein aktives Engagement voraus, um dem Betroffenen eine möglichst umfassende Hilfe angedeihen zu lassen. In Fällen, wo der Personalberater Schwierigkeiten für den Betroffenen voraussieht, muß er seine Beratungsleistungen entsprechend realistisch gestalten. Es hilft dem Betroffenen wenig, wenn er durch den arbeitsmarktkundigen Personalberater zu Fehleinschätzungen seiner persönlichen Situation geführt wird. Gerade die Personalberatungsleistung Outplacement setzt ein überdurchschnittliches Verantwortungsgefühl bei dem durchführenden Personalberater voraus. Um so sorgfältiger muß er von Unternehmen für solche Aufgaben ausgesucht und entsprechende Referenzen von ihm nachgewiesen werden.

Von einigen Kritikern ist die outplacement-Beratung als Form des sogenannten sanften Rausschmisses von Führungskräften bezeichnet worden. Die Unternehmen schalten einen Personalberater ein, der der Führungskraft die Absicht seines Arbeitgebers einleitend eröffnet und ihr dann anschließend bei der Suche nach einem neuen Arbeitsplatz behilflich ist.

Gerade im deutschen Markt war noch vor Jahren eine individuelle Karriereberatung so gut wie kaum zu finden, sieht man einmal von den wenigen persönlichen Beziehungen zwischen vertrauenswürdigen Personalberatern und selbstbewußten und risikofreudigen Topkräften auf der oberen Führungsebene ab. Das hat sich in den letzten Jahren sehr geändert. Ebenso erfolgte von seiten der Unternehmen eine stärkere Beanspruchung der Personalberatungen auch dann, wenn eigene Mitarbeiter möglichst problemlos verabschiedet werden sollten, ohne daß das zu großen Friktionen in der Unternehmensstruktur selbst führen sollte. Denn die verbleibenden Führungskräfte haben gegenüber der Person im Unternehmen ähnlich positive Gefühle wie ein Betroffener gegenüber dem Unternehmenscontroller. So bot es sich an, einem Außenstehenden diese unangenehme Aufgabe zu übertragen. Dazu Jürgen Eisenträger von der Bundesanstalt für Arbeit in Nürnberg in einer Stellungnahme:

»Auch die outplacement-Beratung ist in idealtypischer Form Arbeitsvermittlung.

Personalberater bewegen sich insofern seit jeher rechtlich auf einem schmalen Grat. Nur wenn sich ihre Tätigkeit in der Unterstützung ihrer Auftraggeber bei der Suche nach einem leitenden Mitarbeiter erschöpft, der Auftraggeber ständig Herr des Stellenbesetzungsverfahrens bleibt, und sie nicht selbständig handelnd zwischen die potentiellen Parteien des Arbeitsverhältnisses treten, ist sie zulässig. Das Bundesozialgericht geht davon aus, daß eine bloße Hilfe zur Selbstsuche des Arbeitgebers nur vorliegt, wenn der Dritte tatsächlich voll in dessen Willen integriert ist; eine Bevollmächtigung reicht hierzu allein nicht aus. Andernfalls handelt es sich um Arbeitsver-

mittlung; – es sei denn, daß die Begründung eines Arbeitsverhältnisses objektiv fördernde Tätigkeit eine eindeutig andere Zielrichtung hat.«
Eine Arbeitsvermittlung liegt also nicht vor, wenn die Outplacement-Beratung lediglich einschließt, den Mitarbeiter des Unternehmens über die Kündigungsabsichten des Unternehmens zu unterrichten und ihm ebenfalls allgemeine Auskünfte und Hilfestellung hinsichtlich seiner weiteren beruflichen Chancen vor Augen zu führen. Auch die Erarbeitung von Eignungsprofilen, Musterbewerbungsschreiben oder evtl. sogar eine Briefkastenfunktion des Personalberaters werden, so Eisenträger, noch als bloße Hilfe zur Selbstsuche bzw. Selbsthilfe gewertet. Ein Fragezeichen macht Eisenträger allerdings bereits dann, wenn der Personalberater diese Leistungen auf Kosten des bisherigen Arbeitgebers erbringt. Er stellt die Frage »Kann unter diesen Umständen noch von einer tatsächlichen Integration in den Willen der ausscheidenden Führungskraft ausgegangen werden, werden hier bei der Beratung nur ihre Ineressen berücksichtigt?« Falls dann auch noch ein Erfolgshonorar vereinbart wird, könnte sehr stark die Vermutung einer selbständigen Vermittlungstätigkeit greifen. Eisenträger: »Sucht der Personalberater für die betreffende Führungskraft geeignete Stellen, hilft er ihr bei der Auswahl potentieller Arbeitgeber, verhandelt er mit diesen und verwendet sich für sie bei diesen, handelt er als Vermittler.« Es werden also nur die Personalberatung und die Hilfe zur Selbsthilfe bei Führungskräften als unproblematisch angesehen.
Sicher ist auch, daß die inzwischen von den Firmen her begonnene Hilfestellung für gekündigte Mitarbeiter im Laufe der Jahre im Beratungsmarkt zu einem Übergreifen bzw. Ineinanderverweben hin zu einer Art gemeinsamer und/oder individueller Karriereplanung führen muß. In den USA ist diese Karriereplanung schon längst selbstverständlich, auch die Bundesanstalt für Arbeit wird sich einem erheblich gestiegenen Bedarf in der Öffentlichkeit der Bundesrepublik Deutschland nicht länger verschließen können, wenn ein Klient in den nächsten Jahren nicht aus einer Firma, sondern aus einem suchenden Manager bestehen wird. Gesetze werden durch neue Entwicklungen und die freie politische Meinung geändert. Es gibt politisch gesehen nichts Elementareres als die Verfolgung der eigenen Überlebensfähigkeit in Form einer vernünftigen, von außen mitbe-

obachteten und gesteuerten Karriereplanung des Individuums, das nicht der Sozialhilfe anheim fallen möchte. Überflüssig gewordene ältere Manager, Manager, denen aus Organisationsgründen gekündigt wurde, Manager aus liquidierten Firmen, die in Bereichen gearbeitet haben, die nicht für den Mißerfolg des Unternehmens zuständig waren, können sogar nach einer längeren Zeit der Ruhe und inneren Freizeit für eine Firma ein größerer Gewinn sein, als ein von Ehrgeiz zerfressenes, streßgeplagtes Management in Panik, das bisher ständig an die Grenzen des Herzinfarktes geht. Wir wollen das Thema hier nicht unnötig vertiefen, aber warum sollte es nicht z. B. auch in der Industrie möglich sein, wie es in der Wissenschaft seit langem an den Hochschulen betrieben wird, daß ein freies Jahr oder sogar zwei freie Jahre, in diesem Falle des gekündigten Managers unfreiwillig eingelegte zwei Jahre, zu einer Erholung seiner Vitalität führen könnten, die dem neuen Unternehmen sogar noch einmal zusätzliche Ressourcen zuführt.

VI. Vorgehensweise

1. Die Auftragsabwicklung

Die Personalauslese mit System ist der entscheidende Vorteil, den eine Personalberatung einem Unternehmen bieten kann. Gleichzeitig erhält der Bewerber in seiner Karriereentwicklung eine Schützenhilfe, die für ihn den Marschallstab bedeuten kann oder den Absturz auf Sachbearbeiterfunktionen. Die Weichen einer Managerkarriere werden in vielen Fällen durch die Vorgehensweise der Personalberatung entscheidend beeinflußt. Der sichtbare Teil der Auftragsabwicklung, die Stellenanzeige, steht etwa in der Mitte des Prozesses, den die Auftragsabwicklung darstellt.
Vor der Formulierung von Texten für Stellenanzeigen führt der seriöse Berater tiefgehende Gespräche mit dem für die Einstellung Verantwortlichen beim Klienten. Personalberater verfolgen bei diesem Gespräch gerne ihr eigenes Schema, mit dem sie alle wesentlichen Informationen, die sie zur Besetzung der vakanten Position benötigen, erhalten. Die notwendigen Informationen geben Aufschluß darüber, wie die allgemeinen und spezifischen Firmenkenndaten aussehen, sie beinhalten eine sehr ausführliche Funktions- und Positionsbeschreibung und führen ergänzend die Stellenbeschreibung mit sich. Das genaue Anforderungsprofil für den idealen Bewerber wird gemeinsam festgelegt, die mit der Position verbundenen Konditionen festgehalten sowie die zweckmäßige Gestaltung der Suche und Auswahl des Bewerbers eingehend diskutiert. Daneben ist es für den Berater, der das Projekt bearbeitet, wichtig, zusätzliche Eindrücke zu sammeln. Diese Eindrücke umfassen das Klima im Unternehmen und in der Abteilung im besonderen. Es beinhaltet die Persönlichkeitsmerkmale des Vorgesetzten und der direkten Kontaktperson des neuen Mitarbeiters sowie die Karrierechancen, die sich mittel- und langfristig für einen Bewerber bei einem Eintritt in dieses Unternehmen bieten.
Aus all diesen Angaben erstellt der Berater ein Anforderungsprofil für den »idealen« Bewerber und die zu besetzende Position. Gerade in diesem Punkt kommt es entscheidend auf den Berater an, Zusammenhänge zu erkennen, die die Verantwortlichen im Unternehmen

aufgrund ihrer täglichen Einbindung nicht mehr sehen, die aber von immenser Bedeutung für den neuen Mitarbeiter sind und seine Entscheidung maßgeblich beeinflussen können. Der Berater diskutiert das von ihm erarbeitete Anforderungsprofil mit seinem Auftraggeber.
Hat man Übereinstimmung in diesem Punkt erzielt, wird der Berater die Stellenanzeige texten, wobei ihm die notwendigen Informationen für die positionsgerechte Ansprache natürlich zur Verfügung stehen. Im Texten der Anzeige zeigt sich das Einfühlungsvermögen des Beraters. Er muß potentiellen Bewerbern das Unternehmen, dessen Position im Markt und wichtige Informationen über die zu besetzende Position möglichst klar und der Wahrheit entsprechend darstellen. Das Ergebnis wird wiederum mit dem Klienten abgestimmt. In dieser Phase wird spätestens auch das Medium für die Anzeige endgültig festgelegt. Dies beinhaltet auch das Format der Stellenanzeige, das in die Formatstruktur der Beratungsgesellschaft passen muß.
Dem Leser bietet sich eine Stellenanzeige dreigeteilt dar. Im ersten Bereich finden sich die Angaben über das Unternehmen und die Darstellung der Position, die in ihrer hierarchischen Einbindung und mit ihrer Verantwortung und ihren Pflichten klar umrissen sein sollte. Im zweiten Bereich finden sich die Anforderungen an den idealen Bewerber hinsichtlich der an ihn gestellten Erfahrungen und Qualifikationen sowie eingrenzender persönlicher Merkmale. Im dritten Bereich werden die Rahmenbedingungen für diese Position dargestellt und der Bewerber zur aktiven Kontaktaufnahme aufgefordert. In den letzten Jahren hat sich dabei die Möglichkeit der telefonischen Vorabinformation durchgesetzt. Zeichnen sich bei solch einer telefonischen Vorabinformation die fachliche Eignung und das Interesse des Bewerbers ab, erfolgt die Aufforderung zur schriftlichen Bewerbung. Auch ohne telefonische Vorabinformation gehen bei der Personalberatung auf solch eine Anzeige viele Bewerbungen ein.
Im nächsten Schritt der Auftragsabwicklung werden die Bewerbungen ausführlich gesichtet und zunächst die fachliche Qualifiktion der eingehenden Bewerber untersucht. Dies geschieht dadurch, daß der berufliche Werdegang des Bewerbers auf die gewünschten unabdingbaren Erfahrungen des Unternehmens an den Bewerber und die

wünschenswerten Kenntnisse erfüllt werden können. Die so untersuchten Bewerbungsunterlagen werden vom bearbeitenden Berater klassifiziert in solche, die sehr gut geeignet sind, die geeignet sein können und solche, die nicht geeignet sind.

Ein Drittel der eingehenden Bewerbungen fällt bei dieser ersten Sichtung bereits aus. Dabei ist nicht entscheidend die Länge der Bewerbung, sondern einzig und allein der aussagefähige Inhalt. Bei der Sichtung der Bewerbungen und der Einladung zum Interview mit den interessanten Bewerbern geht ein Berater von folgenden Informationen aus:

1. Daten zur Person,
2. Ausbildungsgang und zusätzliches Fachwissen,
3. berufliche Entwicklung und Erfahrungen als Führungskraft im gewünschten Bereich,
4. Sprachkenntnisse,
5. die Vergütungsfrage,
6. den möglichen Eintrittstermin,
7. Zeugnisse und mögliche Referenzen und
8. Form und Stil der Bewerbung.

Sind die Punkte 1–7 in einem Bewerbungsschreiben klar dargelegt und insbesondere die Punkte 2 und 3 ausführlicher im Hinblick auf die ausgeschriebene Position begründet, wird der Beratungsprozeß beschleunigt.

Nach dieser ersten Sichtungsphase werden die interessant erscheinenden Bewerber zu einem Gespräch mit dem projektbearbeitenden Berater eingeladen. Manche Personalberatungen fügen der Einladung einen Test bei, der von den Bewerbern zum Gespräch mitgebracht werden soll. Im ersten Gespräch mit dem Bewerber versucht der Berater herauszufinden, in welchen Bereichen eine Übereinstimmung in den Erwartungen des Auftraggebers mit dem Profil des Bewerbers bestehen. Der Bewerber steht im Mittelpunkt des Gespräches, er will oder soll sich verkaufen. Seine Aussagen werden dem Berater bei seiner Entscheidung helfen, die Position richtig zu besetzen. So mißt der Berater auch Randthemen, die im Rahmen eines Gespräches gestreift werden, nicht unerhebliche Bedeutung bei, wie er auch das Auftreten und Verhalten des Bewerbers während des Gespräches bewertet. Sofern der Bewerber nicht von sich aus Hintergründe und Ursachen für bestimmte Entwicklungen und Entschei-

dungen in seinem Leben gibt, ist es Aufgabe des Beraters, durch seine geübte Fragetechnik diese Informationen zu erhalten. Dazu wird es der Berater verstehen müssen, eine lockere Gesprächsatmosphäre herzustellen und das Gespräch selber zielgerecht zu führen. Damit ermöglicht er ebenso dem Bewerber, sein Wissen und seinen Stil darzustellen und wird ihn dazu bringen, durch eine geschickte Fragetechnik seine Argumentationsfähigkeit unter Beweis zu stellen. Aus dem Lebenslauf und beruflichen Werdegang des Bewerbers offengebliebene Fragen werden gemeinsam geklärt und die fachliche Qualifikation des Bewerbers endgültig durch den Berater beurteilt.
Nach Abschluß des Interviews erstellt der Berater eine schriftliche Beurteilung über den Bewerber und legt dessen Persönlichkeits- und Verhaltensprofil fest, das er nun mit dem Anforderungsprofil vergleichen kann. Hier fließt auch das Testergebnis mit ein.
Nach der Entscheidung des Beraters, wer die drei bis vier bestgeeigneten Bewerber für die zu besetzende Position sind, wird er mit dem Unternehmen einen Termin zur Vorstellung dieser drei bis vier Kandidaten vereinbaren, diese zum Gespräch einladen und ausführliche Persönlichkeitsgutachten über diese Kandidaten erarbeiten und rechtzeitig vor dem Präsentationstermin dem Klienten zur Verfügung stellen. Diese Kandidaten werden nach Möglichkeit an einem Tag dem Klienten präsentiert und durch diesen zusätzlich interviewt. Dabei sind zumeist die Personalabteilung und die direkten Vorgesetzten mit eingeschaltet. Die Diskussion der Vorstellungsergebnisse nach Abschluß der Präsentation ergibt eine Einstellungsempfehlung, die zur Einholung von Referenzen des Wunschkandidaten führen.
Es liegt nun am Klienten, zügig die Einstellungsverhandlungen durchzuführen, um zu einem Vertragsabschuß zu kommen. Die nicht erfolgreichen Kandidaten und Bewerber werden vom Berater über das Ergebnis des Projektes in der Regel schriftlich informiert.
Nach Eintritt des neuen Mitarbeiters in das Unternehmen betreut der Personalberater während der Probezeit den neuen Mitarbeiter und dessen Vorgesetzten, um auch aus seiner Sicht einen erfolgreichen Abschluß des Auftrages sicherzustellen. Bei auftauchenden Problemen greift er unterstützend ein, und gewinnt dadurch zusätzlich wichtige Informationen für zukünftige Projekte.

2. Effektivere Auswahlprozesse

Bei der Festlegung eines Auswahlprozesses im Unternehmen* haben sich in letzter Zeit auch Auswahlkomitees zur Vorbereitung der Entscheidung bewährt. Geschäftsführung und Personalberater können zusammen mit dem dafür zusammengestellten, nicht zu großen Komitee einen ersten Schritt des gemeinsam Tragens der Entscheidung von den Betroffenen der wichtigsten Bereiche herbeiführen. Rickards beispielsweise unterscheidet 4 Möglichkeiten auf einer Skala von keinem Komitee bis hin zur vollen Delegation der Verantwortung an ein Komitee. Bei der ersten Möglichkeit fällt der Gesprächspartner des Personalberaters und der Klientenorganisation allein die Entscheidung, ohne das Komitee dazu zu holen, jedoch kann ihm ein Komitee bei einer kurzen Diskussion jedes Kandidaten nach dem Interview nützen. Ebenso denkbar ist es, bei wichtigsten Entscheidungen nicht ein Komitee, sondern eine Serie von jeweiligen Interviewteams zu bilden. Die Teams treffen jeden kandidaten und geben dann schriftliche Empfehlungen ab. In der dritten Alternative werden Empfehlungen vom Komitee als ganzem und nicht von individuellen Mitgliedern dieses Komitees abgegeben. Schließlich ist die vierte Alternative die weitgehendste: Sie enthält Empfehlungen des ganzen Komitees, denen sich der einstellende Manager fast 100%ig in der Reihenfolge der vom Komitee gesetzten Prioritäten in seinem Auswahlprozeß beugt. Die letzte Entscheidung bleibt in jedem diese Fälle beim Klienten-Gesprächspartner, der die Verantwortungn für die Entscheidung selbst dann tragen muß, wenn er dem Komitee die Selektion komplett übertragen hat. Entsprechend unterschiedlich können dann auch die Bezeichnungen der Komitees sein. Der Ausdruck »Auswahlkomitee« erweckt den Eindruck, daß die Autorität beim Komitee bleibt, während ein »Kandidatenreview-Komitee« und ein »Screening-Komitee« eine Beraterrolle nahelegen. »Review« und »Screening« werden von Rickard empfohlen, wenn die Geschäftsleitung beispielsweise die gesamte Kontrolle über den Anstellungsprozeß behalten will.

Der Berater kann ein wichtiges Analyseinstrument bei dem Zusam-

* Scott T. Rickard, Effective Staff Selection, in Personnel Journal, Juni 1981, S. 475 ff

menbringen von externen und im Rahmen der internen Stellenausschreibung gefundenen Kandidaten werden. Er ist ebenfalls ein wichtiger Korrekturfaktor für vorgefaßte Meinungen, Vorurteile und Präferenzen der Geschäftsführung. Es soll schon vorgekommen sein, daß die Meinung der Geschäftsführung über ihren Idealkandidaten im Laufe der Suche nach diesem sich um 180° gedreht hat. Voraussetzung dafür aber wird immer sein, daß der seriöse Berater der Geschäftsführung nicht gerade das präsentiert, was ihm überhaupt im Markt begegnet ist, sondern, daß er eine tatsächliche short-list vorlegt, die unter Umständen auch nur aus einem Kandidaten oder sogar nur aus null Kandidaten besteht. »Mission impossible« ist für den Personalberater auch nach längeren Bemühungen klar zu erkennen und dem Klienten mitzuteilen. Was nicht heißen soll, daß nicht die Mehrzahl aller begonnenen Projekte seitens der Personalberater doch mit gutem Erfolg beendet wurde. Dieser Erfolg hängt aber nicht unwesentlich davon ab, ob der Suchprozeß zu Beginn in der Planungsphase und der Definierung des Auftrags sauber bearbeitet worden ist. Schluderei am Anfang macht sich in Unexaktheit und Wolkigkeit während des gesamten Suchprojektes bemerkbar.

Noch immer ist das beste Zeichen für die Seriosität einer Beratungsfirma, wie lange sie sich im Markt gehalten hat und wie ihr Ruf bei ihren Klienten ist. Je geringer der persönliche Kontakt wird, je mehr Textverarbeitung und Formbriefe dominieren, desto größer ist die Gefahr, daß der auch zwischen Berater und Klient existierende Kommunikationsprozeß ständiger Innovation und Kreativität einem computerisierten Scheinaustausch von Bausteinen zum Opfer fällt. Oft ist, abgesehen vom Zeitaufwand der Prozeß der Beratung nicht greifbar, während der Klient ständig in harter Währung dafür bezahlt. Gerade hier kann der Berater zeigen, daß er seine Profession versteht, nämlich dem Kunden auch mittel- und langfristig die Notwendigkeit seiner beratenden Existenz im Gespräch klarzumachen. Nach wie vor ist es das beste Ergebnis für den Berater, wenn der Kunde im Verlauf der Beratung zu der Überzeugung kommt, daß er all das, was der Berater für ihn getan hat, auch hätte selbst tun können, sieht man es von den Ideen und ihrem strategischen Verwirklichungsansatz her. Wie jeder Unternehmensberater, und die Autoren haben dies in ihrem Buch »Die Unternehmensberatung« sehr detailliert beschrieben, ist auch der Personalberater dadurch unentbehrlich, daß der Kunde seine Auffassung, seine Erfahrung, seine Fähigkeiten, seine Problemsensitivität, seine Zeit und seinen ganzen dynamischen Einsatz kauft. Ein guter Personalberater denkt deswegen auch immer an das Ende einer Beziehung, nämlich dort, wo sich der Auftrag durch Erledigung zunächst in ein Nichts durch Erfolg auflöst. Es liegt an ihm und am Klienten, die einmal begonnene Beziehung durch weiteres Vertrauen und damit verbundene Projektaufträge länger zu gestalten. Das Verhältnis Berater-Klient ist kein Lebensbund. Es ist ein Auftrag auf Zeit, der sich aus weiter folgenden zahlreichen Aufträgen auf Zeit in einen de facto Lebensbund umwandeln kann. Der selbstbewußte Personalberater weiß um den Wert seiner Dienstleistung:

1. Er erspart der Geschäftsführung des Klienten wertvolle Zeit und den vollen eigenen Arbeitseinsatz. 2. Er ist wirklich vertraulich. In einer großen Organisation bleibt kaum etwas geheim. Das Einbeziehen des externen Beraters hat zumindest den Vorteil, daß er nicht von vornherein in die Gerüchteküche selbst eingebettet ist und aufgrund seiner vertraulichen Arbeitsweise auch keine Geheimnisse weitergeben kann, die der Geschäftsführung oder nur wenigen anderen Managern vorbehalten bleiben.

3. Er weiß mehr in seinem Spezialgebiet bzw. ist aufgrund seiner Blockarbeitsweise als Projektmanager eher in der Lage, bestimmte neue Projekte des Unternehmens durchzuziehen. 4. Ohne allzu große Rücksichtsnahme auf Abteilungen und Ebenen in Unternehmen kann der Berater sich informell in der Organisation umhören und unbelastet als Interviewer Gespräche innerhalb des Unternehmens und außerhalb des Unternehmens führen.

5. Er kann der Personalabteilung wertvolle Hilfestellung in Teil- aber auch in ganz großen Komplexen leisten und dort, wo keine wirkliche Personalabteilung vorhanden ist, sondern immer noch mit der linken Hand betrieben wird, über seine Agentur möglicherweise einen Teil wichtiger Aufgaben abnehmen.

6. Er vermeidet die Gefahr des Gruppengeistes. Er ist kein Insider, aber nach kürzester Zeit kein Outsider mehr. Sein Kapital ist seine spezielle beratende Arbeitstechnik, die ihn auch davor bewahrt, selbst wenn er noch jung im Markt ist, nicht nur die Leute, die er zufällig kennt, vermitteln zu wollen, sondern nach dem Prinzip zu verfahren »die richtigen Leute an den richtigen Platz«.

7. Schließlich ist er eine mögliche Ausstiegsluke bei wichtigen risikoreichen Entscheidungen der Geschäftsführung, falls es zu einem Mißerfolg kommt. In diesem Fall waren es fast immer die Berater, an denen es gelegen hat.
Das hat ebenfalls den Vorteil, daß nicht unmittelbare Konsequenzen im Sinne einer bisher rigoros verfolgten Firmenpolitik gezogen werden müssen. Das Risiko für die Geschäftsführung ist also, wenn nicht ganz, so doch etwas gemildert. Der Berater erfüllt auch hier die Voraussetzung einer Alibifunktion, die es der Geschäftsführung leichter macht, bestimmte Entscheidungen zu treffen.

3. Integration des neuen Mitarbeiters

Wenn alle drei beteiligten Parteien, der Personalberater, der Klient und der erfolgreiche Kandidat sich darin einig sind, daß das Projekt abgeschlossen ist, d. h. der Anstellungsvertrag oder Geschäftsführervertrag unterzeichnet und der damit verbundene Anfangstermin vereinbart ist, ist vordergründig die Aufgabe des Personalberaters erledigt und das Projekt abgeschlossen. Mit der Integration des neuen Mitarbeiters entstehen aber Aufgaben für alle Beteiligten, die eine neue Herausforderung darstellen.
Die Einführung von neuen Mitarbeitern, insbesondere in der Führungsebene, stellen an sich eine erhöhte wichtige Führungsaufgabe dar; sowohl aus menschlichen wie auch betrieblichen Gründen. Der neue Mitarbeiter soll schnellstmöglich zu einem vollwertigen Leistungsträger innerhalb des Unternehmensteams werden, der die von ihm erwartete Leistung erbringt, sich dabei zugehörig zum neuen Team fühlen kann, sich aufgrund des ihm vorauseilenden Rufes anerkannt wähnt und aufgrund seiner Einstellung bereit ist, sich im notwendigen Umfang dem Unternehmensstil anzupassen. Der seriöse Personalberater hat den erfolgreichen Kandidaten entsprechend gebrieft, so daß dieser sich bis zu seinem ersten Tag auf seine neue Aufgabe einstellen kann. Für die Zeit zwischen Vertragsunterzeichnung und Arbeitsantritt, die bei manchen Führungskräften sechs Monate und mehr beträgt, ist es notwendig, das Zugehörigkeitsgefühl zu entwickeln und zu verstärken. Dies kann leicht dadurch geschehen, daß dem zukünftigen Mitarbeiter in zwangloser Form Informationen übermittelt werden, die bei ihm das Zugehö-

rigkeitsgefühl verstärken. Entscheidungen, die im Unternehmen seinen zukünftigen Arbeitsbereich beeinflussen, sollen mit ihm abgestimmt werden oder wenn es vertretbar ist, bis zu seiner Arbeitsaufnahme vertagt werden. Hilfreich für einen neuen Vorgesetzten sind Informationen über die zukünftigen Mitarbeiter, ihre Stärken und Schwächen. Die Einsicht in die letzten Beurteilungen sind dafür eine gute Informationsquelle. Andererseits muß das Unternehmen die Mitarbeiter und Untergebenen des Neuen frühzeitig informieren. Diese Information sollte so sachlich wie möglich gehalten werden, frei sein von Vorschußlorbeeren, aber auch von Skepsis. Ein Foto des Neuen und sein kurzer Steckbrief – mit ihm natürlich abgestimmt – bilden die Gewähr für eine gleichzeitige und gleichmäßige Information an alle Betroffenen und Interessierten. Ein seriöser Personalberater begleitet seinen Klienten und Bewerber auch in dieser Phase. Er wünscht ihm einen guten Start an seinem ersten Arbeitstag und nimmt während der ersten drei Monate in regelmäßigen Abständen Kontakt mit seinem Klienten und dem Neuen auf, um von beiden Seiten die Fortschritte und mögliche Probleme dabei zu erfahren. Als neutraler Mitlauf für beide Seiten fungierend wird es der Personalberater verstehen, positiv motivierend die Einarbeitungsphase zu unterstützen.

Die Einführung eines neuen Mitarbeiters soll nicht zu sehr der Einführung in die eigentliche Arbeit, also der Arbeitsunterweisung im engeren Sinne dienen, sondern vielmehr dem Abbau von normalen Unsicherheiten gegenüber einer neuen Umgebung, die selbst bei den erfahrendsten Managern zu überbetonter Vorsicht und ungewohnten Verhaltensweisen führen. Für die neue Fach- und Führungskraft geht es darum, gegenüber dem neuen Unternehmen, Vorgesetzten, Kollegen und Mitarbeitern, gegenüber den geschriebenen und ungeschriebenen Gesetzen der Organisation relativ schnell in eine Phase zu kommen, die zu normalen Verhaltensstrukturen führt. Was den neuen Vorgesetzten betrifft, zeichnet sich auch bei den neuen Mitarbeitern ab. Jeder will sich von seiner besten Seite darstellen.

Ein neuer Mitarbeiter, gleich welcher Hierarchieebene er angehört, stellt sich nicht am ersten Tag die Frage nach seiner eigentlichen Aufgabe, sondern er überlegt, wie sich das Unternehmen in der Alltagsrealität darstellt, wie dort sich die Arbeitsabläufe gestalten und was sie an Anforderungen an ihn stellen. Nach welchen geschriebenen

oder ungeschriebenen Regeln die Abläufe funktionieren und welche Rechte und Pflichten ihm dabei zufallen. Je mehr Führungsverantwortung mit der Aufgabe verbunden ist, umso stärker steht im Vordergrund die Frage nach den Menschen, die geführt werden müssen und mit denen zusammengearbeitet werden muß.
Ein formelles Einführungsgespräch und festgelegte Einarbeitungsgespräche während der ersten sechs Monate zeigen gute Erfahrungen in manchen Großunternehmen, um die sogenannte Anfangsfluktuation zu mindern. Der Neuling wird nur seine Sicherheit gewinnen, wenn mit ihm in der Anfangsphase seiner Arbeit ein persönlicher Kontakt aufgebaut wird durch einzelne Gespräche. Da sich ein Neuling in ungewohnter Umgebung immer schwer tun wird, viele Fragen aus Unkenntnis unbeantwortet bleiben, empfiehlt sich auch bei Führungskräften die Bestellung eines Paten. Dabei sollte es sich um einen älteren erfahrenen Mitarbeiter des Unternehmens handeln, der mindestens auf der gleichen Hierarchieebene angesiedelt sein muß. In dieser Hinsicht hat es ein neubestellter Alleingeschäftsführer eines Unternehmens natürlich schwerer, andererseits setzt er mit seinem Arbeitsbeginn gleich seine eigenen, neuen Akzente.
In einem Zeitraum von sechs Monaten ist für beide Seiten absehbar, ob die eingegangene Ehe auf Probe eine dauerhafte Bindung werden kann. Diese Entscheidung muß von beiden Seiten wohl abgewogen werden, ein intensives Gespräch über die gezeigten Stärken und Schwächen, die Fähigkeiten und Programme sollte den Personalberater als dritten Teilhaber haben. Er wahrt nach beiden Seiten die Vertraulichkeit und kennt von beiden Seiten die Probleme. Derartige Gespräche sollten mit einer gemeinsamen Zielvereinbarung für die nächsten sechs Monate abschließen, die dann im firmeninternen Zweiergespräch diskutiert wird. Der Personalberater mißt seinen Erfolg daran, wie sich die Einarbeitung des Neuen gestaltet und inwieweit die Erwartungshaltung von beiden Seiten mit den realistischen Ergebnissen deckungskonform sind. Hat der Personalberater in dieser Phase seine Arbeit gut gemacht, dann wird er dadurch einen weiteren Fürsprecher im Unternehmen für zukünftige Projekte haben. Nur so ist er auch darüber informiert, was sich tut, und er kann Fehlentwicklungen in ihrem Anfangsstadium schon entgegentreten. Leider ist bei vielen Personalberatungsprojekten festzustellen, daß

diese wichtige zweite Phase vernachlässigt wird zu Gunsten einer verstärkten Akquisition von neuen Klienten. Diese Aufgabe ist organisatorisch einfach lösbar und sollte von den Unternehmen auch als Leistung ihrer Personalberater gefordert werden.

4. Stellenwert des Schlußberichtes

Sieht man, mit welcher Sorgfalt die Personalberater vorgehen, um Klienten zu gewinnen, so verblüfft es, wenn man beobachtet, welch niedrigen Stellenwert oft dem Schlußbericht eines Projektes beigemessen wird. Jeder Projektabschluß sollte dadurch gekennzeichnet sein, daß er eine Brücke schlägt zum Auftragsangebot des Beraters, in dem dieser die Vorgehensweise und die Zielsetzung des Projektes erläutert hat. Der Schlußbericht stellt nochmals die Vorgehensweise dar, ergänzt sie um die Schwierigkeiten oder Besonderheiten, die sich während des Ablaufes des Projektes ergeben haben. Es werden Eindrücke dargestellt, die dem Klienten hilfreich sein können für seine zukünftigen Überlegungen. Im engsten Feld der Personalberatung, der Personalbeschaffung, ist es wichtig für das Unternehmen wie den Berater, zu wissen, ob die angesprochenen Bewerber – sei es nun durch Anzeige oder andere Wege – dem Anforderungsprofil entsprochen haben, oder ob es Diskrepanzen gab. Für zukünftige Aktionen des Beraters wie auch des Klienten – ob gemeinsam oder getrennt – lassen sich aus solch einer Analyse Schlüsse ziehen, die zukunftsbezogen ein zielgerechteres Vorgehen ermöglichen. Nicht die Zahl der Bewerber im Rahmen eines Projektes ist entscheidend, sondern die Qualität. Da die Insertionskosten recht hoch liegen, kann die medienbezogene Bewerberliste die zukünftige Medienwahl beeinflussen. Gerade diese Erfahrung ist es ja unter anderem, die viele Unternehmen veranlaßt, sich bei der Suche von Fach- und Führungskräften des Personalberaters zu bedienen. Versagt der Berater in diesem Bereich seines Auftrages, dann kann der Eindruck entstehen, daß er auch in anderen Teilbereichen seines Auftrages nicht die notwendig gründlichen Analysen durchgeführt hat. Eine entscheidende Frage ist es für den Klienten, der die Anzeigen bezahlt, ob es in Zukunft besser ist, nur ein personalanzeigenstarkes Medium zu belegen oder ob sich eine Fachzeitschrift anbietet. Diese Entscheidungshilfe muß der Schlußbericht für den konkreten Fall liefern.

Wie schreibt der Berater seinen Schlußreport?

1. Passen Sie die äußere Form der beim Klienten üblichen Form von Schriftstücken an.
2. Halten Sie Ihren Bericht so kurz wie möglich.
3. Denken Sie beim Formulieren ständig an Ihren Klienten, seine Erfahrungen, seinen Nutzen.
4. Schreiben Sie nicht, um zu beeindrucken, sondern bringen Sie die Fakten: sachlich, kritisch, analytisch.
5. Schreiben Sie geschäftsdeutsch: fließend, die wichtigsten Dinge an die Spitze.
6. Formulieren Sie kurze Sätze. Kein Satz sollte mehr als 20 Worte im Ausnahmefall enthalten.
7. Vermeiden Sie Ketten- und Schachtelsätze, vermeiden Sie auch Fremdwörter.
8. Benutzen Sie allgemein im Geschäftsbereich gebrauchte Wörter, keine Neuentdeckungen.
9. Benutzen Sie Tuwörter. Legen Sie Aktion in Ihre Tätigkeitswörter.
10. Stellen Sie in jedem Absatz des Berichtes eine Beziehung zum Ziel her.
11. Überprüfen Sie, ob alle für den Zweck des Berichtes wichtigen Fakten enthalten sind.
12. Stellen Sie eine Priorität in dem Bericht her. Gehen Sie induktiv oder deduktiv vor. Lösen Sie auf oder bündeln Sie zum Schluß.
13. Eine Bündelung zum Schluß in einer Zusammenfassung macht sich bezahlt.
14. Vermeiden Sie paradoxe Kommunikation: Verborgenes, was zwischen den Zeilen stecken könnte, dient nicht Ihren Zielen.
15. Bleiben Sie exakt bei Zahlen, Statistiken, Prozenten. Überlegen Sie vor der Einfügung jeder Meßgröße, ob sie wirklich nötig ist, oder ob sie sich nicht besser allgemein umschreiben läßt, weil sie unter Umständen schnell veraltet.
16. Fragen Sie vor der endgültigen Fertigstellung des Berichtes Ihren direkten Gesprächspartner beim Klienten nach seiner Meinung hinsichtlich Ihrer Prioritäten, Betonung. Fragen Sie ihn auch nach seiner Meinung, was hinzugefügt oder weggelassen werden sollte.

Bestandteil des Schlußberichtes sollte ebenfalls sein, welche Schwierigkeiten sich in den Gesprächen mit Bewerbern herausgestellt haben. Dies muß unterteilt sein in
a) positionsbezogene Schwierigkeiten,
b) produktrelevante Schwierigkeiten,
c) klientenbezogene Schwierigkeiten und
d) anforderungsbezogene Probleme.

Der qualitative Aspekt sollte in diesen Punkten klar zum Ausdruck gebracht werden. Als Ergebnis müssen Empfehlungen für die Zukunft ausgesprochen werden.

Im Schlußbericht sollte auch der Gesamtkostenaufwand für das Projekt aufgeschlüsselt werden. Wer einen Personalberater einschaltet, weiß, daß ihn das etwas kosten wird. Durch die Darstellung und Aufschlüsselung der Kosten kann der Berater eine Grundlage für die Kosten-/Nutzenanalyse des Klienten liefern.

Es empfiehlt sich für beide Seiten, den Schlußbericht in einem persönlichen Gespräch durchzugehen. Dies ist eine günstige Gelegenheit für beide Seiten, alle kritischen Punkte auszudiskutieren, die sich während ihrer Partnerschaft auf Zeit herausgestellt haben. Insbesondere ergibt sich dadurch die Möglichkeit, Projekte mit bis dahin nur erzielten Teillösungen in ihrer zeitlichen Weiterverfolgung festzulegen.

Wir gehen bei diesen Überlegungen davon aus, daß ein Projekt erfolgreich abgeschlossen wird. Auch im Falle des nicht erfolgreichen Abschlusses ist es zweckmäßig, zu einem bestimmten Zeitpunkt, der von beiden Seiten gesetzt werden kann, einen Schlußstrich zu ziehen. Aus der gemeinsamen Überlegung heraus kann eine neue Strategie entwickelt werden, die im zeitlich festgelegten Rahmen zur erfolgreichen Beendigung des Projektes führen kann. Wir wollen hier nicht auf die Fälle eingehen, bei denen Berater sich mit Teilhonoraren zufriedengeben und den Abbruch von vornherein einplanen.

Ein Personalbeschaffungsprojekt ist nicht damit erfolgreich abgeschlossen, daß die Verträge unterzeichnet wurden, der Schlußbericht dem Klienten zugestellt wurde und der erfolgreiche Kandidat sein Glückwunschschreiben erhielt, sondern erst nach erfolgter Einarbeitung und Integration des neuen Mitarbeiters in seine neue Aufgabe. Ein seriöser Personalberater wird in genau festgelegten Zeitab-

ständen informelle Kontakte zum Klienten wie auch dem neuen Mitarbeiter aufnehmen. Wo es notwendig ist, wird der Berater auch in einem persönlichen Gespräch mit beiden Seiten versuchen, aufgetretene Schwierigkeiten auszugleichen. Er wird sich bemühen festzustellen, ob die hinsichtlich der Aufgabe und des Unternehmens gemachten Aussagen in den Einstellungsgesprächen nun in der Alltagsarbeit bestätigt werden und andererseits vom Klienten darüber Auskunft erbitten, ob die in den neuen Mitarbeiter gesetzten Erwartungen von diesem auch erfüllt werden.
Das gleiche gilt für Beratungsaufträge im personalwirtschaftlichen Bereich, wo z. B. Stellenbeschreibungen durch den Berater in einem Unternehmen eingeführt, Beurteilungssysteme erarbeitet wurden usw. In diesen Fällen muß der Berater die Einhaltung der getroffenen Vereinbarungen nach einem vorher festzulegenden Zeitplan überprüfen. Bei Abweichungen von den Normen sind auch in diesen Fällen erneut Gespräche notwendig, um das Beratungsziel sicherzustellen.
In beiden Fällen ist es wichtig, daß der Berater aus seiner beobachtend-analysierenden Funktion heraus eine kritische Würdigung des Ergebnisses vornimmt. Ob dieses Ergebnis in schriftlicher Form festgehalten werden soll, ist von Fall zu Fall zu entscheiden.
Die Erfolgskontrolle für den Berater ergibt sich dadurch, ob er auch in Zukunft von dem Klienten neue Aufträge erhält. Er muß bei seiner Arbeit ständig berücksichtigen, daß alle von ihm betreuten Bewerber wie auch der Auftraggeber und seine Mitarbeiter in zukünftigen Fällen Einfluß nehmen, ob er wieder geholt wird oder nicht. Ein Klient wird sich nach Abschluß eines Projektes überlegen, ob er auch einen zweiten oder dritten Auftrag dem Berater erteilt, oder ob er das Risiko eingeht, sich einen neuen Partner zu suchen. Auf die wesentlichen Gründe zum Wechsel des Beraters wurde an anderer Stelle ausführlicher eingegangen.
Auch für den Berater gilt der bekannte Ausspruch: »Wenn Sie zufrieden sind, sagen Sie es weiter!« Ein erfolgreicher Berater kennzeichnet sich unter anderem dadurch, daß sich sein Umsatz im stärkeren Umfang durch alte Klienten ergibt als durch neugewonnene. Er operiert wie jedes andere am Wirtschaftsleben beteiligte Unternehmen, lehnt Honorarzugeständnisse und somit auch manchmal Aufträge ab.

5. Kritische Punkte in der Zusammenarbeit

Selten sind Aufträge in ihrer Abwicklung frei von Momenten, die Reibungen zwischen den Geschäftspartnern bedingen. Wesentlich hängt dies damit zusammen, daß die Erwartungshaltung von Berater und Klienten sich nicht im Einklang befindet, denn der Personalberater ist bemüht, mit aller gebotenen Sorgfalt die besten Vorschläge zur Besetzung der vakanten Position aus dem gegebenen Material und der Situation zu erreichen. Der Klient hingegen verspricht sich von der Einschaltung der Personalberatung im Normalfall eine weitaus zügigere Abwicklung, als er sie selbst gewährleisten könnte. Aufgrund seiner Marktkenntnis muß der Berater schon bei der Annahme des Auftrages den Klienten darauf hinweisen, in welchem zeitlichen Rahmen der Beratungsauftrag abgewickelt werden kann, wenn sich die Abwicklung ohne Störeinflüsse gestalten läßt. Auch muß der Berater, wie schon anderweitig erwähnt, den Schwierigkeitsgrad des Projektes bei der Übernahme abschätzen können. Ein Spezialist läßt sich eben nicht so leicht finden, wie ein Gebietsverkaufsleiter im Konsumgüterbereich.
Es ist sehr wichtig, den Klienten über den Stand und Fortgang des Projektes ständig zu informieren. In der Anfangsphase des Projektes ist der Klient daran interessiert, wieviel Bewerber sich auf eine Anzeige in den ersten Tagen gemeldet haben, bzw. wieviel Kontakte sich aufgrund der Aktivitäten des Personalberaters ergaben. Eine wöchentliche, mündliche Information bietet dem Klienten die Möglichkeit der Kontrolle der Arbeit des Beraters, dem Berater dagegen die Chance, für die erfolgreiche Durchführung seines Projektes weitere interessante Informationen zu gewinnen. Gerade in der ersten Phase kann sich der Berater leicht einen Überblick verschaffen, ob die Ansprache der Bewerber zielgerecht und eingrenzend genau gewesen ist. Wenn in dieser Phase bereits erkennbar wird, daß Anforderungsprofil und Bewerberprofile nicht im Einklang zueinander zu stehen scheinen, muß mit dem Klienten möglicherweise über eine Korrektur des Anforderungsprofiles gesprochen werden. Geschieht dies häufiger während der Abwicklung des Projektes, dann ist die Gefahr der Verstimmung auf beiden Seiten groß. Der Klient meint, daß der Berater ihn nicht versteht; der Berater glaubt, daß er es dem Klienten nicht recht machen kann. Ein persönliches Gespräch er-

scheint in diesen Fällen angebracht, um den erfolgreichen Fortgang des Projektes sicherzustellen.
Der Klient zahlt bei Auftragsvergabe einen beträchtlichen Teil des erwarteten Gesamthonorars und sieht während der ersten Wochen der Tätigkeit des Beraters dafür außer einer Anzeige recht wenig. Insofern ist seine Erwartungshaltung recht hoch, wenn er vom Berater die Gutachten über die Endauswahlkandidaten vorgelegt bekommt. Ein Termin zur Vorstellung der Endauswahlkandidaten wird vereinbart. der Berater lädt die Kandidaten zum Gespräch mit seinem Auftraggeber ein. Bei dieser Präsentation von 2–4 Kandidaten ist es natürlich, daß sich eine Rangfolge ergibt, die auf subjektiven und objektiven Entscheidungsmerkmalen beruht. Der Berater hofft, daß einer der vorgestellten Kandidaten das Rennen macht, entsprechend forciert er seinen Wunschkandidaten. Der Klient erhofft sich die Besetzung der Position und erwartet vom Berater die entsprechende Entscheidungshilfe. Wenn der Berater in der abschließenden Diskussion nach der Präsentation nicht in der Lage ist, eine objektive Darstellung der Vorteile sowie Nachteile aller präsentierten Kandidaten im Hinblick auf die zu besetzende Position zu erörtern, wird er seinen Auftrag verfehlen und einen schlechten Eindruck bei seinem Auftraggeber hinterlassen.
Aus der Alltagspraxis kennen wir allerdings auch zahlreiche Fälle, in denen sich im Laufe eines Beratungsauftrages die Anforderungen entscheidend verändern. Manchmal passiert dies sogar erst bei der Präsentation, da dem Fachvorgesetzten des neuen Mitarbeiters eine andere Lösung vorschwebt, als sie ursprünglich angestrebt wurde. Diese kritische Situation führt möglicherweise zu Verärgerung und bedarf der sofortigen Klärung. Es ist nichts Neues im Führungsprozeß, daß sich Prioritäten ändern. Gerade ein externer Berater ist dadurch gefordert – und weil zur Anpassung fähiger und williger – auch erfolgreicher. Die andere Seite der Medaille: In der Regel wird der Berater eine Erhöhung des vereinbarten Honorars fordern beziehungsweise eine entsprechende Ausweitung des Auftrages vereinbaren.
Fehler liegen häufig auch im Bereich des Beraters selber, wenn er nicht genügend das Anforderungsprofil und die Umgebung der zu besetzten Position hinterfragt. Die vom Berater zu treffende Auswahl der geeigneten Kandidaten erfordert nicht nur genaue Kenntnis

über das Unternehmen, die zu besetzende Position, sondern auch über den Stil und die Persönlichkeiten, mit denen es der neue Mitarbeiter zu tun haben wird. Vernachlässigt der Berater einen dieser Punkte, so läuft er in Probleme während der Projektabwicklung, die ihm in der Schlußphase Schwierigkeiten bereiten werden. Der Klient erkennt schnell, daß das in den Berater gesetzte Vertrauen nicht gerechtfertigt war. Er wird sich bei zukünftigen Aufträgen überlegen, ob er mit dem gleichen Berater weiter zusammenarbeitet.

Auch der Beratermarkt ist nicht frei von Fluktuation. Verfolgt man über die letzten Jahre die Entwicklung des Beratermarktes, dann jagen heute nahezu doppelt soviel Personalberater Aufträgen nach als es noch 1975 der Fall war. Insbesondere große Beratungsunternehmen haben während der letzten Jahre einen enormen Aderlaß an Beratern gehabt, die entweder zu Wettbewerbern gewechselt haben oder aber den Schritt in die Selbständigkeit wagten. Nicht selten nimmt der Berater seine Klienten mit. Es ist verständlich, daß ein Unternehmen, das mit einem Berater gut zusammengearbeitet hat, daran interessiert ist, diese Zusammenarbeit auch in Zukunft fortzuführen. Dabei ist es unerheblich für den Klienten, von wem er die Honorarrechnung erhält. Bei einem Berater, der den Schritt in die Selbständigkeit oder als Partner in eine Partnerschaft wagt, kann er davon ausgehen, daß er auch in Zukunft alles daran setzen wird, seine Klienten zu behalten. Personalberatungen mit hoher Fluktuation bieten ihren Klienten nicht die notwendige Kontinuität in der Beratung.

Einem neuen Berater muß erst das klientenspezifische Know-how vermittelt werden, was den Klienten unnötige Zeit kostet. Der Vertrauensverlust in die Fähigkeiten einer solchen Personalberatung ist bei den Klienten nicht zu unterschätzen, denn sie erwarten gerade von ihrer Personalberatung eine Personalpolitik, die bei der Personalauswahl bereits den Grundstein für eine langfristige Zusammenarbeit legt. Die unternehmerischen Fähigkeiten einer Personalberatung lassen sich daran erkennen, wie sie mit dem eigenen Problem der Fluktuation fertig wird.

Von Bedeutung für die Beziehung zwischen Klient und Berater ist auch ein Wechsel bei den Führungskräften, mit denen der Berater zusammenarbeiten muß. Wie schon anderweitig erwähnt, kommt es für die Beziehung zwischen Berater und Klient sehr stark auf die per-

sönliche Wertschätzung an. Zu einer neuen Führungskraft beim Klienten muß dieses Verhältnis erst aufgebaut werden, zumal vielfach anzunehmen ist, daß auch diese Führungskraft wieder durch einen Berater in die Position gekommen ist, wenn sie von außen kommt. Berater müssen sehr sensibel auf Wechsel in den Führungsgremien der Klienten reagieren und herauszufinden versuchen, ob damit auch ein Wechsel der Unternehmenspolitik oder ihrer Teilbereiche verbunden ist. Stellt sich ein Berater nicht darauf ein, läuft er Gefahr, »seinen« Klienten zu verlieren.
Heikel wird vielfach die Situation für Berater, wenn sie feststellen müssen, daß auf ihre Ausschreibung auch Bewerbungen aus dem Unternehmen des Klienten eingehen. In solchen Fällen kann der Berater aus seiner neutralen Position heraus die Gründe für den Wechselwunsch erforschen, Ursachen wie Symptome ergründen und in einem offenen Gespräch mit dem Klienten diskutieren. Es ist selbstverständlich, daß die Anonymität der Information gegenüber dem Klienten gewahrt bleibt. Dennoch bieten diese Fälle eine gute Gelegenheit, die Aussagen der Führungskräfte informell zu überprüfen im Hinblick auf Wunsch und Wirklichkeit des Betriebsalltags. Die kritischsten Punkte der Zusammenarbeit ergeben sich regelmäßig in solchen Fällen, in denen die Führungsgrundsätze und die Führungsrealität disharmonieren.
Ein erfahrener Berater erkennt schon beim Warten in der Empfangshalle eines Unternehmens und durch die Beobachtung der ein- und ausgehenden Mitarbeiter Symptome der Atmosphäre im Unternehmen. Diese Erkenntnisse verstärken sich noch wesentlich, wenn Trainings mit Führungskräften durchgeführt werden und in Rollenspielen wie Einzelgesprächen die unterschwelligen Sorgen und Nöte zutage treten. In der Umsetzung dieser Erkenntnisse in konstruktive Kritik gegenüber dem Auftraggeber steht der besonnene Berater in seiner härtesten Bewährungsprobe. Noch so wohl formulierte Kritik bleibt in letzter Konsequenz Kritik am Auftraggeber. Mancher Beratungsauftrag fand in diesem Stadium sein Ende.
Gerade der Berater muß den Prozeß, die Mechanismen, die Sicherheiten und Unsicherheiten des Wandels verstehen, wenn er in der Zusammenarbeit mit dem Klienten erfolgreich bleiben will. Zwar heißt es, Kritik sei die erste Form der Anerkennung, aber wir wissen alle, wie schwer eine Beziehung belastet werden kann durch uner-

wünschte Kritik, durch den unerwünschten Helfer und Retter. Viele Berater sagen, der Kunde habe sie schließlich geholt und verlange den vollen Einsatz als Projektmanager. Von der Sache her ist das sicherlich richtig. Psychologisch gesehen liegen hier aber verschiedene Fallstricke für den Berater verborgen. Gerade der Personalberater wird in vielen Fällen geholt, wenn es innerhalb der Organisation des Klienten zu einem möglicherweise dramatischen Wandel kommt oder dieser bereits stattfindet. Das kann bereits im Vorfeld zu Traumata in der Organisation geführt haben, so daß der Personalberater zwar geholt, aber nur widerstrebend geholt wurde.

Für den Personalberater lautet die Frage: Wie sage ich es meinem Klienten, ohne ihn zu verletzen, zu schockieren oder gar unsere Beziehung nicht länger tragfähig zu halten. Die alte Methode des »wir sind doch erwachsene Menschen. Ich sage es ihm direkt zwischen die Augen.« funktioniert heute allein nicht mehr. Diese Methode setzte ein genauso robustes oder drückendes Gegenüber voraus, als das sich auch der Personalberater empfinden könnte. Wir müssen heute psychologisch gesehen von 5 Stadien in einer Situation ausgehen, bei der der Berater dem Klienten einen Wandel der Anschauung, einen Wandel der Organisation, einen Wandel in der Bewertung der Mitarbeiter etc. nahebringen will. Diese 5 Schritte folgen einander logisch aus der Praxis:

1. Der auf die neue Information nicht vorbereitete Klient wird sie schlichtweg verneinen, vermeiden, überhören.

2. Der bereits besser darauf vorbereitete Klient wird diese Information ärgerlich als negative Kritik aufnehmen, wenn sie ihn in seiner bisherigen Denkweise beeinträchtigt oder einschränken will.

3. Erst nach diesen 2 Prozessen ist der Klient innerlich bereit, eine Verhandlung zu führen im gegenseitigen Geben und Nehmen. Wir könnten dazu auch sagen, Kompromißbereitschaft auf seiten des Beraters und des Klienten, eine Kompromißbereitschaft, die sich im gegenseitigen »Opfer«bringen zeigt. Jeder rückt von seinem Standpunkt aus seiner Sicht etwas ab, rückt auf den anderen zu oder gibt etwas auf. Das ist die klassische Verhandlungssituation.

4. Beim Überbringen unangenehmer Nachrichten, auch gerade in krisenhaften Situationen, wird im Anschluß an das Verhandeln eine Art Pause eintreten, die auf der Skala zwischen Denkpause und Depression zu sehen ist. Beide, Berater und Klient, überlegen sich ge-

trennt, bevor sie wieder zusammenkommen, ihre Marschroute und das, was sie akzeptieren wollen bzw. können. Hier befindet sich im Beratungsprozeß der Klient in einer stärkeren Position als der Berater, denn er muß es schließlich nach der Entscheidung in seiner Organisation umsetzen.

5. Erst dann erfolgt eine Akzeptierung auf seiten des Klienten und auch auf seiten des Beraters. Eine Vereinbarung kann geschlossen werden, die tragfähig ist über die momentane Unterschrift hinaus.

6. Der Wechsel von Klienten

Der Hauptgrund beim Wechsel von Klienten liegt im vom Berater selbst steuerbaren Bereich: Mangelnde Innovation und Kreativität oder abnehmende Innovation und Kreativität des Beraters sind die besten Voraussetzungen für einen raschen Wechsel des Klienten. Vor allem große Ppersonalberatungsagenturen leiden zeitweise unter den Exzessen der sich selbst verherrlichenden Verinnerlichung einer Bürokratisierung ihrer vorher flexiblen Strukturen und Prozesse. Es muß nicht gleich ausufern in eine »think big«-Krankheit, wie in einigen Werbeagenturen, wenn diese Elefantenhochzeiten in einer Fusion feiern und dabei gar nicht ihre Klienten vorher gefragt haben, ob das diesen auch recht sei. Aber das Auftreten mit dem Anspruch ›wir sind die größten‹ großer Personalberatungen kann auch zu einer abschreckenden Wirkung bei den vorher »zutraulichen« Klienten führen. »Klein, aber fein«: Diese Devise wird der Leitgedanke eines zukunftsorientierten Personalberaters bleiben. Das bedeutet auch innerhalb einer beratenden Großorganisation, die Organisationsstruktur und den Organisationsprozeß so im Griff zu behalten, daß nur task forces kleine Spezial- und Projekteinheiten, für den Klienten die entscheidenden Vertrauens- und Sachträger bleiben. Der Klient vertraut auf den Kopf seines Gegenübers oder seines Beratungsteams. Er ist an der geistigen Leistung, am Input und am Output interessiert und nicht am hochglanzbroschierten Mitteilungsblatt, in dem ihm die Kasernierung weiterer 20 Berater in einem Luxusbüro mitgeteilt werden. Das läßt ihn höchstens im Hinblick auf die Honorarforderungen des Beraters nachdenklich werden.
Eine kritische Phase ist natürlich auch die Schlußrechnung des Beraters an seinen Klienten. Neben dem vereinbarten Honorar werden

die Reisekosten von Beratern und Bewerbern wie auch Umlagen in Rechnung gestellt. Der Klient erwartet eine detaillierte Aufstellung, die ihm der Berater aber aus Gründen der Wahrung der Anonymität der Bewerber und Gesprächspartner nicht geben kann. Gerade in dieser Frage muß sich das gute Vertrauensverhältnis bewähren, das sich während der gemeinsamen Projektabwicklung entwickelt haben sollte.

Nach Auffassung vieler Berater wurden folgende Hauptpunkte für die Aufkündigung der Zusammenarbeit von Klienten genannt:

1. Mangelnde Kreativität der Berater bei der Durchführung der Aufgabe.
2. Unfähigkeit, sich auf die Klientenbedürfnisse einzustellen.
3. Zu wenig Service und Information während der Abwicklung des Projektes.
4. Zu großer Abstand zum Klienten.
5. Unzureichende Aussagen in den vertraulichen Berichten.

Dieses Ergebnis zeigt, daß Personalberater teilweise die Erwartungen ihrer Klienten grob vernachlässigen. Vielleicht trägt dazu bei, daß man in den Beratungsunternehmen unter Umständen den Verlust eines Auftrages oder Klienten kaum als Kritik an der eigenen Arbeit sieht. Vielmehr reden sich die Betroffenen wahrscheinlich ein, daß dies das Unternehmerschicksal oder in einer unergründlichen Entscheidung des Klienten zu suchen ist. Vielleicht hält solch eine Einstellung die Moral der Berater hoch, wenngleich sie sich darüber im klaren sein müssen, daß ihnen dadurch das Gefühl für die Unzufriedenheit eines Klienten und das Erkennen von aufziehenden Krisen verlorengeht. Überlegungen anzustellen, ob die Entscheidung des Klienten, sich vom Berater zu trennen, richtig oder falsch ist, sind müßig. Schließlich ist es die Aufgabe des Beraters, den Auftrag zu verstehen und die Erwartungen des Klienten zu erfüllen. Er muß nicht die Notwendigkeiten des Klienten bewerten, sondern sie erfüllen. Der Verlust eines Auftrages sollte für den Berater den inneren Marschbefehl auslösen, anstelle des verlorenen Auftrages zwei neue zu bekommen und sich vorher selbst auf den erforderlichen Stand seines Wissens und seiner Fertigkeiten wie auch der Gründe für sein Scheitern hin zu überprüfen.

VII. Pfadfinder auf der Suche nach der richtigen Person

1. Die Technik der Ansprache von Bewerbern

Über die Anzeige werden die überwiegende Mehrzahl der Besetzungen von vakanten Positionen durchgeführt. Ein geringer Teil von Positionen werden durch die direkte Ansprache besetzt und in wenigen seltenen Fällen führen Kontakte zum Erfolg.
Personalberatungen haben mit Chiffre-Anzeigen eines gemeinsam, nämlich für Unternehmen und Suchende die Wahrung der Anonymität des Auftraggebers. Während einen Bewerber beim Absenden seiner Bewerbung auf eine Chiffre-Anzeige durchweg ein Gefühl der Unsicherheit beschleicht, kann er bei einer Bewerbung an eine Personalberatung davon ausgehen, daß seine Bewerbung mit der notwendigen Sorgfalt behandelt wird. Referenzen werden im Anfangsstadium nicht eingeholt, und es erfolgen auch keine Rückfragen bei ehemaligen Arbeitgebern des Bewerbers. Jede eingehende Bewerbung veranlaßt im internen Organisationsablauf einer Personalberatung entsprechende Maßnahmen, die zeitlich zu Lasten von effektiverer Arbeitsleistung gehen. Deshalb sind einzelne Personalberatungen in den vergangenen Jahren dazu übergegangen, Lesern von Stellenanzeigen eine telefonische Vorabinformation anzubieten. Hinter dieser neuen Form der Kontaktaufnahme stand die Frage, wie man die anzusprechende Zielgruppe von Bewerbern einfacher erreichen und veranlassen kann, den gewünschten Kontakt aufzunehmen. Dies gilt in starkem Maße für solche Berufsgruppen, bei denen die Nachfrage das Angebot überwiegt. Der Telefonkontakt hat sich als bewerberfreundliche Methode durchgesetzt und ist zu einem recht beliebten Verfahren in der Bewerberansprache geworden. Durch das einer Bewerbung vorgeschaltete persönliche Telefongespräch sollen Interessenten besser motiviert werden.
Im Juni 1979 veröffentlichte die Frankfurter Allgemeine Zeitung in einem Sonderdienst eine stichprobenartig durchgeführte Analyse. Diese ergab drei Gruppen von Ansprachefomen.
In der ersten Gruppe befinden sich solche Personalberatungen, die einen Telefondienst für das Wochenende anbieten und diesen auch

in ihrer Anzeige in den Vordergrund stellen. Der Name des Beraters, der das Projekt bearbeitet, wird in der Mehrzahl der Fälle genannt. Die angebotenen Zeiten zur telefonischen Kontaktaufnahme liegen samstags am Spätvormittag und frühen Nachmittag und sonntags am Spätvormittag.
Ein Anzeigendienst einer Personalberatung bejaht die telefonische Kontaktaufnahme am Wochenende besonders bei der Berufsgruppe der Außendienstmitarbeiter, angefangen vom Reisenden bis zum hochqualifizierten Verkaufsingenieur, weil mehr als 1/4 aller Stellenangebote sich auf diese Berufsgruppe konzentrieren. Gerade Verkaufskräfte im Außendienst seien durch die Art ihres Berufes nicht in der Lage, vom Schreibtisch aus oder von unterwegs ein solches Gespräch zu führen. Deswegen zögen sie es von zu Hause aus am Wochenende vor. Hinzu komme, daß diese Bewerber keine Hemmschwelle hätten, solch ein Telefongespräch zu führen. Dies waren die Gründe, einen speziellen Telefondienst einzurichten, der sich ausschließlich auf Stellenausschreibungen für Außendienstmitarbeiter und lediglich die Herstellung eines Kontaktes zwischen Unternehmen und Stellungssuchenden beschränkt. Heinz Baumann, bekannt durch den schallenden Telefonhörer in seinen Anzeigen, sieht den Erfolg seiner Personalberatung darin, daß er nicht passiv darauf wartet, bis sich die richtigen Leute bei ihm bewerben, sondern daß ein »gezielter, individueller Informationsaustausch zwischen Interessent und Berater« stattfindet. Er sieht den Vorteil darin, daß ein Bewerber nicht sofort auf vier bis fünf ihn interessierende Stellenanzeigen schriftlich antwortet, sondern zunächst einen müheloseren telefonischen Kontakt herstellt. Nach seiner Darstellung liegen bei ihm 80% der Gesamtresonanz auf eine Anzeige im Wochenendtelefongespräch. Ernst H. Dahlke & Partner wollen mit ihrer telefonischen Sonntagsauskunft Bewerbern die Gelegenheit geben, sich spontan näher zu informieren. Durch das Gespräch werde dem Bewerber die Möglichkeit gegeben, seine persönlichen Chancen zu erkunden, und er erhalte zudem den Eindruck, daß er sich nicht mehr bei einem anonymen Berater bewerbe, sondern lediglich seine Unterlagen an einen ihm bekannten Gesprächspartner nachreiche.
In einer zweiten Gruppe wird zusätzlich zum Wochenendkontakt ein abendlicher Telefonkontakt an Werktagen angeboten. Bonde & Schmäh bestätigt, wie auch viele andere, daß der Telefonkontakt

einen normalerweise schematischen Bewerbungsvorgang schon in der Anfangsphase individueller gestaltet. Die formelle Bewerbung könne durch das vorgeschaltete Telefongespräch auf das für die zur Auswahlentscheidung notwendige Maß reduziert werden. Man gesteht aber auch zu, daß Enttäuschungen dadurch beim Bewerber entstehen, daß auf detaillierte Fragen im Rahmen eines Telefonkontaktes keine Antwort gegeben werden kann. Interelect stellt heraus, daß detaillierte Zusatzinformationen zu dem in der Anzeige Gesagten gegeben werden. Das Gespräch soll danach mit der Entscheidung sein Ende finden, ob eine Bewerbung des Anrufers sinnvoll ist oder nicht. Deshalb werden bei Interelect diese Gespräche auch nur von kompetenten Beratern geführt, die über den jeweiligen Auftrag vollständig informiert sind.

Die MMC Personalberatung Kurt Sexauer faßte ihre Erfahrung in vier Punkten zusammen: 1. vom Niveau der Anrufer, die nach durch den in der Anzeige dargelegten Fakten fragen, ist man enttäuscht und auch über die Immobilität, die über Karrierewünsche triumphiere. 2. Die Zahl der ungeeigneten Bewerbungen ging tatsächlich zurück, die Spitzenkandidaten jedoch bewerben sich nach wie vor, ohne vorher anzurufen, weil sie ihren Wert kennen. 3. Für den Berater sei dieses Angebot sehr zeitaufwendig, hinzu komme, daß sie auch außerhalb der angebotenen Zeiten ihr Glück mit einem Anruf probieren. 4. Die MMC Personalberatung hat ihre telefonische Kontaktaufnahme nur dort aufrecht erhalten, wo Positionen besonderer Erklärungen bedürfen oder andere grundsätzliche Überlegungen dies erforderlich machen.

Die dritte Gruppe von Beratern bietet den Telefonservice lediglich an Werktagen zu den üblichen Dienstzeiten an, der Name des Beraters, der das Projekt bearbeitet, wird auch in der Regel genannt. Die Kienbaum Chefberatung stellt dazu fest, daß Telefonkontakte größeres und besseres Bewerberpotential erbringen und daher im Rahmen der Chefberatung unverzichtbar sei. Kienbaum Personalmanagement führt ergänzend aus, daß mit dieser Form der Kontaktaufnahme auch die Frustration bei einem Bewerber vermindert werden kann, die mit einer ablehnenden Rücksendung seiner Bewerbungsunterlagen verbunden sei. Die Deutsch Commerz GmbH nennt einen weiteren Gesichtspunkt, denn »Der Berater hat außerdem die Möglichkeit, sich einen ersten, für viele Positionen nicht unwichtigen Eindruck über das Verhalten des Bewerbers am Telefon zu verschaffen.« Weiter weist man darauf hin, daß ein kompetenter Gesprächspartner in der telefonaktiven Zeit, in der Regel in den ersten drei Arbeitstagen nach Erscheinen der Anzeige, für Telefonauskünfte zur Verfügung stehen muß. Dieter Tolz von der EDV-Personalberatung bringt zum Ausdruck, daß er am Telefon sowieso nicht mehr sagen werde, als das in der Anzeige Gesagte. Den meisten Bewerbern ging es um den Namen des Auftraggebers, der auf keinen Fall genannt würde – auf keinen Fall in dieser Phase am Telefon.

In einer vierten Gruppe wird der Telefonkontakt nicht ausdrücklich angeboten, jedoch auch nicht ausgeschlossen. Karl Bräustedt aus Essen glaubt nicht an eine verbesserte Informationsbasis noch an die marktmäßig gesehen größere Erschließung des Bewerberpotentials. Nach seiner Auffassung läßt gerade der Auftraggeber der Personalberatung die Punkte in seiner Ausschreibung offen, die den Bewerber interessieren: Firmenname, Sitz des Unternehmens, Vergütungspaket, Alter und Eintrittserwartungen. Er glaubt auch, daß die telefonische Selbstdarstellung der anrufenden Bewerber vielfach im Gegensatz zu den später überprüfbaren Aussagen der schriftlichen Bewerbung steht.

Zum Zeitpunkt dieser Untersuchung gab es eine Gruppe von Personalberatern, die bewußt auf Telefonkontakt verzichteten. So wurde auch keine Telefon-Nummer in den Anzeigen genannt. MSL Deutschland GmbH schlug damals eine klarere Trennung bei der Gestaltung der Personalanzeigen vor: die klassische Personalsuchanzeige oder die spezielle Telefonanzeige. Nach Auffassung von MSL sollte die Telefonanzeige in ihrer Gestaltung lediglich die Aufforderung zum Abrufen aller wesentlichen Einzelheiten beinhalten und somit für den Auftraggeber einen Kostenvorteil bieten.

Der Personalberater Karl-Ernst Wolff spricht in seinem Beitrag »Wenn Personalberater Sie zum Wochenendanruf einladen« im Marketing Journal 3/81 vom »Wochenendvergnügen«. Er stellt fest, daß der Sonntagseinladung, die in bunter Vielfalt angeboten wird, meistens ein Gespräch folgt, das dann ganz anders aussehe. Meist werde der Anrufer lediglich registriert, wenn es ihm überhaupt gelänge, zur angegebenen Rufnummer durchzudringen, erhalte er einige wenige Auskünfte, die nicht über den Anzeigentext hinaus gingen, in einzelnen Fällen sogar Unterlagen zugeschickt mit der

Aufforderung, den beigefügten Personalbogen möglichst umgehend zurückzuschicken. Auch Karl-Ernst Wolff gesteht trotz seiner grundsätzlichen Skepsis gegenüber herausgestelltem Telefonservice diesem einen erfolgreichen Einsatz zu, wenn es sich um bestimmte Berufsgruppen handelt, die aufgrund ihrer täglichen Arbeit wenig Neigung zur Schriftform haben, also die wirklichen Impulsanrufer. Für Führungskräfte erwartet er jedoch eine andere Verhaltensweise, die auch schon in der Ansprache durch die Anzeige zum Ausdruck kommen solle und die sich konsequent in der Bewerbung fortsetzen müsse.

Auch die Verfasser können aus ihrer Tätigkeit in der Personalberatung der Auffassung zustimmen, daß von Projekt zu Projekt, in Abhängigkeit von der Position, dem Klienten und der zeitlichen Fähigkeit des bearbeitenden Berater abhängt, ob sich ein zusätzlicher Telefonservice lohnt. Auch Personalberater sind Menschen, die in ihrem Arbeitseinsatz den Führungskräften vergleichbar, Erholungszeiten an Wochenenden oder Abenden benötigen. Unverständnis erregen Anrufe, wie sie die Verfasser erlebt haben, an Samstagabenden, sonntags nachmittags oder feiertags, wenn sie es nicht selber in ihren Anzeigen ausdrücklich anbieten. Der Anruf am Nachmittag des 24. Dezember mit dem Grund, ein frohes Fest wünschen zu wollen, blieb bisher noch eine Ausnahme.

Was vom Bewerber erwartet wird, sollte auch für die Stellenanzeige gelten. Hoher Informationsgehalt, Wahrhaftigkeit und verständliche Formulierungen. Je klarer eine Anzeige von ihrer textlichen Gestaltung die an den Bewerber gestellten Anforderungen herausstellt, um so leichter wird es dem Bewerber gemacht, seine Qualifikationen vergleichend zu den Anforderungen darzulegen. Leider ist aber festzustellen, daß mit Wachs- und Gummischlagwörtern die Anzeigentexte nur so gespickt sind. Dynamik, Kreativität, Integrations- und Kooperationsfähigkeit, erprobtes Führungsverhalten sind gängige Schlagworte. Wer fühlt sich nicht davon angesprochen und wer identifiziert sich nicht selber damit? Würde anstelle dieser und vieler anderer Schlagworte eine die Anonymität des Auftraggebers gerade noch wahrende Sach- und Fachinformation geliefert, könnten manche Anzeigen überzeugender wirken und folglich in der Bewerberansprache zu einer entsprechenden Resonanz führen. Nicht selten reagieren Bewerber auf nebulös gestaltete Anzeigen mit der lapidaren Behauptung: Ich bin genau derjenige, den Sie suchen. Ein paar Daten zum persönlichen und beruflichen Werdegang findet man in der Anlage, die Aussagefähigkeit der Bewerbung an sich entspricht jedoch genau der unklaren Anforderung in der Stellenanzeige.

Neben der Anzeige spricht man in der Personalberatung von der Direktansprache, wenn der Kreis der in Frage kommenden Bewerber überschaubar und bekannt ist, und deswegen telefonisch oder schriftlich um die Unterstützung bei der Besetzung einer ausgeschriebenen Position gebeten wird. Mit der Bitte um die Herstellung eines Kontaktes zu einer entsprechend qualifizierten Persönlichkeit wird gleichzeitig ein vertrauliches Gespräch über die Position indirekt angeboten. Erfolgt diese Direktansprache in schriftlicher Form, so liegt ihr mindestens eine Aufgabenbeschreibung bei. Es ist bei dieser direkten Ansprache für den Empfänger offensichtlich – auch wenn es nicht direkt ausgesprochen wird – daß auch er sich in den Kreis der Bewerber einreihen soll. Die Problematik einer solchen Direktansprache wurde an anderer Stelle ausführlich erörtert. Sie ist aus dem Geschäftsalltag der Personalberatung nicht mehr wegzudenken.

In Zeiten des Überangebots von Bewerbern häufen sich die Direktansprachen durch Bewerber an Personalberatungen, um auf diesem Wege eine Veränderung vorzunehmen oder aber einer Beschäftigungslosigkeit zu entgehen. In aller Regel werden die Unterlagen solcher Bewerber umgehend an diese zurückgeschickt, da die Personalberatungen keine klientenunabhängigen Bewerberakten führen dürfen. Dies ist im Vermittlungsmonopol der Bundesanstalt für Arbeit begründet, das später behandelt wird. Dieses Vorgehen solcher Bewerber ist verständlich, denn wenn sie – von ihren Aufgaben freigestellt – keinen Zugang mehr zu den Fachmedien haben und auf die klassischen Stellenanzeigen angewiesen sind, entgehen ihnen unter Umständen Bewerbungsmöglichkeiten. Um das Bewerberreservoir vollständig ausschöpfen zu können, nutzen Personalberater Kontakte und Verbindungen, die sie aufgrund ihrer Tätigkeit gewonnen haben. Die Mitgliedschaft in Clubs, Verbänden und Organisationen des wirtschaftlichen Lebens wird von vielen Personalberatern gepflegt. Sie führt vordergründig nicht zu Aufträgen oder zu den richtigen Kandidaten bei der Besetzung von Positionen, bildet jedoch in jedem einzelnen Fall ein Umfeld, in dem sich der Personalberater zusätzliche Informationen holen kann, die ihm bei der Lösung der ihm übertragenen Projekte hilfreich sind. Ihm bieten sich jedoch auch Möglichkeiten, Stellengesuche zu veröffentlichen, wenn er sich der offiziellen Mitteilungsblätter bestimmter Berufsgruppen bedient, wie z. B. Context, Insead, Internationaler Karrieredienst, Vereinigung der Agraringenieure u. ä. mehr. Als flankierende Maßnahme zu den zuvorgenannten Ansprachemöglichkeiten helfen diese Möglichkeiten, die Projekte umfassend anzugehen und zur Lösung zu bringen.

2. Persönliche Kriterien

In seinem Vorgehen wird der Personalberater immer wieder vor die Frage gestellt, welche Anforderungen Führungs- und Fachkräfte an sich selbst stellen. Für genauso wichtig wird aber auch die Einschätzung der Anforderung durch Vorgesetzte, Gleichgeordnete und Mitarbeiter gehalten. Zwischen der Wunschvorstellung mancher Bewerber, ihrer in der Bewerbung ausgedrückten Selbstdarstellung und der durch das Interview erfahrenen Wirklichkeit liegen auch in dieser Zielgruppe Welten. Der situative Führungsstil bedingt die persönliche Anpassung an das Umfeld der Organisation und der darin beschäftigten Menschen. Die Ausstrahlung und die eigene Wirkung auf die täglichen Kontaktpersonen im betrieblichen Umfeld fällt vielfach anders aus, als man selber meint. Dies trifft insbesondere für das Verhalten von Bewerbern in einer Gesprächssituation mit dem Personalberater zu. Diese Streßsituation für den Bewerber führt zu manchen Blüten im Verhalten, auf die der Personalberater korrigierend eingehen muß. Ein Bewerber aus dem technischen Bereich gebärdete sich einmal recht nervös und unruhig während eines Interviews. Sein dunkelgrauer Flanellanzug mit Weste bereitete ihm offensichtlich Unbehagen. Auf sein Verhalten direkt angesprochen, entgegnete der Bewerber, daß er normalerweise seine Aufgabe als Leiter eines Konstruktionsbüros in legerer Kleidung versehe und diese Kleidung für ihn recht ungewohnt sei.
Dieser Bewerber wollte den Berater durch ein grundsolides äußeres Erscheinungsbild beeindrucken und erreichte damit das Gegenteil, nämlich daß er sich in seinem Verhalten vollständig verkrampfte. Von einem Bewerber für die Leitung des Konstruktionsbüros er-

wartet man nicht, daß er sich äußerlich wie ein Bankbevollmächtigter präsentiert.

Der nach Erfolg strebende Bewerber versucht, sich auch auf die Erwartungen seiner Gesprächspartner und damit einer unbekannten Umwelt zu beeinflussen. Dieses Unterfangen gelingt nicht immer, es sollte in den Fällen unterbleiben, wo sich ein Bewerber in seiner äußeren und in seiner persönlichen Darstellungsweise selbst vergewaltigt. Schon bei Übernahme eines Personalprojektes steht der Personalberater vor der Frage, wie der gesuchte Mann oder die gesuchte Frau aussehen soll, was die Positions-Bestimmungsgrößen sind. Verfolgt man die Stellenanzeigen, dann wird überall nach dem idealen Kandidaten gefahndet, der von wendiger Persönlichkeit mit einem sehr weiten intellektuellen Verständnis, hoher kultureller Befähigung und Empfindsamkeit, hohem Durchsetzungsvermögen und idealem Führungsverhalten sein soll. Damit nicht genug, es werden erwartet ein verbindlich, freundliches Auftreten, das Ausstrahlen von Ruhe und Behandeln von auftretenden Fragen mit Klugheit, unverrückbare berufliche Grundeinstellungen sowie kreative Vorgehensweise, Achtung der Vorgesetzten und zielgerichtetes Führen der Mitarbeiter. Daneben soll er natürlich ein der Allgemeinheit entsprechendes Familienleben, Engagement in seiner Freizeit für Organisationen und selbstverständlich sportlich aktiv sein. Das sind die idealen Vorstellungen.

Es ist notwendig, daß man versucht, diese idealen Vorstellungen und die Anforderungen so weit wie möglich an die Realität anzupassen. Worauf es ankommt, ist doch die Fähigkeit, eine Tätigkeit ohne Komplikationen ausführen zu können. Dies klingt natürlich einfach, aber man muß es sich immer wieder bewußt machen. Von einer Führungskraft muß man sehr viel Empathie erwarten, weil die Einflußmöglichkeiten auf die Mitarbeiter von nicht zu unterschätzendem Einfluß auf den Erfolg der Arbeit der Führungskraft und seiner Abteilung sind. Nicht jeder kann die gleiche Empathie haben, so muß man zumindest erwarten, daß Einfühlungsvermögen in die Probleme der anderen und ihre Schwierigkeiten vorhanden ist. Ein anderes Kriterium ist die Anpassungsfähigkeit, gepaart mit der Wendigkeit, um sich auf die Menschen, mit denen man es zu tun hat, einzustellen und um fähig zu sein, sich wandelnden Bedingungen anzupassen bzw. Entwicklungen einzuleiten. Dies setzt analytische

Fähigkeiten voraus, um Trends und Entwicklungen zu analysieren und sie dann qualitativ und quantitativ für die eigenen Aufgaben zu bewerten.
Je nach Abhängigkeit von der zu besetzenden Vakanz spielt die Ausbildung des Bewerbers eine mehr oder minder große Rolle. Die inflationäre Entwicklung der Verleihung von Diplomen macht es in der Beurteilung des Ausbildungsweges von Bewerbern immer schwieriger.
Alter und Reife lassen noch einen relativ weiten Spielraum bei der Besetzung von Positionen zu. Spricht man dem jüngeren Alter bis Anfang 30 erhöhte Flexibilität zu, so erwartet man von einem 40jährigen erheblich mehr Erfahrung, Abgeklärtheit und die Fähigkeit, eine Aufgabe mit Umsicht und Weitsicht durchzuführen. Die Altersfrage hängt auch vom Unternehmen ab, ob dies einen eher jungen oder einen eher reifen Eindruck nach außen hin erzielen möchte.
Die entscheidende Frage bei den Beurteilungen von Bewerbern ist die nach der Motivation des Bewerbers. Ist er wirklich an der Aufgabe interessiert oder sucht er einen Vorwand, um in seinem derzeitigen Unternehmen mit einem Angebot in der Tasche seine Karriere weiter fortsetzen zu können? Ist er und seine Familie sich über die Konsequenzen eines Wohnortwechsels mit allen damit verbundenen Implikationen wie Schulwechsel, Aufbau eines neuen Bekanntenkreises usw. im klaren? Welche Einstellung besteht aufgrund seiner bisherigen beruflichen Erfahrung zu seinem Aufgabenbereich, und wie stellt sich der Bewerber seine persönliche Zukunft vor?
Sieht man auf all diese Einflußfaktoren und vergißt dabei nicht die Idealanforderung des Klienten, dann wird schwerlich ein geeigneter Bewerber zu finden sein. Aus der Vielzahl der Bewerber ließe sich die ideale Person für die Besetzung der offenen Position zusammensetzen, Einzelanforderungen werden erfüllt, aber in den seltensten Fällen trifft man wirklich den Idealkandidaten. Man muß Abstriche bei den geeignetsten Persönlichkeiten machen und im gemeinsamen Gespräch mit dem Bewerber zu klären versuchen, ob die vorhandenen Schwächen in fachlicher und persönlicher Hinsicht vermindert werden können bei gleichzeitiger Beibehaltung der Stärken. Gelingt es in diesen Punkten eine Übereinstimmung zu finden, kann das suchende Unternehmen darauf seinen Einarbeitungsplan ausrichten.
Bei jeder Personalentscheidung auf der höheren Ebene muß sich ein

Unternehmen darüber im klaren sein, daß das Wohlergehen des Unternehmens, der geschäftliche Erfolg – wenn nicht manchmal sogar das wirtschaftliche Überleben – allein abhängig sind von der Leistung der verantwortlichen Mitarbeiter. Je höher die Position angesiedelt ist in der Unternehmenshierarchie, um so bedeutender wird diese Entscheidung. Diese Verantwortung trägt der Personalberater mit, wenngleich er nicht die letztendliche Entscheidung hat. Aber sein Rat und sein Einfluß tragen zu dieser Entscheidung erheblich bei; dieser Verantwortung kann er sich nicht entziehen.

3. Das Interview – Zentrale Entscheidungsgrundlage

Im Interview wird die hohe Kunst der Beratung sichtbar. Deswegen ist das Interview mit dem Bewerber nach wie vor vor allen anderen Methoden sozusagen Auge in Auge die Bewährungsstunde des Beraters. Hier werden seine Erfahrungen und vor allem seine situativen Fähigkeiten immer wieder gefordert. Berater sollten deswegen nicht stolz darauf sein, so viel wie möglich Interviews in einer Woche geführt zu haben. Entscheidend kann es sein, wenn sie pro Woche ein Interview führen und es zum erfolgreichen Abschluß bringen. Das gilt vor allem im Bereich höherer Führungskräfte. Persönlichkeitstest, psychologische Tests, graphologische und Handgutachten sowie medizinische Untersuchungen, das Beobachten in assessment centern und andere Möglichkeiten sind inzwischen im Markt als bewährte Hilfsmittel anerkannt. Aber sie alle haben nicht die zentrale Bedeutung des Interviews. Sehr oft kommt es deswegen vor, daß kontaktscheue Berater, was an sich schon ein Widerspruch in sich selbst ist, oder besser gesagt, auf sich selbst bezogene Berater, denen es nicht gelingt, dem Klienten und den Bewerbern gegenüber wirkliche Empathie in Aktion zu setzen, sich auf ganze Testbatterien und ihre eigenen Vorurteile verlassen. Im Zeitalter fortgeschrittener Führungssysteme, in denen der Mensch kooperativ-situativ im Mittelpunkt steht, ist es nicht mehr möglich, ein Interview aus der Position der Stärke oder der arroganten Ängstlichkeit heraus zu führen. Überall wo dies geschieht, und es geschieht immer noch zur Genüge, werden Zufallsergebnisse erzielt werden. Dabei geht es auch nicht um ein Interview, sondern um den fortgesetzten Prozeß eines Frage- und Antwortspiels innerhalb eines Besetzungsprojektes. Nigel Rugman hat einmal die Anwendung von Streßtechniken als nur für den Befrager selbst von Wert bezeichnet und sogar panel interviewing als eine durch und durch sterile Beschäftigung abgelehnt. Nur im fortgesetzten Interviewprozeß ist es z. B. möglich, Vorurteile, Mißverständnisse und falsche erste Einschätzungen abzubauen, um zu einem über die Zeit von Tagen und manchmal auch Wochen hin gefestigten Bild des Bewerbers zu gelangen. Das Interview darf nicht in Isolierung von den anderen Maßnahmen gesehen werden, ist aber der zentrale Bezugspunkt des Beratungsprozesses schlechthin. Sollten z. B. bei Tests ein hoher Intelligenzfaktor und andere auf Flexibilität und Fähigkeiten des Bewerbers positiv zielende Ergebnisse erzielt worden sein, so muß das noch längst nicht ein Beweis für seine ständige Urteilsfähigkeit in wechselnden Situationen sein. Allein das unstrukturierte, offene oder nur vom Rahmen her vorbesprochene Interview gibt die Möglichkeit, den Kandidaten in seiner tatsächlichen Führungs- und Geschäftsflexibilität über Stunden und Tage hinweg zu beobachten, seine Wörter und seine Worte zu wägen, seine Bewegungen zu beobachten, seine Mimik und sein Augenverhalten. Dabei sind Nervosität und Streß seiner gegenwärtigen besonderen Situation mit zu berücksichtigen und nicht zu hoch zu bewerten. Mehr als bisher sollten daher auch geschulte Interviewer in Personalberatungen auf die Erkenntnisse nicht so sehr der Psycholanalyse und der Psychotherapie in der Tiefe eingehen, sondern das praktikable Instrument der von Berne und Harris eingeführten Transaktionsanalyse bei der Beobachtung reflektieren. Den Signalen des Kandidaten im Gespräch ist eine noch höhere Aufmerksamkeit als bisher zu schenken, und wenn schon graphologische Gutachten eingeholt werden, dann sollten sie anhand von Schriftstücken erfolgen, die im Verlauf des Bewerbungsprozesses in oder nach bestimmten Situationen im Rahmen gegenseitiger Gesprächsführung entstanden sind. Denn Schrift ist niemals statisch, sondern einem permanenten Wandel unterworfen, und dies sollte sich auch hinsichtlich der Flexibilität ausdrücken lassen. Viele Dinge, die daheim in der Abgeschiedenheit eines Arbeitszimmers oder unter dem Druck spezieller Situationen dahingewischt werden, geben nur ungenügende Anhaltspunkte. Das Interview als zentrales Instrument für die Personalentscheidung genießt vielfach nicht den Stellenwert, den es haben sollte. Im Verhältnis viel zu wenig Entscheidungsträger der höchsten Führungsebenen im Unternehmen nehmen sich die notwendige Zeit, um Kandidaten zu befragen. Viele Gespräche auf höchster Ebene fordern von hochkalibrigen Kandidaten nicht mehr als das verbale Vortragen des bereits in der schriftlichen Bewerbung Gesagten. Das Ergebnis eines Interviews sollte eine Analyse des Kandidaten unter dem Gesichtspunkt sein, seine erfolgreiche Tätigkeit im neuen Umfeld mit hoher Wahrscheinlichkeit vorherzusagen. Über die Kosten einer schlechten Personalentscheidung wird an anderer Stelle etwas gesagt. Es ist notwendig, die Interviews methodisch einwandfrei zu gestalten und nicht unbestimmt. Dieses Verfahren führt zu einem Eindruck, der noch durch Referenzen bestärkt oder gemildert werden kann und bietet damit die Grundlage für eine wichtige Personalentscheidung.

Im Bewerbungsgespräch müssen verschiedene Punkte im Mittelpunkt des Gespräches stehen. Besonderer Erörterung bedarf die Frage, ob der Bewerber bereits ähnliche Positionen ausführen konnte und wie er dabei vorging. Dabei müßten die unterschiedlichen Kriterien zwischen des Bewerbers aktueller Tätigkeit und der ins Auge gefaßten Position bewertet und verglichen werden, da kaum zwei gleichnamige Aufgaben in unterschiedlichen Unternehmen den gleichen Arbeitsinhalt beinhalten. Hierzu bietet sich die Darlegung eines typischen betrieblichen Problems für den Bewerber an, das er in einer geschäftsähnlichen Entscheidungssituation theoretisch aufgrund seiner beruflichen Erfahrung bewältigen soll. Man gibt dem Bewerber den Spielraum, seine Erfahrung bewußt einzusetzen. Man kann dadurch seinen Denkprozeß erkennen, seine Vorgehensweise studieren und seinen Führungsstil einschätzen lernen.

Ein weiterer Punkt ist die intensive Hinterfragung der derzeitigen Aufgabe des Bewerbers und seine eigene Analyse über seinen Erfolg bei seiner Aufgabe und die dort entstandenen Probleme, die er bewältigte bzw. Gründe für deren Nichtbewältigung.

Sehr interessant für die Beurteilung ist auch die Analyse, warum der Bewerber gerade zu diesem Zeitpunkt seine Position wechseln will. Dies ist im Normalfall der bestvorbereitete Punkt eines Bewerbers, bei dem sich der Interviewer aber nicht scheuen sollte, mehrfach diesen Punkt anzusprechen, um Widersprüche zu entdecken und Indikatoren zu finden, die auf den dafür zugrundeliegenden Konflikt hinweisen. In dieser Phase eines Bewerbergespräches ist absolute

Offenheit von beiden Seiten eine unumgängliche Notwendigkeit, die nicht mit allgemeinen Antworten abgetan werden darf.
Die persönliche Einschätzung des Bewerbers und die damit verbundene Frage der Sympathie soll man nicht unterbewerten, schließlich muß man mit dem neuen Mann – hoffentlich – viele Jahre zusammenarbeiten. Andererseits führt zu große Sympathie zur Überbewertung von positiven Punkten und Vernachlässigung von negativen Erscheinungen. In dieser Situation ist der Personalberater von großer Hilfe, denn er hat den Bewerber mindestens einmal zuvor gesehen, bevor er ihn dem Unternehmen präsentiert. So fällt es ihm leichter, Stärken und Schwächen des Bewerbers herauszufinden und Verhaltensweisen besser zu analysieren. In einem zweiten ggf. dritten Gespräch mit einem Bewerber vor der endgültigen Vertragsunterzeichnung können sich auch die Entscheidungsträger im Unternehmen einen besseren Eindruck vom Kandidaten machen.
Ein weiterer entscheidender Punkt des Interviews ist die Frage nach den Karrierevorstellungen des Kandidaten. Kann man seine Vorstellungen mittel- und langfristig erfüllen? Wird er sich in die gegebene Hierarchie und Struktur der Organisation einpassen, ohne schon allzubald einen Ausbruchversuch darin zu unternehmen? Was erwartet z. B. der Bewerber an Möglichkeiten, die ihm seine bisherige Tätigkeit nicht bietet? Die beliebte Frage in dieser Phase ist nach den Karriereerwartungen in den nächsten fünf bzw. zehn Jahren. Einen Bewerber mit zu hohen Karriereerwartungen einzustellen bedeutet, ihn sehr schnell zu frustrieren und damit die Gefahr einer relativ schnellen Fluktuation.
Die zwischenmenschlichen Beziehungen in einem Unternehmen beeinflussen den Erfolg. Deshalb ist wichtig, daß der Kandidat sich in seine Gruppe einpaßt, sowohl im Verhältnis zu Gleich- wie Untergestellten. Er muß sich intensive Befragungen darüber gefallen lassen, wie er bisher mit seinen Mitarbeitern seine Ziele erreichte und was er unternahm, um Minderleister zu motivieren. Die Fähigkeit, im und mit dem Team zu arbeiten ist heute selbst bei Spezialisten wichtiger, als herausragende Leistungen eines einzelnen, die nur noch in wenigen Bereichen gefragt sind.
Die Art und Weise, wie ein Bewerber auf die Frage nach seinen Stärken und Schwächen antwortet, vermittelt einen Eindruck über seine Persönlichkeit. Wer andere bewerten muß, muß in der Lage sein,

auch an sich selber diese Maßstäbe anzulegen. Schwächen einzugestehen ist keine Schande, sondern Grundlage für ihre Beseitigung. Ebenso interessant ist die Analyse der Motiviationsfaktoren des Kandidaten, sie geben zusammen mit den anderen Antworten eine gesunde Grundlage für eine so wichtige Personalentscheidung.

Das Interview ist das meistbenutzte, aber am wenigsten verläßliche Instrument zur Auswahl. Es ist sehr schwer, in ein oder zwei Stunden das Leben eines Menschen vollständig zu analysieren, vor allem dann, wenn der Interviewer den Fehler macht, achtzig Prozent der Zeit selbst zu reden, anstatt die 1/3 : 2/3 Regel zu befolgen. Für den Interviewer ist die Kunst des Zuhörens die höchste Priorität und nicht die eitle Selbstdarstellung. Das Zuhören sollte begleitet sein vom aktiven Beobachten des Sprechenden und seines Verhaltens. Menschliches Verhalten hat einen Ursprung und ist immer zielgerichtet. Es gibt kaum Zufälle im Verhalten, und alle beobachteten Faktoren sind potentiell wichtige Hinweise auf die Fähigkeiten des Bewerbers in zukünftigen Situationen.

Kein Interviewer kann letzten Endes endgültig die Ehrlichkeit, Loyalität, Stabilität, Intelligenz und Gesundheit eines Bewerbers beurteilen. Kandidaten präsentieren sich immer im besten Licht. Die Schattenseiten aufzufinden ist Aufgabe des geübten Interviewers. Nur so lassen sich die Risiken im Prozeß der Bewerberauswahl reduzieren.

Der Ablauf eines Bewerbergespräches zusammen mit dem Auftraggeber gliedert sich in mehrere Runden. Erfahrungsgemäß dauert solch ein Gespräch – beiderseitiges Interesse vorausgesetzt – etwa zwei Stunden. Es findet in einer stark strukturierten Form statt, wird vom Personalberater moderiert, und der Klient hält sich an die vereinbarte Vorgehensweise, die nach der Begrüßung dem Kandidaten erläutert wird.

1. Runde: Dem Bewerber wird die Möglichkeit gegeben, sich für ihn notwendige Informationen über das suchende Unternehmen zu verschaffen. Dies geschieht nicht dadurch, daß ihm alles über Unternehmen und Position erzählt wird, sondern er muß es erfragen. So erhält der Bewerber die Möglichkeit, zu zeigen, ob er sich bereits mit dem Unternehmen beschäftigt hat und sich notwendige Informationen verschaffte. Mit dieser Vorgehensweise testet man die Art der Gesprächsführung durch den Bewerber, lernt die Art seiner Fragen-

formulierung und deren Aufbau kennen, erkennt seine Analyse- und Umsetzungsfähigkeit und letztlich sein Temperament, das sich in seinem Verhalten ausdrückt. Seine Fragen werden in knapper, präziser Form beantwortet, die Aussagen sollten emotional nicht gefärbt sein. Der Bewerber bestimmt selber den Abschluß dieser Runde, indem er erklärt, daß er keine weiteren Informationen benötigt.
In der Runde 2 wird der Bewerber gebeten, seine berufliche Erfahrung im Fachbereich und als Führungskraft darzustellen. Sinnvollerweise bereitet man sich zwei bis drei Themenkreise aus dem sachlich/fachlichen Arbeitsbereich des Positionsalltags vor. Die Formulierung der einzelnen Themen wird dem Bewerber überlassen und ist neben der Bewältigung des Themas seine Aufgabe.
In dieser Runde hat allein der Bewerber den aktiven Part. Seine Zuhörer unterbrechen und beeinflussen ihn nicht, Fragen werden nicht gestellt. Damit hat der Bewerber die Möglichkeit, seine Kenntnisse und Erfahrungen im Fachbereich darzulegen und seine Erfolge wie Mißerfolge zu erläutern. Art und Weise seiner Behandlung des Themas lassen Rückschlüsse auf seine Gründlichkeit und seine Präferenzen zu. Durch den freien Vortrag besteht die Möglichkeit, seine Argumentationstechnik zu bewerten und erneut auch sein Verhalten zu analysieren. Nach Beendigung seiner Darstellung werden dem Bewerber seitens der Interviewer Fragen gestellt, die sich um das von ihm abgehandelte Thema drehen. Ausgelassene Problembereiche, Schwachpunkte in seiner Argumentation, Fehlentscheidungen sowie Erfolge und Mißerfolge werden erneut hinterfragt. Dabei kommt es darauf an, daß die Fragen mit hohem Interesse den Bewerber zu neuen Aussagen zwingen, und die Interviewer energisch und auch kritisch ihre Fragen vortragen. Es ist günstig, gegensätzliche Positionen zu beziehen, um durch die Reaktion des Bewerbers seine Belastung testen zu können und seine Kritikfähigkeit zu erregen. Man wird sehen, ob er den einmal eingenommenen Standpunkt vertritt oder ob er sich windet und wendet. Schließlich können die Interviewer entscheiden, ob er offen und von sich selbst überzeugt argumentiert.
In der vierten Runde übernehmen die Interviewer die aktive Rolle und stellen Fragen an den Bewerber, die in seinen privat-persönlichen Bereich fallen. Hier klärt man ab, welche Interessengebiete beim Bewerber vorhanden sind, warum er diese oder jene Entschei-

dungen im Lauf seines Lebens getroffen hat und wie er sich selber im positiven und negativen Sinne sieht. Zu beachten ist hierbei, daß in den meisten Fällen bereits intensive Vorgespräche zwischen Berater und Bewerber stattgefunden haben und der Klient über diese Punkte durch den ihm vorliegenden Bericht bereits informiert ist. So ist es ihm leicht möglich, die im Berater-Bewerbergespräch gewonnenen Erfahrungen durch gezielte Fragen tiefer zu ergründen. Das Verhalten des Bewerbers in dieser Runde gibt einen Eindruck über seine Leistungsbereitschaft, seine Allgemeinbildung und Einstellungen zu Grundfragen. In diesem Fragenbereich kann ebenfalls kontrovers diskutiert werden, um das Standvermögen in persönlichen Grundüberzeugungen zu überprüfen.

Das Gespräch wird von einem der Interviewer protokolliert, was nach Abschluß der Präsentationsphase von drei bis vier Kandidaten eine weitestgehende Vergleichbarkeit liefert. Bei dieser Vorgehensweise sollte man nicht mehr als drei Gespräche am Tag terminieren. Wegen der besseren Vergleichbarkeit von allen präsentierten Kandidaten sollte man tunlichst alle Kandidaten an aufeinanderfolgenden Tagen sehen. Gemeinsam mit dem Bericht über die Bewerber erhält man so eine Entscheidungsgrundlage, die weitgehend Sicherheit bieten sollte.

Fragen der Vorbereitung, Durchführung und Bewertung von Bewerbungsinterviews sind vielfach in der Fachliteratur abgehandelt worden, weswegen die Autoren sich in diesem Zusammenhang auf diese Form des strukturierten Interviews beschränken.

4. Kriterien bei der Auswahl von Spitzenführungskräften

Stellvertretend für viele andere sinnvolle Systeme von Kriterien bei der Auswahl von Spitzungsführungskräften geben wir hier eine Zusammenstellung von 20 Dimensionen der Persönlichkeit wieder, die Harry Levinson, ein Psychologe der Harvard Medical School 1980 in der Harvard Business Review veröffentlicht hat.

Levinson hat diese Liste aus seinen eigenen Erfahrungen bei der Bewertung von Kandidaten entwickelt: Er hat eine Liste von 20 Dimensionen der Persönlichkeit mit einer Skalenmessung von 1 bis 10 als eine Bewertungshilfe zusammengestellt. Seine Seriosität hat ihn dazu gebracht, sie mit Einschränkung anzubieten. Er beruft sich

Tabelle: Persönlichkeitsmerkmale einer Führungskraft

I. Denkweise

1. Die Fähigkeit, abstrakt zu denken und Dinge auf den Begriff zu bringen, zu organisieren und unterschiedliche Daten in einen zusammenhängenden Bezugsrahmen zu integrieren.

Denkt konkret, Punkt für Punkt, Tatbestand für Tatbestand.	Kann Fakten in Muster und logische Folgen zusammenfassen; setzt jedoch Sequenzen nicht zu anderen Sequenzen in Beziehung, um so zu Konzepten zu gelangen.	Kann Managementprobleme mit der Theorie verknüpfen; erforscht Konzepte und Ideen aber nicht.	Kann die Theorie kritisch beurteilen und sie in langfristiges Unternehmensdenken einbeziehen.	Ist ein enzyklopädischer Synthetiker, der kreative Prinzipien, Werte, Konzepte und Daten aus allen wissenschaftlichen und nichtwissenschaftlichen Bereichen organisieren und integrieren kann.

2. Toleranz gegenüber der Ambivalenz — kann Konfusionen meistern, bis sich die Dinge aufklären.

Muß sich jeweils auf ein klar umrissenes Projekt zur Zeit beschränken.	Wird auch mit mehreren Projekten gleichzeitig fertig; gerät dabei aber in Streß.	Wird mit vagen Projektlinien fertig, sofern sie in konkreten Strukturen oder Methoden verankert sind.	Kann mit nichtspezifizierten Zielvorgaben und unter Unsicherheit arbeiten, sofern gelegentlicher Rückgriff auf einen konkreten Orientierungspunkt möglich ist.	Toleriert Vieldeutigkeit über Jahre hinweg, und wird in der Erwartung, daß langfristige Pläne Früchte tragen müssen, nicht ungeduldig.

3. Intelligenz — ist nicht nur abstrakt, sondern auch praktisch begabt.

Hat einen guten Ausbildungsstand; ist aber nicht übermäßig phantasievoll oder kreativ.	Gute Ausbildung, aber wenig Erfahrung.	Ist intelligent und lernt aus Erfahrung. Erweckt gelegentlich den Eindruck eines unermüdlichen Arbeitstieres.	Ist sehr intelligent und setzt sein Reservoir an Erfahrungen gut ein.	Ist hochgradig intelligent und schöpft aus einem großen Erfahrungsschatz. Kennt alle Schliche.

4. Urteilsvermögen — weiß, wann gehandelt werden muß.

Ist vorschnell in seinem Urteil, ohne alles gründlich zu durchdenken.	Ist zerstreut. Hat gelegentlich grobe Fehler gemacht.	Gebraucht seinen Verstand; kann das Gesamtbild und seine Implikationen aber nie ganz erfassen.	Hat ein gutes Urteilsvermögen. Sieht im allgemeinen auch das Gesamtbild; aber hin und wieder gibt es einen blinden Fleck.	Verfügt über ein erstklassiges Urteilsvermögen und hat im Laufe der Jahre kaum Fehler gemacht.

II. Gefühle und Beziehungen

5. Autorität — hat das Gefühl, in eine Führungsrolle hineinzugehören.

Gibt sich große Mühe, anderen zu gefallen. Kann keine Kontrolle ausüben und nicht die Richtung weisen.	Übernimmt Verantwortung, wenn es hart auf hart geht; spielt aber nicht gern den Boß.	Trägt sich nicht mit Schuldgefühlen, weil er der Boß ist; glaubt aber, es durch Glück so weit gebracht zu haben, und geht deswegen zögernd vor.	Glaubt, daß er es verdient hat, der Boß zu sein; sein Gefühl sagt ihm aber auch, viele andere könnten ebensogut seinen Platz einnehmen.	Ist eine „natürliche" Führungspersönlichkeit. Übernimmt die volle Verantwortung. Ist überzeugt, daß er seine Sache gut macht, wahrscheinlich sogar besser als die meisten anderen.

6. Aktivität — Orientierung an Problemen und Bedürfnissen des Unternehmens.

Ist reaktiv. Braucht einen Anstoß, um etwas zu unternehmen. Will von Informationen oft nichts wissen.	Ergreift gelegentlich Maßnahmen, vielfach jedoch erst nach langem Zögern und nachdem seine Untergebenen frustriert sind.	Geht Probleme dann an, wenn er sich sicher fühlt; hat aber kaum Neigung zum Risiko. Seine Untergebenen haben das Gefühl „auf der Stelle zu treten".	Geht Probleme taktisch aus neuen Positionen heraus an und konsolidiert vorhandene Kräfte. Seine Untergebenen sind bereit, ihm zu folgen.	Greift Probleme strategisch mit genau definierter Zielsetzung an. Plant langfristig, Schritt für Schritt. Unerbittlich auf einen Vorsprung vor der Konkurrenz aus.

7. Leistungsbewußtsein — Orientierungsrahmen ist der Unternehmenserfolg, nicht das Streben nach persönlichem Fortkommen.

Will etwas leisten; aber Verlangen und Fähigkeiten stimmen nicht überein.	Entwickelt ausgeprägten Wunsch nach Leistung; aber es fehlt die Bereitschaft, alles zu geben, um die optimale Leistung zu erreichen.	Hat den intensiven Wunsch und Drang nach Leistung und scheut keine Anstrengung; übertreibt aber den Konkurrenzkampf und eckt dadurch an. Kann rücksichtslos vorgehen. Starkes Bedürfnis, andere zu	Ist stark leistungsmotiviert. Braucht sehr viel Anerkennung. Strebt nach Sondervergünstigungen. Sieht sich als Verlierer, wenn die Wahl nicht auf ihn fällt. Hat kein Bedürfnis nach übertriebener Kontrolle.	Ist sehr stark aufstiegsmotiviert. Sieht darin die Anerkennung seiner Kompetenz. Wird enttäuscht sein, wenn die Wahl nicht auf ihn fällt, ist aber nicht applaushungrig. Betrachtet die Unternehmensleistungen

8. Sensibilität — besitzt die Fähigkeit, Gefühlsschwankungen anderer wahrzunehmen.

Reagiert verschwommen. Kann nicht aus dem Gesichtsausdruck anderer lesen oder die Gefühle anderer „zwischen den Zeilen" herauslesen.	Begreift die Gefühle anderer nur schwach und langsam, meist im nachhinein.	Nimmt die Gefühle anderer zur Kenntnis. Kann deren Gestik interpretieren; ist dabei manchmal jedoch zu glatt. Vielleicht kommt das daher, daß er Gefühle für oberflächlich und manipulierbar hält.	Erwartet Reaktionen und nimmt die Gefühle seiner Gruppe auf. Ist sich auch subtiler Anhaltspunkte stärker bewußt als die meisten; ist sich seiner Reaktion darauf jedoch nicht immer sicher.	Hat ein meisterliches Gespür für Gefühle, ahnt sie voraus und nimmt sie ernst.

9. Engagement — sieht sich selbst als aktiv partizipierendes Mitglied der Organisation.

Verläßt seinen Schreibtisch nie. Geht nie vor Ort.	Ist gelegentlich auch mal vor Ort zu sehen, anläßlich besonderer Gelegenheiten.	Verläßt seinen Schreibtisch hin und wieder, widerwillig und aus Gewohnheit, wobei er nicht viel lernt.	Begibt sich regelmäßig, aber nicht gern hinaus. Beobachtet und packt selber mit an; Arbeiter und Angestellte fühlen jedoch seine Distanz. Menschen gehen ihm gegenüber nur schwer aus sich heraus.	Plant für regelmäßige Besuche vor Ort wirklich Zeit ein. Mischt sich unter die Belegschaft und forscht aktiv nach ihren Problemen. Faßt seine Erkenntnisse für das Management wie auch für Untergebene zusammen. Hat den Finger am Puls des Unternehmens.

10. Persönliche Reife — hat gute Beziehungen zu Vorgesetzten.

Ist immer noch ein Heranwachsender, der seine Vorgesetzten ständig herausfordert und sich der Autorität widersetzt.	Hat mit seinen Vorgesetzten eine Art Waffenstillstand geschlossen. Erhebt, indem er vorgibt, ganz ehrlich zu sein, seine feindselige Stimme.	Ist in seinen Beziehungen zu Vorgesetzten unberechenbar. Manchmal leicht zu handhaben, manchmal unbequem, je nachdem, wem er unterstellt ist.	Kommt mit seinen Vorgesetzten in der Regel gut aus, es sei denn, daß seine Defensivität durch Kritik oder Rivalität gereizt wird.	Kommt mit seinen Vorgesetzten gut klar. Wird von allen ohne Ausnahme wegen der problemlosen Zusammenarbeit gelobt.

11. Interdependenz — die angemessenen Abhängigkeitsbedürfnisse anderer werden genauso akzeptiert wie die eigenen.

Benötigt ständig Richtungsangabe und genau vorgezeichnete Verhaltensstrukturen.	Kann eine Weile auf eigenen Füßen stehen; kommt jedoch ohne das Bewußtsein nicht aus, auf eine höhere Autorität zurückgreifen zu können.	Besteht darauf, auf eigenen Füßen zu stehen, und leugnet das Bedürfnis, Hilfe anderer zu brauchen.	Ist kooperativ und partizipativ; marschiert der Gruppe aber nicht voran. Kann auf eigenen Füßen stehen; hat dabei aber ein ungutes Gefühl.	Steht auf eigenen Füßen, bittet aber um Information, Kritik und Kooperation. Kann sich vorübergehend der Leitung einer anderen kompetenten Fachkraft mit Spezialkenntnissen unterordnen, ohne dabei das Gefühl zu entwickeln, seine Führungsrolle ginge ihm verloren.

12. Artikulationsvermögen — vermittelt einen guten Eindruck.

Ist offensichtlich schon aufgeregt, wenn er einen Bericht im kleinen Kreis vorlegen muß.	Kann Berichte präsentieren; strahlt dabei aber weder Begeisterung noch Zuversicht aus. Legt oft ein nervöses Verhalten an den Tag.	Kann einen Bericht gut präsentieren, was ihm jedoch schwerfällt. Geht kaum auf seine Zuhörer ein, scheint irgendwie abwesend.	Hat sich in der Öffentlichkeit gut in der Gewalt; mit gehässigen Fragen und einem unfreundlichen Publikum tut er sich jedoch schwer.	Präsentiert sich vor der Öffentlichkeit in tadelloser Weise und verfügt über ein großes Vokabular. Flößt seinem Publikum Vertrauen und Zuversicht ein und kann die Stimmung des Publikums einschätzen.

13. Durchhaltevermögen — besitzt physische und geistige Energie.

Fühlt sich nur schwach einbezogen und ist kaum zu begeistern. Seine Energien sind daher schnell erschöpft.	Nimmt Projekte oft energisch in Angriff; sein Interesse läßt aber schnell wieder nach.	Arbeitet sich mit Energie durch ein Problem hindurch.	Ist in hohem Maße energiegeladen. Er bedarf nur gelegentlicher Wiederaufladung, ähnlich wie eine Batterie.	Arbeitet beständig mit voller Energie. Ist immer auf dem Sprung. Bleibt ständig im richtigen Tritt und scheint seine Kräfte nie zu verzehren.

14. Anpassungsfähigkeit und Standvermögen bei Streß.

Wird mit Streß nicht gut fertig. Viele Anzeichen für physische, persönliche und familiäre Schwierigkeiten.	Kann mit Streß fertig werden, wenn andere ihn unterstützen. Ist ständig besorgt, was alles passieren könnte.	Wird mit plötzlichem Streß recht gut fertig, weniger gut mit langanhaltendem Druck. Sorgt sich in vernünftiger Weise um Problemlösungen.	Zeigt bei langanhaltender Streßbelastung normale Symptome. Greift zu effektiven Durchhaltemitteln wie Beratung mit anderen und Arbeitspausen.	Nimmt alles auf die Schulter, was auf ihn zukommt, und scheint dabei noch aufzuleben.

15. Sinn für Humor — nimmt sich selbst nicht zu ernst.

Kann über nichts lachen. Ist finster, abweisend und kalt.	Bringt hin und wieder mal ein Lächeln zustande; sein Humor kommt aber nur in ganz wenigen Situationen zum Vorschein.	Lacht viel zu leicht über alles mögliche. Lacht hin und wieder auch nur, um Spannung abzubauen. Schlechter Erzähler.	Glänzt gelegentlich mit Geistesblitzen. Kann kaum spontan, doch gelegentlich von Herzen lachen. Eine humorvolle Geschichte zu erzählen, fällt ihm nicht sonderlich leicht; ist aber ein angenehmer Gesellschafter.	Hat einen warmen, herzlichen Humor. Wenn er etwas erzählt, paßt es zur Gelegenheit und zu seiner Position. Spannungen baut er auf natürliche Weise ab. Ist in Gesellschaft gern gesehen.

III. Verhaltensweisen

16. Weitblick und Vorstellungskraft — ist sich im klaren über sein Leben, seine Karriere und die Richtung, die das Unternehmen einschlagen soll.

Hat kein Karriereinteresse. Begnügt sich damit, im Managementstrom mitzuschwimmen.	Hat schlecht definierte, kaum erkennbare persönliche Ziele.	Hat weitgesteckte, aber nicht klar abgegrenzte Ziele, die sich nicht immer mit den Unternehmenszielen vereinbaren lassen.	Hat sehr genau definierte Zielvorstellungen; aber sein Verhalten läßt darauf schließen, daß sein persönlicher Karriereplan über allem steht und das Unternehmen nur Mittel zum Zweck ist.	Verfolgt immer genau definierte Ziele, die mit den Belangen und Wertvorstellungen des Unternehmens im Einklang stehen.

17. Beharrlichkeit — ist in der Lage, eine Aufgabe zu Ende zu bringen, auch wenn Schwierigkeiten auftauchen.

Verliert schnell das Interesse.	Verliert das Interesse, sobald er auf Widerstand stößt oder ihn etwas frustriert.	Behält sein Interesse, solange die Aufgabe noch neu und Anreiz vorhanden ist.	Behält sein Interesse auch angesichts von Rückschlägen; Eifer und Optimismus nehmen mit der Zeit jedoch ab.	Sucht ständig nach Wegen, wie Hindernisse umgangen werden können. Bleibt Optimist im Vertrauen darauf, daß eine Lösung gefunden wird.

18. Systematik – hat eine gute Zeiteinteilung.

Ist selbst schwach im Organisieren, kann Prioritäten nicht erkennen, verliert Informationen aus dem Sinn.	Ist unbeständig in der Organisation seiner eigenen Angelegenheiten und im Erkennen von Prioritäten. Gelegentlich hat er alles im Griff; wird jedoch leicht aus der Bahn geworfen.	Hat selbst eine gute Zeiteinteilung; setzt zuweilen jedoch fragwürdige Prioritäten. Gestattet zuweilen exzessive Inanspruchnahme seiner Person. Kann Fragen gut beantworten; braucht jedoch Zeit, bis er alle Informationen parat hat.	Seine persönliche Organisation ist gut. Benötigte Informationen hat er schnell zur Hand; ihm fehlt jedoch ein gutes Erinnerungsvermögen. Setzt angemessene Prioritäten und weiß seine Zeit gut zu nutzen.	Seine Zeiteinteilung stimmt bis ins Detail. Für ihn zählt jede Minute. Hat Informationen schnellstens parat, entweder aus dem Gedächtnis oder aus dem Archiv.

19. Integrität – besitzt ein solide aufgebautes, bereits erprobtes System von Wertvorstellungen.

Verhält sich wie ein Chamäleon. Ist eigentlich nicht vertrauenswürdig. Die Meinungen anderer wiegen schwerer als die eigenen.	Ist variabel. Im allgemeinen verantwortungsbewußt; kann unter dem Druck harter Fakten jedoch umschwenken.	Hat sich ethische Ziele gesetzt; trifft aber zuweilen Entscheidungen so, als ob nur das zählte, was unterm Strich bleibt.	Hat sich hohe Normen gesetzt; kämpft aber mit ethischen Grauzonen. Entscheidet sich im allgemeinen für die vorsichtige Seite und verschleiert seine Entscheidungen nicht.	Ist über alle Zweifel erhaben und geht dabei gelegentlich soweit, daß der Eindruck starrer Unbeugsamkeit entsteht.

20. Soziale Verantwortung – gesteht das Bedürfnis nach einer Führungsrolle ein, respektiert aber auch die sich daraus ergebende Verantwortung.

Erkennt die öffentliche Bedeutung eines Managers nicht an und will diese Rolle auch nicht ausfüllen.	Erkennt die öffentliche Rolle an; scheut vor ihrer Übernahme jedoch zurück. Wird sich Vorstellungen widersetzen, die ihn in diese Rolle bringen würden.	Anerkennt diese Rolle und will sie aus Pflichtgefühl übernehmen; sein persönliches Interesse daran ist aber gering.	Anerkennt die gesellschaftliche Verantwortung eines Managers und leistet auch seinen Beitrag, der sich jedoch auf Nebenrollen beschränkt.	Akzeptiert die soziale Verantwortung eines Managers und sieht darin große Möglichkeiten. Demonstriert dabei aktive Führungsqualitäten

Quelle: Harry Levinson: »Qualifikationskriterien für Topmanager« erschienen in HARVARDmanager 1981/2, Seite 28 ff., mit freundlicher Genehmigung des manager magazin.

nicht auf eine statistische Überprüfung der Dimension oder darauf, daß die Skalen gleiche Intervalle oder genaue Messungen darstellen. Ohne eine Vereinbarung über Klassifikation kann es keine Vereinbarung über Meßgröße oder Einstufung geben. Diese Arbeitshilfe sollte seiner Ansicht nach nur bei Kandidaten angewendet werden, die ein Minimum von Businesskompetenz haben, eine Entscheidungsträgerrolle bevor sie 35 sind und eine persönliche Geschichte, die eine erfolgreiche Karriere oder die Anhäufung von Erfahrung widerspiegelt. Die Dimensionen sollten qualitativ und nicht als ein arithmetischer Index benutzt werden. Selbstverständlich können alle, die sie benutzen, auch einige eigene Ideen an diese 20 ergänzen, so daß sich am Schluß eine Liste von 30 oder sogar 35 Kriterien ergeben kann. Die Liste erhebt auch nicht den Anspruch auf Perfektion, sondern sie will lediglich die Aufmerksamkeit auf kritische Punkte der Persönlichkeit richten, die zum Erfolg der Führungskraft beitragen. Weitere Einschränkungen Levinsons, 1.eine Spitzenführungskraft hätte viele Gesichter, viele Facetten wie ein Diamant. Wenige Diamanten seien ohne Einschlüsse. 2. Einige Verhaltensaspekte werden wichtiger sein für bestimmte Funktionen als für andere. Manchmal formen die Verhaltensaspekte. »Eine aggressive, sich sehr kontrollierende Persönlichkeit, die in eine Situation in einer Organisation hineinpaßt, könnte unangemessen für eine andere sein. Darum ist es nützlicher, von diesen Dimensionen nicht als individuellen Meßgrößen oder Summen zu denken, sondern sie mehr als Konfigurationen oder Profile zu sehen. Die angemessene Frage für den prüfenden Personalberater oder Personalmanager sei »welches Profil welcher Dimension paßt am besten zu dem Verhalten, das ich in meiner Stellenbeschreibung vorsehe?« 3. Menschen sind komplizierter als die Rubriken, in denen wir sie beschreiben. Verhalten ist zu elusive für fixierte Kategorien. Alle Beschreibung, so Levinson, »kann deswegen nur Annäherung sein.« Eine Klassifikation ist eine Leitlinie, die bestimmte Umrisse zeichnet, sie bedeckt nicht das ganze Territorium. Sie ist ebenso statisch und kann nicht einen Strom der Aktion im Kontext beschreiben. Und weiterhin: Einige dieser Dimensionen überlappen sich. Das Überlappen ermöglicht uns eine Sicht, so wie man einen Diamanten betrachtet, der bei einer Drehung uns eine andere Facette zeigt, obwohl die ganzen Facetten zum gleichen Zentrum leiten. Levinson hat diese 20 Persönlichkeitsdimensionen in

3 Gruppen aufgeteilt. In der 1. Gruppe hat er Dimensionen zusammengefaßt, die zuerst mit dem Denken zu tun haben. In der 2. sind die Dimensionen mehr auf Gefühle und Beziehungen, interrelationships, speziell darauf, wie man aggressive Gefühle, Affekte und das universelle Bedürfnis zu lieben und geliebt zu werden und Abhängigkeit bezieht. In der 3. Gruppe finden wir Verhaltenscharakteristiken,die mehr nach außen gerichtet sind. Levinson betont, daß die Ordnung der Dimensionen nicht ihre relative Wichtigkeit widerspiegelt, die signifikant von den Bedürfnissen der Organisation abhängt.

Kritische Anmerkungen zum Eignungsgespräch macht Kasper hinsichtlich seiner möglicherweise vorhandenen subjektiv bedingten Fehlerquellen, vor allem in 5 Punkten.

1. Zentraltendenz: Der Beurteiler, der die Person kennt, neigt dazu, möglichst viele indifferente Urteile abzugeben oder in seinen Urteilen die Etremkategorien zu vermeiden. (Drang zur Mitte)

2. Schwarz-Weiß-Malerei: Es werden extreme Beurteilungen bevorzugt, die sich aus der Gewohnheit ergeben, in wenigen Kategorien zu denken.

3. Milde-Effekt: Der Beurteiler ist nicht dazu bereit, ein Risiko einzugehen, das seiner Meinung nach der Fremdbeurteilung innewohnt. Ursachen sind Kritiklosigkeit, Nachsicht und Schönfärberei. Das Gegenstück dazu ist der Strenge-Effekt.

4. Der Halo-Effekt: Verarbeitung und Beurteilung zu einem Persönlichkeitsbild des Bewerbers erfolgen aufgrund hervorstechender Eigenschaften. Als Ursache dafür kann eine Tendenz zu Ordnung und Widerspruchsfreiheit angesehen werden, das heißt also dem Trend des Beurteilers, Eigenschaften eines Organisationsmitgliedes einheitlich sehr positiv oder sehr negativ zu bewerten und dieses Urteil dann auf andere Eigenschaften zu übertragen.

5. Logischer Fehler: »Eigenschaften, von denen der Beurteiler glaubt, daß sie logisch zusammengehören, werden auch gleichwertig beurteilt, das heißt, es folgt eine gegenseitige Angleichung von Beurteilungsvariablen, die generell als zusammengehörig erlebt werden. Die Ursache des logischen Fehlers liegt in der mangelnden Differenzierungsfähigkeit oder mangelnder Differenzierungsgewohnheit der menschlichen Informationsverarbeitung.

6. Sympathiefehler: Sympathisch erlebte Gegenüber werden gün-

stiger beurteilt als unsympathische. Analog können Antiphathiefehler passieren.

7. Kontrastfehler: Der Beurteiler kann unter Umständen eine Person im Gegensatz zu einer kurz zuvor bewerteten Person einschätzen. Der dabei am häufigsten beobachtete Kontrastfehler ist die Gewohnheit, die an sich selbst wahrgenommenen Merkmale den beurteilten Personen in besonders extremer Ausprägung zuzuschreiben. Tiefenpsychologen nennen als Ursache einen Abwehrmechanismus der Projektion.

Wenn der Manager die funktionalen Erfordernisse der Stelle kennt, kann er die in einem Interview gewonnenen Daten maximieren. Dem Bewerber sollte der Manager klar und ehrlich alles erzählen, was er über die Stelle weiß, welche Arbeit sie tatsächlich mit sich bringt.

Der Interviewer sollte sich die Reaktionen des Bewerbers auf diese spezifischen Informationen ganz genau ansehen. Der Bewerber wird sicherlich sagen »Ja, das möchte ich gerne tun«, aber er muß auf die feineren Reaktionen achten. Wenn der Bewerber mit den Realitäten der Stellenfunktion konfrontiert wird, wird er manchmal entscheiden, daß die Stelle doch nicht die richtige für ihn ist.

In einem Interview kann man auch die persönlichen Eigenschaften des Bewerbers in bezug auf die funktionalen Erfordernisse der Stelle erörtern. Wenn z. B. Teamarbeit unbedingt erforderlich ist und sich aus der Beurteilung des Arbeitgebers eine zu individuelle Haltung ergibt, sollte der Arbeitgeber diese Diskrepanz andeuten. Die Reaktion des Bewerbers darauf kann wichtig sein als Bewertungsfaktor und als Indikation für die Bereitschaft des Bewerbers, sich an die Arbeit anzupassen.

Wenn der Manager in das entscheidende Interview mit gründlichen Kenntnissen über die Erfordernisse der Stelle hineingeht, die Stärken und Schwächen des Bewerbers kennt, kann das Gespräch sehr stark dazu beitragen, die Fehlauswahl von Bewerbern auf ein Minimum zu reduzieren.

In einigen Unternehmen sehen die Gesprächspartner des Personalberaters die Auswahl ihrer neuen Mitarbeiter eher immer noch als notwendiges Übel als ein Chancenmanagement an. »Solche ›Verwalter‹ entwickeln Anstellungsprozesse, die mechanistisch sind und vom ersten bis zum letzen Brief das Lebendige entbehren« (Rickard)

Solche Prozesse lassen oft den Kandidaten im Dunkeln, was die wirklichen Details der Position angeht, die features des Unternehmens und der Nachbarschaft und den Fortschritt des Anstellungsprozesses. Der Interviewrahmen gibt eine Fließbandproduktionsmentalität mit 2 oder 3 Kandidaten wieder, die von Meeting zu Meeting am selben Tag geschickt werden, wie bei einer medizinischen Reihenuntersuchung. Rickard bemerkt treffend dazu, daß wohl allein das Drama der Herausforderung, die Kandidaten zu hindern sich zu sehen, die einzige Aufregung für die Beteiligten darstellen würde.

Wegen der Komplexität vieler Unternehmen und der Bedürfnisse extensiver Beratung können Interview, Zeitpläne zwei Tage bis zu einer Woche ständiger Treffen beinhalten. In einer solchen Situation wird der Auswahlprozeß eine Art Ausdauertest. Wenn z.B. Krisenmanagement ein wichtiger Bestandteil der Position ist, dann könnte ein solches Marathon durchaus dabei hilfreich sein, wichtige Qualitäten im Kandidaten hervorzulocken, nämlich Durchsetzungsvermögen und die Fähigkeit unter Stress zu arbeiten. Aber auch dann ist es selbstverständlich nötig, dem Kandidaten in solchen langen Prozessen etwas Freizeit zur Erholung zuzubilligen.

Andererseits ist der Anstellungsprozeß nicht nur einseitig, denn wir haben im Hinblick auf die sich wandelnden Werte und die Ethik vieler Kandidaten schon darauf hingewiesen, daß Kandidaten heutzutage ihre Auswahl genauso gut treffen wie die Unternehmen. Und ein solcher wie eben von Rickard karikierter Auswahlprozeß wird unter Umständen nicht im besten Interesse des Klientenunternehmens sein. Wer bei den Interviews schon als Bewerber eine Abwesenheit von betrieblicher Zuwendung und des personellen Sichsorgens feststellt, kann daraus leicht ableiten, daß dies eine Charakteristik für das Unternehmen als Ganzes sei und seine Bewerbung zurückziehen. Die Abwesenheit eines persönlichen Touch kann also die Shortliste um die wichtigsten Kandidaten verkürzen. Es sollte auch als selbstverständlich angesehen werden, bei einem telefonischen Vorgespräch mit dem Kandidaten, einen Zeitrahmen seitens des Personalberaters oder des Klienten direkt mitzuteilen und die Namen der Menschen zu nennen, mit denen der Kandidat zusammenkommen wird. Unter einem Tag Dauer sollten keine Interviewveinbarungen getroffen werden.

Die Methode ist nicht alleine wichtig.
Wichtiger ist es, die persönlichen Eigenschaften eines Bewerbers um eine Position zu beurteilen, als seine äußere Erscheinung oder das, was er zufällig schon getan hat, zu bewerten. Es gibt natürlich Hunderte b von wenn nicht sogar Tausende von Beurteilungsmethoden, Analyse des Lebenslaufes, verschiedenartige Interviewtechniken, psychologische Tests und Ansätze über Bewertungszentren. Manche sind gar nichts wert, mache sind sehr effektiv. Wie die Beurteilung durchgeführt i wird, ist völlig unwichtig, wichtig ist, ob die eingesetzte Technik tatsächlich dazu geeignet ist, die für die Stelle notwendige Eigenschaften richtig zu beurteilen. Wenn der Kandidat die richtigen persönlichen Eigenschaften besitzt, die ihn zu guter Leistung motivieren, kann der Arbeitgeber die notwendigen Produktkenntnisse und funktionalen Fähigkeiten beitragen. Wenn dem Bewerber aber die grundlegende Dynamik fehlt, kann man auch mit Ausbildung diese Lücke nicht schließen.

5. Referenzen

Referenzen dienen drei Zwecken

1. Informationen, die durch den Bewerber gegeben worden sind, im Detail zu überprüfen und abzusichern.
2. Zusätzliche Informationen über die Arbeitsergebnisse und die Erfahrung des Kandidaten und
3. eine für die Bewertung wichtige Information über die Leistung des Kandidaten in früheren vergleichbaren oder anderen Positionen zu erhalten

Es erscheint auch gut, die Referenzenabfrage durch ein dieselbe Person im Klientenunternehmen machen zu lassen. Wenn die Referenzeinholung bis nach den Interviews oder gar nach dem Anstellen verschoben wird, kann das beim Klienten dazu führen, eine Tendenz zu entwickeln, nur noch nach Informationen zu suchen, die seine persönlichen Beobachtungen zusätzlich verstärken. Ein positives Interview kann einen »Halo-Effekt« hervorrufen: Anstatt eines erneuten objektiven Durchprüfens wird der anstellende Partner nur noch seine Entscheidung zur Anstellung zusätzlich untermauern wollen. Referenzen können gründlich vor Interviews, nach Interviews und nach der Anstellung eingeholt werden. Referenzen vor Interviews

sind dann nützlich wenn sie darauf beschränkt werden, die vorausgegangenen Bildungswege und Anstellungen des Kandidaten zu verifizieren. Sie sollten mit großer Diskretion durchgeführt werden beim gegenwärtigen Arbeitgeber nur mit der Erlaubnis des Kandidaten. Dabei gilt auch, daß Fragen, die während des Interviews nicht gestellt werden können bzw. dürfen natürlich nicht hintenherum über Referenzeinholung oder andere Kontakte erlaubt sind. In bestimmten Fällen kann es auch interessant sein, den gegenwärtigen direkten Vorgesetzten nach Erlaubnis des Kandidaten direkt zu befragen. Rickard geht sogar so weit zu sagen, daß Referenzen bei direkten oder ehemaligen Vorgesetzten eingeholt werden müßten. Wenn man es nicht täte, sei es eine Einladung zu späteren Problemen. Ein assessment der Ergebnisse und seiner Arbeitsweise des Kandidaten ist wichtig. Es gilt immer noch als Axiom in der Personalarbeit, daß die früheren Erfolge und Mißerfolge die besten voraussagbaren Faktoren für zukünftige Erfolge sind.
Während des Interviews selbst sollten alle Kandidaten gleichermaßen mit Respekt, Herzlichkeit und offener Direktheit behandelt werden. Persönliche Fragen, die nicht zur Position gehören, sollten nicht dazu führen, daß das Interview in einer Art Debatte oder in einer Art versandender Konversation endet. Generell/über den Daumen gepeilt gilt folgender Spruch: Frage nie eine Frau eine Frage, die du einem Mann nicht gestellt haben würdest, und umgekehrt natürlich auch. Und schließlich kommt es noch auf den Abschlußprozeß an. Abgesehen von einer Anstellung nun an einsetzenden mündlichen und schriftlichen Kommunikationsfluß per Telefon, per kurzen Anschreiben, per Vertragsunterlagen sollte eine volle Dokumentation der Grundlage für die endgültige Entscheidung gemacht werden. Bevor der Auswahlprozeß abgeschlossen ist, sollten Abschlußnotizen in den Akten angelegt werden, die die Begründung für die Aussiebung der restlichen Kandidaten der short list enthalten. Eine geschriebene Zusammenfassung sollte ebenfalls einen knappen Bericht über den Selektionsprozeß enthalten, die Zusammensetzung des suchenden Komitees, der Bewerber und die speziellen Schritte, die unternommen wurden, um die Bewerber an das Unternehmen heranzuführen.

6. Einsatz von Persönlichkeitstest

In einem Aufsatz von Helmut Kasper von der Wirtschaftsuniversität Wien im Harvard Manager vom Januar 1982 wird festgestellt, daß natürlich eigenschaftszentrierte Persönlichkeitstests eine gute Methode der Führungskräfteauswahl seien, und das schon aus einem Grund: selbst wenn sie noch so konstruiert sind, sie sind objektive Bewertungsschemen, als Rahmen oder Richtlinien dazu geeignet, Personalentscheidungen der subjektiven Welt des betreffenden Personalmanagers zumindest ein wenig zu entziehen. Diese Führungstests werden vor allem im Hinblick auf Eignung und Auslese dazu benutzt

1. einen einheitlichen und im speziellen Unternehmen allgemein gültigen Rahmen zur Beschreibung der Führungspersönlichkeit zu finden;
2. eine Bewertung durch statistische Methodologie im Gesamtrahmen des Unternehmens zu erstellen und
3. sind sie der Versuch, die Ursachen unterschiedlicher individueller Qualifikationen für zukünftige Projekte festzustellen.

In der empirisch orientierten Persönlichkeitspsychologie spielen die von Psychologen erstellten psychometrischen Fragebögen eine große Rolle. Diese psychometrischen Fragebögen erfassen die Testperson durch verschiedene Grundeigenschaften, wobei, so Kasper »mittels einer dimensionalen Erhebung nicht nur versucht wird, die Persönlichkeit und ihr Verhalten abzubilden, sondern über eine reine Beschreibung durch Tests hinaus aus Prognosen darüber zu treffen, wie sich getestete Individuen in Zukunft verhalten werden. Die Auslese von potentiellen Führungskräften kommt bei dieser Methode folgendermaßen zustande: Eine ausreichend große Stichprobe von 200 bis 300 Personen, die alle als erfolgreiche Führungskräfte gelten, wurden auf ihr Persönlichkeitsprofil hin getestet. Man ermittelte das Durchschnittsprofil, das nun als Anforderungsprofil für Stellenbewerber gilt, da dieses ideale Durchschnittsprofil nun als Maßstab für eine zum erfolgreichen Führen notwendige Merkmalskombination angesehen wird. Je ähnlicher das Persönlichkeitsprofil der betreffenden Person den spezifischen Anforderungsprofil, desto höher wird ihre Eignung eingestuft.

Im Prinzip werden Eigenschaften des »potentiellen (Nicht-)Führers« dem idealen Eigenschaftsprofil angepaßt.« Kasper bemerkt dazu kritisch (Seite 20) »Diese behauptete Möglichkeit der Erstellung von zuverlässigen Prognosen aufgrund von Tests kommt den Wünschen von Entscheidungsbefugten innerhalb einer Organisation ebenso entgegen wie externen Personalberatungsunternehmen, die auf Auswahl und Eignung von Personen spezialisiert sind und davon ausgehen, Verhaltensweisen fremder Personen möglichst genau zu kennen, vorherzusehen und somit berechenbar zu machen. Durch eine kalkulierbare Personalauslese bleibt den Personalmanagern die Illusion, daß bestehende Organisations- und Beziehungsmuster nicht gefährdet werden und aufgrund statistischer Personalauswahl die Aufrechterhaltung der bestehenden Strukturen gewährleistet bleibt.«

Kasper merkt nun dazu kritisch an, daß in den sozialwissenschaftlichen Bereichen in den letzten Jahren eine Abkehr vom Konzept zeitlich und situativ stabiler Persönlichkeitszüge feststellbar ist. Dagegen gehen psychometrische Testverfahren immer noch davon aus, daß Individuen aus einem statischen Eigenschaftsgefüge bestehen, das sich auch in Zukunft nicht wesentlich verändern wird. »Die Wechselwirkung zwischen Psychostruktur und Sozialsituation wird ebenso vernachlässigt wie die Möglichkeit einer Änderung von Psychostrukturen der Organisationsmitglieder durch organisatorisches Geschehen ...Die Persönlichkeit ist ...nicht als statisches Produkt feststehender Eigenschaften, sondern als Realisierung eines dynamischen Prozesses aufzufassen.«

Dies deckt sich im übrigen mit der Beobachtung von Wissenschaftlern und Praktikern auf dem Gebiet der Führungsentwicklung, die die prozessuale Betonung der Unternehmensführung durch zahlreiche Fälle belegen können, in denen spezielle Situationen auch spezielles Verhalten gefördert haben. Kasper (S. 21) »Tests erheben den Anspruch, durch gewonnene Daten einen hinreichenden Ausschnitt der jeweiligen Wirklichkeit eines jeweiligen Individuums darstellen zu können und damit eine gültige Vorhersage über das zukünftige Verhalten dieser Person in einer definierten Situation zu gewährleisten. Da aber zum Zeitpunkt der Testanwendung die psychologische Struktur der Situation durch psycho-physiologische Zustände wie Stress, Reaktivität, Ermüdung und dynamische Faktoren wie Motivation, Bedürfnisse, Interessen und spezifische Daten der Situation wie Ort, Tageszeit oder Präsenz anderer Personen gekennzeichnet ist, kann das spezifische individuelle Verhalten einer Person in einer künftigen Situation kaum prognostiziert werden. Durch die Behauptung, zukünftiges Verhalten vorhersagen zu können, werden die für die Personalentscheidung Verantwortlichen in Sicherheit gewiegt, das Verhalten der Auserwählten sei absehbar und damit prognostizierbar. Wenn psychometrische Verfahren zur Personaldiagnose verwendet werden, so muß zumindest darüber aufgeklärt werden, wo die Grenzen der Aussagefähigkeit liegen.«

Schwerwiegende Enttäuschungen erleben gläubige Unternehmensorganisationen in Krisensituationen, wenn sich z. B. herausstellt, daß der von ihnen als Krisenmanager vermutete Führungspositionsinhaber gar nicht dazu in der Lage ist, diese Situation zu meistern. Erfahrene Personalberater verwenden deswegen Tests auch nur sehr vorsichtig und zur Abrundung einer durch Einstellungsgespräche und vielfältige Formen der Zweiwegkommunikation erzielte Beurteilung. Hinzu kommt, worauf Kapser ebenfalls hinweist, daß viele Organisationen, die/in vielen Organisation, die für Personalfragen Zuständigen, aber auch ihre Vorgesetzten oft selbst nicht wissen, wen sie eigentlich suchen, denn die Arbeitsplatzanforderungen hinsichtlich ergebnisorientierter Tätigkeiten sind oft sehr allgemein und als Werturteile formuliert. Mehr und mehr geht man auch im Stellenteil bei der Suche dazu über, eine nicht allzu hart umgrenzte Stellenbeschreibung zu geben, weil nämlich die zu besetzende Position eine Vielzahl von Fähigkeiten erfordert, die nicht durch Allgemeinplätze oder Schlagwörter ausgedrückt werden können.

Es wird von vielen Personalberatern mit psychologischen Tests gearbeitet, deren Stellenwert für die Beurteilung einer Fach- oder Führungskraft zum Teil erheblich bestritten wird. Sicher geben solche Tests eine Abrundung eines Eindruckes, den der Interviewer aufgrund der vorliegenden Unterlagen und seines Gespräches von einem Bewerber gewonnen hat. Eine Überbewertung von Tests sollte tunlichst unterbleiben und ein Test lediglich als ein ergänzendes Mittel bei der Personalbeurteilung herangezogen werden. Als zusätzliches Hilfsmittel kann eine vorliegende Testauswertung beim Interview zur besseren Beurteilung des Bewerbers führen. Auf Testergebnisse soll man nicht blind vertrauen. Anwender von Tests müssen über die Möglichkeiten und die Grenzen des jeweils ange-

wandten Verfahrens genau informiert und vor allem geschult sein. Dies setzt eine gründliche Ausbildung über das angewandte Verfahren voraus und verlangt vom Anwender, sich die notwendige Distanz zu seinem Hilfsmittel zu bewahren. Wo diese Voraussetzungen nicht vorhanden sind, sollte auf die Anwendung eines Testverfahrens verzichtet werden. Abzulehnen sind Verfahren, bei denen dem Bewerber vor dem Interview durch die Sekretärin ein Testbogen in die Hand gedrückt wird, und er mit sich allein gelassen versucht, mit seinen Antwort-Entscheidungen den in ihn gesetzten Anforderungen gerecht zu werden. Dem Bewerber wird im Verlaufe des folgenden Gespräches nicht Aufbau, Sinn und Ergebnis des Tests erläutert oder lediglich ein Ergebnisbogen in die Hand gedrückt, der ihm selber alle Interpretationsmöglichkeiten offenläßt. Es passiert häufiger, daß Bewerber schon mit ihrer schriftlichen Bewerbung auch Testbogen früherer Bewerbergespräche mit einreichen oder, noch schlimmer, die Computerergebnisse von jährlich durchgeführten Selbsterkennungsverfahren eines deutschen Wirtschaftsmagazins.
Von beiden beteiligten Parteien, den Personalberatern wie ihren Bewerbern muß berücksichtigt werden, daß psychologische Tests nur in Verbindung mit Interviews zur Anwendung kommen. Dabei kann der Test am Ende oder auch am Anfang eines Interviews stehen, aber nicht ohne eine ausreichende Einweisung. Der Bewerber soll darauf bestehen, daß die Ergebnisse ihm nicht nur mitgeteilt, sondern auch interpretiert werden. Bei dieser Interpretation wird der erfahrene Personalberater die vorliegenden Ergebnisse durch seinen persönlichen Eindruck und Kenntnis des zukünftigen Arbeitsplatzes relativieren können. Susanne von Paczensky hat einige der hauptsächlich im Beratungsbereich angewandten Testverfahren in ihrem Buch »Der Testknacker« (rororo Buch) veröffentlicht und auf die Klippen in diesen Tests hingewiesen. Den Probanden muß man ins Bewußtsein rufen, daß es bei allen Tests um Eignungs-, Persönlichkeits- und Verhaltensfragen geht, die in ihrer Umsetzung zu Aussagen darüber führen, wie er als Führungskraft seinen Aufgaben gerecht werden kann, mit welchem persönlichen Einsatz er seinen Aufgaben nachkommt, wie weit seine Loyalität und Konfliktbereitschaft geht, wie seine Arbeitsausführung vermutlich aussehen kann und wie er sich in dem sozialen Spannungsfeld Unternehmen – Mitarbeiter verhalten wird.

Beschränkt man die praktische Aussagekraft von psychologischen Tests auf die Hilfestellung, die eben ein Vergleich zur jeweiligen Stichprobe gibt, dann ist er zu bejahen. Verbessert werden kann die Wirkung eines solchen Verfahrens, wenn im suchenden Unternehmen eine positionsbezogene Stichprobe erstellt wurde, die dann als Vergleichswert für die Bewerber herangezogen werden kann. Die meisten angewandten Testverfahren helfen mit ihrer Analyse, die Kombinationsfähigkeit, Merkfähigkeit, sprachliches Denkvermögen, Konzentrationsfähigkeit, Dominanz, Extraversion und emotionales Verhalten, Leistungs- wie Persönlichkeitsmerkmale zu erforschen, ohne aber dabei eine qualifizierende Aussage hinsichtlich der zu besetzenden Position zu machen und ohne eine genaue Aussage, welche der erfaßten Merkmale nun gerade für die in Frage stehende Position von Bedeutung sind. Es gibt bis heute kaum Verfahren, die den hohen Anforderungen an die theoretische Aussage und Güte eines Testes entsprechen und gleichzeitig den direkten Bezug zur Arbeitswelt, insbesondere in den Führungsebenen, verbinden. Meßfehler müssen berücksichtigt werden und relativieren damit die erzielten Ergebnisse.

Insbesondere im Außendienstbereich unterwirft man zukünftige Mitarbeiter gerne Testverfahren, die zum großen Teil feststellen sollen, ob die verkäuferische Eignung gegeben ist. Dies läßt sich wesentlich einfacher durch gezielte Informationen über die fachliche Entwicklung in einem beruflichen Bereich eines Bewerbers analysieren, woraus Rückschlüsse über seine berufliche Qualifikation und mögliche Bewährung angestellt werden können. Sind bisher ausgeübte berufliche Tätigkeiten und zukünftige berufliche Anforderungen deckungsgleich, dann ist die Sicherheit bei der zu treffenden Entscheidung und der erfolgreiche Abschluß einer Bewerbungsaktion im hohen Grade wahrscheinlich. Bei berufsspezifisch unerfahrenen Bewerbern oder Berufsanfängern kann lediglich ein Test die erwartete Hilfestellung liefern.

Der Einsatz graphologischer Gutachten bei der Bewerberauswahl, teilweise schon im Vorstadium der Auswahl, bildet für viele Führungskräfte heute noch immer einen gewichtigen Entscheidungsfaktor. Über den Einsatz dieser Gutachten gibt es geteilte Meinungen. Verfolgt man die Stellenanzeigen und sucht in diesen die Auffordungen, der Bewerbung eine Handschriftprobe beizufügen oder die Be-

werbung handschriftlich vorzunehmen, dann dürften für diesen Bereich des Stellenmarktes nicht mehr als 20% der Unternehmen diese Entscheidungshilfe einsetzen.
Im Sommer 1981 führte das Institut für Marktforschung der Fachhochschule für Wirtschaft Pforzheim unter der Leitung von Prof. Georg F. Distler eine Umfrage durch, die in einer Abschlußarbeit »Untersuchung über den Einsatz graphologischer Gutachten bei der Bewerberauswahl« ihren Niederschlag fand. Prof. Distler, selber Diplompsychologe, stellt in seinem Begleitschreiben an die Interessenten der Graphologie-Umfrage folgendes fest: »Graphologische Gutachten bei der Bewerberauswahl werden wahrscheinlich wesentlich seltener erstellt, als man aufgrund mancher Publikationen erwarten könnte. Definitive Aussagen darüber können allerdings erst dann gemacht werden, wenn die Ergebnisse einer Kontrollstichprobe vorliegen, d.h. von Stelleninserenten, welche in ihren Inseraten kein Handschreiben verlangen.

- Graphologische Gutachten werden kaum für die Vorauswahl, sondern erst in den letzten Phasen des Entscheidungsprozesses herangezogen.
- Sie werden für Stellenbesetzungen im Bereich des Topmanagements wesentlich häufiger als für mittlere Positionen eingesetzt.
- Sie werden – das entspricht dem Selbstverständnis der heutigen Graphologie – in der Regel nicht isoliert, sondern nur zusammen mit anderen Informationen über den Bewerber herangezogen«

In dieser Untersuchung von Obermeier analysierte man 9922 Stellenanzeigen eines Jahrgangs in einem Medium und stellte fest, daß lediglich 9,07% der Anzeigen konkrete Aussagen über ein Handschreiben enthielten. Legt man diese Zahl zugrunde und berücksichtigt eine entsprechende Dunkelziffer, dann dürften die oben angesprochenen 20% der Stellenausschreiber, die Wert auf eine handschriftliche Darstellung legen, schon großzügig bemessen sein. Es ist zudem zu bedenken, daß bei dieser Untersuchung das gesamte Spektrum der Fachzeitschriften unberücksichtigt blieb und somit unter Umständen Bereiche vernachlässigt wurden, die mehrheitlich den Einsatz graphologischer Untersuchungen verlangen könnten.
In der Analyse der Funktionsbereiche, bei denen Schriftproben verlangt werden, liegt der Bereich Personalabteilung/Sekretariat an der Spitze, gefolgt von den Funktionen des Rechnungswesens. Überra-

schend ist auch der aus der Arbeit zu gewinnende Eindruck, daß viele Unternehmen zwar eine Beurteilung der Handschrift vornehmen, und zwar einen Gesamteindruck (ca. 30,5%), und die restlichen Unternehmen lediglich ein graphologisches Gutachten erstellen lassen. Diese graphologischen Gutachten werden zum allergrößten Teil von Fachleuten mit einer entsprechenden wissenschaftlichen Ausbildung erstellt.

Die wenigsten Unternehmen lassen mehrere Gutachten über den gleichen Bewerber erstellen. Interessant ist die Feststellung, daß zwei Drittel der Unternehmen, die graphologische Gutachten zu ihrer Entscheidungsfindung heranziehen, über gute bis sehr gute Erfahrungen berichten.

Die in graphologischen Gutachten untersuchten Eigenschaften der Bewerber stellen sich nach dieser Analyse so dar, daß an erster Stelle Zuverlässigkeit steht, gefolgt von Belastbarkeit, psychischer Stabilität und Kontaktfähigkeit der untersuchten Personen. Diese Liste wird fortgesetzt von der Konfliktanfälligkeit, Kreativität, Intelligenz, Anpassungsgabe und Selbstwertgefühl.

Die Abschlußarbeit von Obermeier bestätigt die Erfahrung, daß graphologische Gutachten nicht im Vordergrund eines Beurteilungsverfahrens stehen und bei der Vorauswahl nur eine geringe Rolle spielen. Es verstärkt sich der Eindruck, daß diese graphologischen Gutachten als ein Bestandteil im Rahmen einer Gesamtbetrachtung der Persönlichkeit und ihrer beruflichen Erfahrung zu sehen sind. Das persönliche Gespräch (Interview) steht mit Abstand an der Spitze der Beurteilungskriterien. Gefolgt wird es bei dieser Untersuchung durch die einschlägige Berufserfahrung und die Analyse der vorliegenden Arbeitszeugnisse. Erst an vierter Stelle folgt das graphologische Gutachten, gefolgt von Referenzen, Arbeitsproben und schließlich an siebter Stelle dem psychologischen Test.

In ihrer Zusammenfassung stellt Obermeier fest, »ein weiterer Grund für die Zufriedenheit der Auftraggeber liegt darin, daß sie sich über die Grenzen der Aussagefähigkeit der Gutachten im klaren sind, und das Gutachten sehr gezielt einsetzen. Es wird vor allem gegen Ende des Entscheidungsprozesses zur Hilfe genommen und steht hier als ein Beurteilungsinstrument neben mehreren anderen. Unter diesen wird dem persönlichen Gespräch der höchste Stellen-

wert eingeräumt. Das graphologische Gutachten belegt einen Mittelplatz.«
Man kennt auch andere Beurteilungskriterien, die für ihre Anwender einen nicht zu unterschätzenden Stellenwert haben. Gemeint ist der Blick auf das Geburtsdatum und das sich daraus ableitende Sternzeichen. In Unternehmensbereichen, denen sternzeichengläubige Führungskräfte vorstehen, werden manche Personalentscheidungen so getroffen, daß die Bewerber-Sternzeichen mit den Sternzeichen des oder der zukünftigen Vorgesetzten harmoniefähig sind. Den Sternzeichen zugesprochene Eigenschaften positiver wie negativer Art werden im Hinblick auf die zu bewältigende Aufgabe gewichtet und als ein Kriterium mit in die Entscheidung einbezogen – in manchem Fall sicher als das entscheidende Kriterium.
Derartige Kriterien sollten nicht im Vorfeld einer Personalentscheidung zu stark berücksichtigt werden. Wenn sie im Rahmen einer Gesamtbetrachtung eines Bewerbers insgeheim mit berücksichtigt werden, kann man nichts dagegen unternehmen. Anwender dieser Selektionsverfahren sollten dazu bereit sein, genügend Abstand zu ihren gern genutzten Kriterien zu bewahren und deren Validität in Zweifel zu ziehen.

7. Assessment Center

Stärken und Schwächen des Assessment sind inzwischen in der Literatur genügend beschrieben worden, allerdings ohne daß endgültige wissenschaftliche Untersuchungen vorliegen.
Den Autoren scheinen einige Beobachtungen besonders wichtig, die Donald H. Brush und Lyle F. Schoenfeld gemacht haben.
Eine der wenigen innovativen Durchbrüche, um Führungspotentiale zu identifizieren und weiterzuentwickeln, ist die Methode des assessment center. Aber so neu ist diese Methode auch nicht mehr. Man hat fast das Gefühl, daß immer wieder findige Manager und Trainingskreative in alten zeitgeschichtlichen Unterlagen nachschauen, was es denn da schon gegeben habe, damit man es unter neuem Namen neu auflegen kann. So entwickelte sich z. B. fast nahezu die gesamte Managementlehre aus Anfangsgründen, die meistens in der Großorganisation Armee lagen. Ähnlich ist es auch mit der assessment center Methode. Sie wurde zuerst dazu benutzt, um

Kandidaten für Guerillakriegsführung unter der Aufsicht des Office of Strategic Services (OSS) während des 2. Weltkriegs zu trainieren. Es waren hochspezialisierte Kampfeinheiten für irreguläre Kriegsführung.

Es gibt einige entscheidende Unterschiede zwischen den im AC genutzten Methoden und Techniken und der mehrtraditionellen assessment-Methodologie. Diese Unterschiede enthalten unter anderem nach Brush und Schoenfeld 1. die Benutzung von vieldeutig ausgedachten Situationen, z. B. Business-Simulationsspiele, um das Verhalten zu beobachten. 2. Die Anwesenheit verschiedener trainierter »Assessoren«, die ihre Bewertungen, anhand einer Vielzahl spezifischer Dimensionen zusammen einbringen, etwa über die Fähigkeit des im assessment center sitzenden Kandidaten für Führungsfähigkeiten, Risikobereitschaft und Verwaltungsfähigkeit. 3. Die Evaluierung verschiedener (gewöhnlich 6) angestellter Mitarbeiter zum gleichen Zeitpunkt und 4. extensive Rückkoppelung in schriftlicher oder mündlicher Form entweder zu den Kandidaten, dem Management oder beiden. Obwohl die Acs einen Gewinn bei der Identifizierung von Managertalent gebracht haben, ist dieser Versuch immer noch eine sehr isolierte Anschauungsweise des Bewertungs-Prozesses. Das heißt, der Kandidat, oder besser die 6 Kandidaten werden aus ihrer Arbeit herausgerissen und nehmen in einem Sonderseminar in Situationen und simulierten Erfahrungen teil, die sich von denen ihrer Alltagsarbeit im Umfeld sehr stark unterscheiden.

Die genannten Autoren sehen folgende Stärken des AC:

1. Das sog. Assessor-Training. Ein typisches AC hat ein Verhältnis von 2 zu 1 von Kandidaten und Beobachtern, (abgesehen vom administrativen Staff) oder anders ausgedrückt, 3 Beobachter für 6 Kandidaten. Natürlich können auch Mitarbeiter der Personalabteilung als ständige Beobachter trainiert werden, aber viele Unternehmen haben diese Funktion dem Personalbereich weggenommen und sie in die Verantwortung der Linienmanager gelegt, wohl auch aus dem Gefühl heraus, es enger an die Orte anzubinden, wo im Unternehmen die Entscheidungen später auch für die Kandidaten und von den Kandidaten gefällt werden. Das hat dann auch einen positiven Effekt gehabt, nicht nur eine direkte Dienstleistung für die Organisation, sondern die als Beobachter ausgewählten Manager haben selber sehr

oft am meisten davon gelernt. Wenn sie durch die Rolle des Assessors gingen, hatten sie die Gelegenheit, Fähigkeiten wie Beobachtungsverhalten, Entscheidungsverhalten, Geben und Nehmen von Feedback zu trainieren. Dadurch haben sie oft ihre eigene Fähigkeit in der Behandlung von Personalfragen (z. B. Beurteilung) und Verwaltungs- und Planungsverantwortlichkeiten verbessern können. Aber das ist ja wohl vom Gedanken des ACs her nur ein willkommener Nebeneffekt.
2. Die Verläßlichkeit der AC-Ergebnisse ist genauso gut, wenn nicht durch den Gruppenansatz sogar besser als traditionelle Testprozeduren.
3. Karriereentwicklung. Die Rückkoppelung zum Kandidaten in einer Form effektiven Karriereentwicklungsberatens ist ebenfalls ein wichtiger Nebeneffekt des AC-Prozesses, vor allem in stark wachsenden Unternehmen.

Es bleiben aber einige Fragen offen.
1. Technische Fragen.
Die Frage ist, was wirklich durch den AC-Prozeß gemessen wird. Es kann sehr leicht passieren, daß die Assessoren und die anderen Beteiligten nicht so sehr eine objektive Bewertung beobachteter Vorstellung machen, sondern in den Halo-Effekt ihres eigenen Vertrautseins mit den Präferenzen des Management verfallen. Hier kann eine, wie es die Autoren nennen, »Kriterien-Verseuchung« entstehen, in denen die Assessoren zu sehr kostspieligen Bedingungen Entscheidungen duplizieren, die bereits durch existierende Verfahren gegangen sind. An dieser Stelle ist es wichtig für den externen Unternehmensberater bzw. auch für den Personalberater, auf seine Fähigkeiten aufmerksam zu machen und dem Topmanagement des Klienten klarzumachen, daß es, wenn es nicht noch eine zusätzliche Ausbildung in den psychologischen Fähigkeiten mitmachen will, die Arbeit eines hochqualifizierten Sachbearbeiters oder Projektmanagers besser aus seinem eigenen Zeitbudget herausnehmen und damit wertvolle Zeit gewinnen könnte. Dr. Gorham geht sogar so weit zu sagen, daß Inhalts-Genauigkeit die einzige praktische Verteidigung von ACs liefert. Das Hauptproblem wird aber auch bei einer inhaltlichen Richtigkeit das Problem der Abwesenheit der Beziehung zum Job zwischen den Übungen bleiben.

2. Operationelle Probleme. Natürlich gibt es auch Probleme mit jedem anderen Beurteilungssystem. Einige dieser Probleme sind aber dem AC vorbehalten, z. B.:

1. Kosten. Verhaltenswissenschaftler, die ihr Glück in der Industrie versuchten, haben in der Vergangenheit nicht nur mit mangelnder Arbeitsplatzverbundenheit zu kämpfen gehabt, sondern sie müssen gerade was das AC angeht, sehr sensitiv für eine Kosten-Nutzen-Analyse werden. Es liegen Untersuchungen vor, daß gegenüber den sonst herkömmlichen traditionellen Testmethoden, vor allem denen mit Papier und Bleistift bzw. auch Formblättern ACs um das 7 bis 8fache und mehr noch kosten können.

2. Das Coachen. Wenn nach einem AC-Durchgang in einem Unternehmen ein ehemaliger Teilnehmer beginnt, neue Teilnehmer einzuweisen in die Abläufe und Übungen während des ACs, dann werden alle zukünftigen AC-Resultate nicht mehr mit denen der Vorgänger richtig zu vergleichen und zu bewerten sein. Es werden sich unkontrollierbare Fehlerdaten bei der Beurteilung der Kandidaten einschleichen.

3. Die Heterogenität von Kandidaten. Dieses Problem tritt auf, wenn die AC-Kandidaten nicht in einer hierarchischen Ebene beheimatet sind, sondern durch hierarchische Ebenen quer hindurch genommen werden.

4. Noch einmal die Arbeitsplatzbezogenheit. Es werden im AC experimentelle Übungen und Spiele benutzt sowie Gruppendiskussionen ohne Leiter, Interviews in Form von Rollenspielen und Postkorbtests, um das Verhalten herauszubekommen, auf das hin die assessments angesetzt sind. Sollten dazu sog. »Konserven« genommen werden, nämlich Spiele, Übungen, die von anderen Unternehmen übernommen wurden oder die von Außenstehenden entwickelt wurden, ohne sie in die spezielle Arbeitswelt des Klienten einzubauen, dann kann zusammen mit den unter 3. geschilderten Verfälschungen ein zwar nicht sinnloses aber sehr kostspieliges und zeitraubendes Abenteuer entstehen, das im Ergebnis gar nicht mehr einem verläßlichen assessment entspricht.

Brush und Schoenfeldt setzen dem das entgegen, was sie eine alternative Strategie nennen. Diese integrierte Beurteilungsstrategie unterscheidet sich vom assessment center nicht so sehr in der Trainingsphase wie in der Auswertungsphase, denn ein wirklicher Vorteil der AC-Methoden ist das Training der Beobachter. Die Autoren sagen mit Recht, warum sollen Mitarbeiter eine Woche lang von ihrer Arbeit weggenommen werden, um sie durch künstliche Experimente zu schicken, die sie von dem entfernen, was sie normalerweise tun. Die beiden Autoren gehen einfach davon aus, daß die vielen Daten in einem Unternehmen, wenn sie richtig gesammelt und interpretiert werden, einen Prozeß der internen Auswahl und Promotion, die Identifizierung potentieller Manager und eine Mitarbeiterentwicklung ermöglichen würden, ohne daß dazu Konservendosen und riesiger Zeitaufwand benutzt werden müßten. Dem externen Berater wird von den Firmen schließlich oft genug als wichtigstes Ziel genannt, daß die erhaltenen Daten sinnvoll integriert werden sollten in die normalen Organisationsaktivitäten.

Die Daten werden vom Klienten so gewünscht, daß sie 1. auf der Darstellung des Erfolges in den laufenden und vorweggenommenen Arbeitsplatzelementen beruhen, die ein effektives Managementverhalten und Potential zeigt,

2. daß sie auf einer ständigen Basis gesammelt werden können und

3. daß sie die dynamische Natur der Positioen und der Karriere reflektieren und nicht allein auf einem einmaligen Schnellschuß-AC beruhen. Deswegen gehen diese Berater in einem 4-Schritte-Training vor.

1. Job analysis, die kritischen Aufgaben und die Fähigkeiten, die für jede Managementposition benötigt werden, werden festgehalten durch strukturierte Interviews mit einem noch ausführlicheren Job-Fragebogen.

2. Durch das Training der Assessoren, der Beobachter, in Job-analysis, in dem Aufbau von Beobachtungs- und Bewertungsverhalten und darin, den Mitarbeitern Feedback zu geben.

3. Die Vorgehensweise konzentriert sich auf die erhaltene Information von den Managern auf einer fortlaufenden auf einer regulierenden Grundlage. (Siehe dazu auch die Abbildung, in der einige der Dimensionen des Managerberufes beurteilt werden und Ansätze vergleicht, die in der integrierten Beurteilungsmethode mit dem AC exercise gemeinsam oder unterschiedlich sind.)

4. Die Einführung. Die Einführung kann dadurch geschehen, daß z. B. Manager sich jährlich mit ihren Mitarbeitern, Kollegen und Vorgesetzten treffen, um ihre Positionen und die Dimensionen, in

denen sie bewertet werden, zu diskutieren. Das kann etwas weicher aber auch härter anhand von ganz konkreten Meßgrößen oder bis hin zu Zielvorgaben durch das Unternehmen geschehen. Es wurden einfache Formen entwickelt, um die Führungsdimensionen in der Vielzahl der Unternehmensaktivitäten sowie Budget Präsentationen, Arbeitsübersichten und geschriebenen Berichten darzustellen. Alle Vierteljahre ist jeder Manager gehalten, seine performance ratings von seinem oder ihrem Vorgesetzten und in vielen Fällen auch von ausgewählten Kollegen, Mitarbeitern und externen Gruppen und Beratern zu erhalten.

Diese Bewertungen können dann auch in eine sog. human resources data bank gelegt werden, die einen ständigen Rückblick bei Bedarf ermöglicht. Bei zukünftigen Positionsprojekten sind sie eine wichtige Hilfe unter anderem auch dadurch, daß

1. das Verhalten der Mitarbeiter beobachtet, festgehalten und ausgewertet werden kann.
2. Zahlreiche Möglichkeiten der Anschaulichkeit sind berücksichtigt, und das Erscheinungsbild ist über eine lange Zeitperiode gesammelt und nicht nur in einem 2–7tägigen AC-Prozeß als Schnellschuß zusammengetragen mit den Schwierigkeiten, die wir vorhin schon geschildert haben.
3. Viele Facetten der Position werden ausgewertet und
4. Entscheidungen erhalten eine doppelte Kontrolle durch zusammenlaufende Informationslinien. Kritisch bleibt noch anzumerken, daß die Kosten sehr hoch sein können, aber nicht über die hinausgehen, Manager in AC zu trainieren oder sie in den eigenen Beurteilungsmethoden des Unternehmens zu trainieren. Und andererseits fallen Reise- und Vollpensionskosten völlig weg. In der Verläßlichkeit unterscheidet sich auch diese Methode nicht von den anderen bisher benutzten. Aber im Arbeitsplatzbezug ist sie deswegen vorzuziehen, weil die Beispiele, die in der integrierten Beurteilungsmethode benutzt werden, nicht für alle Teilnehmer standardisiert sind wie im AC-Prozeß, sondern auf die speziellen Gegebenheiten der Teilnehmer besser eingegangen werden kann. Und schließlich ist auch die Tatsache, daß das integrierte Beurteilungssystem im Arbeitsbereich selbst durchgeführt wird und dadurch weniger künstlich als im AC ist, die Bereitschaft des Mitarbeiters zur Benutzung der gesammelten Information wesentlich verstärken. Es bliebe

schließlich noch zu sagen, daß auch das integrierte Beurteilungssystem wie jedes andere System vom Topmanagement unterstützt und ständig beobachtet werden muß, wenn dazu noch vernünftige Sicherungen gegen Mißbrauch der Datenbank eingebaut werden, so daß ein System sich nicht als big brother-Bedrohung für den einzelnen entwickeln kann. Es wird dann bald so selbstverständlich in den Unternehmen sein wie jede andere Akte über einen Mitarbeiter.

Das Assessment center ist als ein Seminar im Rahmen eines Personalentwicklungsplanes anzusehen, bei dem durch verschiedenste Methoden der Auswahl das Führungspotential des Unternehmens gesichtet wird. Das Seminar kann im Sinne von Organisationsentwicklung als eine Mischung von Einzelinterviews, Gruppengesprächen, Plan- und Rollenspielen und Verhandlungssituationen angesehen werden, in denen die Fähigkeiten des Teilnehmers zur Selbstführung, vor allem aber im Umgang mit Kollegen und Mitarbeitern beobachtet werden.

Bei diesem Ausleseverfahren wird anhand von vorher von den Beobachtern erarbeiteten Kriterien erst zum Schluß des Seminars ein Persönlichkeitsprofil über Stärken und Schwächen der Teilnehmer im Sinne des Unternehmens erarbeitet. Kasper weist zu Recht darauf hin: »Diese Vorgehensweise enthält bei näherer Analyse qualitativ wenig Neues. Wohl aber ist zu bemerken, daß eine Gruppenbeobachtung durch eine Gruppe von Beobachtern natürlich eine subjektive Einfärbung durch einen einzelnen Beobachter vermeidet. Was aber nicht gewährleistet ist, ist eine tatsächliche objektive Bewertung der Anwesenden unter Hinzuziehung aller kritischen Fragen an den Einzeltest oder das Einzelinterview, denn es gibt ja auch die Gefahr des Gruppengeistes unter den Beobachtern. Selbst die Hinzuziehung eines Personalberaters oder mehrerer Personalberater garantiert nicht eine objektive Bewertung für die Betroffenen. Ein Erfolg des assessment centers auf mittelfristige oder langfristige Sicht wird weitgehend davon abhängen, ob zwei methodische Probleme geklärt werden.

1. Sind die simulierten Situationen tatsächlich vergleichbar mit späteren in der Praxis auftretenden Situationen? (Kaspar)

2. Verhalten sich die Teilnehmer im Seminar tatsächlich so, wie sie das später in einer Arbeitssituation auch tun würden, d. h. kann man vom Verhalten in der simulierten Situation auf späteres Verhalten im Berufsleben schließen?« (Kaspar)

Methode der integrierten Bewertung im Vergleich zu Assessment Centers

Zu bewertende Teile der Führungsaufgaben	Maßstäbe zur integrierten Bewertung	Entsprechende Übung im Assessment Center
Motivation (Arbeitsmotivation und Fähigkeit, andere zu motivieren)	Management-Präsentationen Produktivität der unter seiner Führung stehenden Einheit	Hintergrund-Interviews
Fachliche Kompetenz	Bestehende Organisationsmaßstäbe wie Patente, Veröffentlichungen, Preise	Keine
Fähigkeiten im Umgang mit anderen (Machtmodus, Verkaufsfähigkeiten, mündliche Kommunikation)	Management-Präsentationen Feedback in bezug auf die Leistung Beziehungen zu Kunden	Spiele Gruppendiskussionen ohne Leiter
Verwaltung	Einhaltung von Terminen bei Berichtsabgabe, Koordinierung von Arbeitsaktivitäten	Übungen Posteingangs-Spiele
Fähigkeit zu leiten und Entscheidungen zu fällen	Leistung in einem mit persönlichem Risiko verbundenen Umfeld	Übungen Posteingangskorb Gruppendiskussionen ohne Leiter Übungen zur Fehlerfindung
Aus- und Weiterbildung	Qualität der Berichte zur Leistung der Mitarbeiter Ermöglichung informeller Weiterbildungsmöglichkeiten für die Mitarbeiter	Hintergrund-Interviews

Quelle:
Donald H. Brush und Lyle F. Schoenfeldt, »Identifying Managerial Potential: An Alternative to Assessment Centers« in: Personnel, May-June 1980, S. 68–76

Assessment-Checkliste – Feedback zum Verhalten

Bemerkungen über: ____________________ Datum: ___________

Bewertung auf einer Skala von 0 (nie) bis 9 (immer)

Aufgabenfunktionen:

Initiative	1. Ist einfallsreich	_____
	2. Ist kreativ	_____
Suche nach Informationen	3. Ist aufgeschlossen gegenüber neuen Ideen	_____
	4. Regt andere zum Nachdenken an	_____
Weitergabe von Informationen	5. Trägt zur Diskussion bei	_____
	6. Berichtet anderen über wichtige persönliche Erfahrungen	_____
	7. Macht sachdienliche Bemerkungen	_____
Klarheit	8. Drückt Ideen klar und deutlich aus	_____
	9. Erkennt wichtige Punkte	_____
Ausführlichkeit	10. Äußert sich ausführlich zu anstehenden Themen	_____
Zusammenfassung	11. Erkennt Verantwortung als Lernender und Zuhörer	_____
	12. Hält mit der Diskussion Schritt	_____
Fragen zum Konsens	13. Stellt Gruppenentscheidungen in Frage	_____

Erhaltungsfunktionen:

Harmonie schaffen	1. Ist stabil und fühlt sich wohl	_____
	2. Bemüht sich um Abbau von Spannungen	_____
Kompromißbereitschaft	3. Ist aufgeschlossen	_____
	4. Kann vermitteln	_____
Wachsamkeit	5. Paß auf	_____
	6. Nützt Zeit gut	_____
Unterstützung	7. Zeigt Interesse am Thema	_____
	8. Läßt andere bereitwillig zu Ende reden	_____
	9. Unterstützt die Argumente anderer	_____
Diagnosefähigkeit	10. Läßt kritische Selbstanalyse spüren	_____
Setzen von Normen	11. Weiß über Aufgaben (Aufträge) Bescheid	_____
	12. Hat hohe Leistungsnormen	_____
Standardprüffragen	13. Stellt Gruppennormen in Frage	_____
	14. Stellt Gruppenprozesse in Frage	_____

Führungsfunktionen:

	1. Ergreift Führungsrolle	_____
	2. Läßt Selbstvertrauen spüren	_____
	3. Verfällt nicht in Abwehrhaltung	_____
	4. Drängt andere nicht in Abwehrhaltung	_____

Feedback-Checkliste

Bemerkungen über: ____________________ Datum: ____________

Beobachtetes Verhalten	Nie 1	2	3	4	Immer 5
1. Trägt zur Diskussion bei					
2. Zeigt Aufmerksamkeit					
3. Zeigt Interesse am Thema					
4. Identifiziert Probleme auf effektive Weise					
5. Löst identifizierte Probleme effektiv					
6. Ist effektiv in der Entscheidungsbildung					
7. Reagiert mit Feingefühl auf andere					
8. Zeigt gute Zuhörfähigkeit					
9. Ist ehrlich mit sich selbst und anderen					
10. Drückt Ideen klar aus					
11. Zeigt Objektivität					
12. Unterstützt andere					
13. Erkennt wichtige Punkte					
14. Zeigt kritische Selbstanalyse					
15. Ist sehr lernwillig					
16. Sorgt dafür, daß auch andere lernen					
17. Hält Schritt mit der Diskussion					
18. Regt andere zum Nachdenken an					
19. Ist aufgeschlossen					
20. Ist empfänglich für neue Ideen					
21. Hat Informationen					
22. Ist kreativ					
23. Projekte u. Aufgaben werden prombt erledigt					
24. Hat eine effiziente Zeiteinteilung					
25. Hat hohe Leistungsmaßstäbe					

Mc.Gill, OD For Operating Managers, Übersetzung IfMS, 1979

An der sozialen Eingebundenheit von Führung wird der fähige Personalberater nicht vorbeigehen können. Er wird sich darüber im klaren sein, daß seine gesamten Bemühungen wie in einem Film nur Ausschnitte und Einstellungen wiedergeben können, die in ihrer Häufung eine relative Aussagekraft für eine Entscheidung haben werden. Es darf also nicht länger um ständige Reproduktionen im Führungswissen gehen, sondern eine Neubesinnung in Richtung Innovation und Kreativität durch ständigen Lernprozeß und Lernpraxis des lebenslangen Lernens auch für Manager ist notwendig. Insofern kommen den Fragen der Personalberater nach gehabten selbstgesteuerten Aus- und Weiterbildungsmaßnahmen und nach geplanten Weiterbildungsmaßnahmen auf lange Sicht beim Bewerber eine große Bedeutung zu. Eigenschaftszentrierte Persönlichkeitstest, Einstellungsgespräche und Assessment center können falsch verstanden zu einer Zementierung bestimmter Ansichten über das Persönlichkeitsbild einer bestimmten Person, zu einer Zementierung von Vorurteilen führen.

VIII. Die wechselseitige Beziehung zwischen Personalberater und Bewerber

1. Was erwartet die Personalberatung vom Bewerber

Die vom Personalberater gestaltete Stellenanzeige ist ein Angebot, ohne aber für den Bewerber entscheidende Aussagen zu tätigen, wie Firmenname, Standort, Rechtsform oder andere konkrete Angaben. Der Bewerber muß davon ausgehen, daß diese Angaben bewußt nicht gemacht werden, und hat sich entsprechend zu verhalten. Auch der Versuch, den Firmennamen über eine telefonische Vorabinformation zu erfahren oder den Personalberater zu Aussagen zu verleiten, die die Identität des Klienten offenlegen, sind in der Regel fruchtlos. Der Personalberater ist zur Vertraulichkeit beiden Seiten verpflichtet. Er zeigt auch Verständnis für die Situation des Bewerbers, der bei seiner schriftlichen Bewerbung nicht den Namen seines derzeitigen Arbeitgebers preisgibt.

Der Personalberater erwartet allerdings von jedem Bewerber, daß er die Stellenanzeige genau liest. Er stellt Anforderungen an die zu suchende Person, die meistens den Idealvorstellungen des Auftraggebers entsprechen. In diesen Punkten ist eine Flexibilität des Personalberaters bei seinen Auswahlkriterien durch den Bewerber zu berücksichtigen, und er sollte sich nicht durch zu eng gefaßte Anforderungsmerkmale von einer Bewerbung abhalten lassen. Wichtiger ist jedoch, daß er den formellen Anforderungen einer Stellenanzeige entspricht. Dies insbesondere bei solchen Anforderungen wie Foto, Handschriftprobe oder ähnliche Darstellungen, die nicht aus der Lust und Laune des Personalberaters geboren worden sind, sondern konkrete Anforderungen des Auftraggebers für die Vorgehensweise des Personalberaters. Zur Beurteilung einer Bewerbung gehört auch der Gehaltsrahmen, in dem ein Bewerber zum Zeitpunkt seiner Bewerbung liegt. Von Bewerbern eloquent formulierte Wendungen, die die Gehaltsfrage in die zweite Runde verlegen, führen vielfach zu unnützem Zeitaufwand und Kosten. Diese Auffassung wird zwar nicht von allen Personalberatern geteilt, für ein effektives Vorgehen

eines Personalprojektes erscheint uns die Angabe der erreichten Position und des derzeitigen Einkommens als unumgänglich. Allein aus dieser Darstellung ergibt sich doch für den Bewerber die Frage, ob die Bewerbung für die ausgeschriebene Position sinnvoll ist, und für den Berater der Hinweis, in wie weit sich seine Überlegungen bei der Ausschreibung der Position verwirklichen lassen. Dic vom Bewerber in den Vordergrund gestellte Frage nach der Höhe des möglichen Verdienstes läßt beim Personalberater die Vermutung aufkommen, daß des Bewerbers Interesse an der Position nicht zu groß ist, sondern er lediglich seinen Marktwert testen will. Ein Bewerber kann davon ausgehen, daß ein der Aufgabe angemessenes Gehalt entsprechend den Umfeldbedingungen zur Anwendung kommt.
Verblüffend ist für den Personalberater immer wieder Form und Inhalt der Bewerbungsschreiben von Führungskräften, die als leitende Angestellte die Geschicke ihres Unternehmens mitbestimmen. So entsteht leicht für den Personalberater aus mancher Bewerbung der Eindruck, als ob der Bewerber lediglich prüfen wolle, ob er noch für den Markt interessant ist bzw. was sein Marktwert ist. Die Bewerbung als Versuchsballon nach dem Motto: Klappt es, schön; klappt es nicht, auch gut! Mag als Grundeinstellung des Bewerbers ihn charakterisieren, ist jedoch wenig hilfreich für sein und seines Arbeitgebers Ansehen, denn der Berater schließt daraus auch auf die Arbeitsstellung und die Einstellung seines Unternehmens. Viele Bewerber wirken aufgrund ihres ungeschickten Verhaltens unseriös und unglaubwürdig. Ihre Vorstellungen differieren zum Teil um ein beträchtliches vom Marktwert und von den derzeitigen Bedingungen. Wer in diesen Fragen zu stark pokert, seine Vorstellungen dann aufgrund eines Gespräches sehr stark nach unten revidieren muß, verliert als Gesprächspartner seine Glaubwürdigkeit. Dies ist aber nicht im Sinne von allen beteiligten Parteien, denn es führt zur Verärgerung und zu Unsicherheit. Die Tätigkeit des Beraters ist auf eine vertrauliche Zusammenarbeit angelegt, die er gleichermaßen von seinem Auftraggeber, aber vielmehr auch von den Bewerbern erwarten muß. Selbstverständlich verkauft sich ein Bewerber und stellt seine Stärken in den Vordergrund. Es ist aber nicht von Nachteil, offen seine Schwächen einzugestehen, um damit eine Grundlage zu liefern, die die Umwandlung der Schwächen in ebenfalls Stärken ermöglicht.

Bewerber können davon ausgehen, daß durch die Vielzahl der Gespräche, die Personalberater führen, sie sehr wohl in der Lage sind, schnell Widersprüchlichkeiten aufzudecken und daraus entsprechende Rückschlüsse über den Bewerber zu ziehen.
Überzogene Gehaltssteigerungen durch einen Arbeitsplatzwechsel zu erreichen, werfen kein gutes Licht auf den Bewerber. Es empfiehlt sich, an Stelle eines Gehaltswunsches, das derzeitige Jahreseinkommen sowie die damit verbundenen Nebenleistungen anzugeben. Jeder Bewerber sollte wissen, was er wert ist, welche Wertigkeit seine Position auf dem Arbeitsmarkt besitzt und wie realistisch eine Fortentwicklung seiner Bezüge durch einen Wechsel sich gestalten kann.
Für die Planung des Personalberaters und des suchenden Unternehmens ist die Beantwortung der Frage nach dem Eintrittstermin bzw. der Kündigungszeit von großer Bedeutung. Die Angabe der vertraglichen Kündigungsfrist ist opportun, ein Hinweis darauf, ob beim derzeitigen Arbeitgeber Freistellung nach der ausgesprochenen Kündigung üblich ist, ist hilfreich. Das Verschweigen einer bereits ausgesprochenen Kündigung oder der Arbeitslosigkeit führt schon in der Anfangsphase einer Zusammenarbeit zur Verstimmung. Als Bewerber fühlt man sich nicht wohl, weil man weiß, daß diese Frage kommen wird, und der Personalberater wird Verständnis für die Situation zeigen, wenn sie 1. klar dargestellt ist und 2. auch ehrlich begründet wird. Streit mit einem höheren Vorgesetzten und folgenden Konsequenzen für den Untergebenen sagt apriori nichts über die Arbeitsqualitäten aus. Offenheit und Ehrlichkeit in dieser Frage sind hilfreicher, als der Versuch, durch Taktieren sich einen vermeintlichen Vorteil verschaffen zu wollen. Es zeigt zudem, daß der Bewerber diese psychologisch nicht einfache Situation für sich selber bewältigt hat und sie nicht mehr als Ballast und Belastung mit sich herumschleppt.
Zur Offenheit gehört auch das Eingeständnis von Schwächen. Wer im Interview auf eine diesbezügliche Frage meint, er habe keine Schwächen bei sich feststellen können, wird sicherlich ein Lächeln in den Gesichtszügen seines Gegenübers feststellen, denn allein dies Eingeständnis deutet schon auf ein recht unkritisches Verhältnis gegenüber sich selbst hin oder aber auf Angst, darüber zu sprechen. Der Bewerber sollte davon ausgehen, daß der Personalberater aus all

seinem Handeln und Sagen Rückschlüsse auf seinen Arbeitsstil und seine Arbeitsweise zieht. In einer Zeit der Zielsetzungen kann man erwarten, daß Führungskräfte auch in ihrem persönlichen Bereich Zielsetzungen haben und sich am Erreichen dieser gesteckten Ziele selber messen.

Bewerber versuchen schon durch Aufmachung ihrer Bewerbungsunterlagen, Aufmerksamkeit vom Personalberater zu erreichen, vergessen oft dabei, daß die schönsten Bewerbungsordner dann nicht in die Akten der Personalberater passen oder sonstwie zur Bearbeitung der Unterlagen untauglich sind. Eine inhaltlich aussagekräftige Bewerbung mit einer Heftklammer zusammengefügt kann mehr erreichen als eine gekaufte Vordruckbewerbung in schönem Plastikordner. Der Bewerber stellt sich in der schriftlichen Form mit seiner Persönlichkeit dar, und der Personalberater wird sich aufgrund der vorliegenden Unterlagen bereits ein Bild über den Bewerber zu machen versuchen. Das gleiche gilt für Bewerberfotos. Eine Aufnahme hinter dem Schreibtisch, den Hörer in der Hand und ein Wirtschaftsbrief, der Exklusivität andeutet, auf der sonst leeren Schreibtischplatte wirken schon für sich. Ein natürliches Foto in Paßbildformat reicht durchaus. Beim Farbfoto sollte der Bewerber bedenken, daß durch die Farben zum Teil Entstellungen entstehen. Wichtig ist, daß auf den eingereichten Fotos auf der Rückseite der Name des Bewerbers vermerkt ist, denn es passiert häufiger, daß durch die Bearbeitung der Akten sich Fotos aus den Akten lösen und man dies nicht sofort feststellt, so daß Probleme entstehen, die Fotos wieder zuzuordnen.

Beim Vorstellungsgespräch selbst sollte sich der Bewerber so natürlich wie möglich geben. Wer nur saloppe Kleidung gewohnt ist, wird sich in einem Interview nicht wohlfühlen, wenn er zu diesem Anlaß Anzug mit Weste und Krawatte trägt. Natürlich muß der Bewerber die angestrebte Position berücksichtigen und sollte darauf achten, daß sein Äußeres mit seinen Ansprüchen und Erwartungen harmoniert. Zur kompletten Garderobe gehören auch Schuhe und Socken, denn dieser Teil der Kleidung wird vielfach von Bewerbern vernachlässigt. Im Gespräch mit dem Personalberater oder der zweiten Runde im Unternehmen sollte sich der Bewerber selbst darstellen. Ein Verstellen schadet ihm und führt bei ihm selber zur Verkrampfung und macht es seinen Beurteilern schwer, ihn richtig einzuordnen.

Ein herzhaftes Lachen ist vielfach besser als das gezwungene Zurschaustellen einer angenommenen Seriosität.
Versäumt wird von vielen Bewerbern, Vorstellungstermine zu bestätigen oder zugesagte Unterlagen nachzureichen. In beiden Fällen kann aber der Bewerber davon ausgehen, daß der Personalberater soviel Interesse an seiner Bewerbung gefunden hat, daß er das Gespräch mit diesem Bewerber sucht und für seine eigene vollständige Vorbereitung eben noch die Ergänzung der Unterlagen bedarf und auch die Einhaltung üblicher Geschäftsformen durch die Terminbestätigung erwartet. Personalberater sind auch arbeitende Menschen, die nicht nur in den Abendstunden tätig sein können, sie erwarten daher von Bewerbern, daß diese auch unter Tage zu einem ca. ein- bis zweistündigen Gespräch mit dem Personalberater bereit sind. Der immer wieder zu beobachtende Versuch von Bewerbern, Termine nur in die Abendstunden oder auf Wochenenden zu legen, lassen den Personalberater an der Seriosität seiner Bewerbung zweifeln.
Jeder Bewerber hat die Chance, sich ins beste Licht zu rücken, wenn er von Beginn der Aktion an sich gezielt auf die ausgeschriebene Position bewirbt. Das setzt das genaue Studium der Stellenanzeige voraus und das Eingehen in der Bewerbung auf die in der Anzeige genannten Anforderungen. Das Motiv für die Bewerbung muß kurz dargestellt werden, das Bewerbungsmaterial an sich muß persönlichen wie beruflichen Werdegang mit den Erfolgen und Wechselgründen darlegen. Die Präsentation der Unterlagen soll dabei sachlich und nicht zu übertrieben sein. Inhaltlich soll die Bewerbung über die jeweiligen Aufgabenbereiche folgende Angaben enthalten: Anzahl Mitarbeiter, Umsatzgröße, Berichtslinien, Sonderaufgaben sowie nachweisbare Erfolge.
Wer sich als Bewerber seines Wertes bewußt ist, ist auch in der Lage, Persönlichkeiten zu benennen, die entweder als direkte Vorgesetzte oder als gleichrangige Kollegen qualifizierende Aussagen über den Bewerber machen können. Die Angabe von Referenzen von Persönlichkeiten des öffentlichen Lebens oder aus dem Freundeskreis sind für die Beurteilung der beruflichen Qualitäten wenig hilfreich.
Vom Bewerber erwartet der Personalberater, daß er nicht nur zuhört, sondern aktiv das Gespräch gestaltet und somit ihm die Chance gibt, einen echten Eindruck von dem Bewerber zu erhalten. Dazu

gehört auch, daß der Bewerber sich schon vor dem Gespräch Fragen überlegt, die für seine eigene Entscheidungsfindung wichtig sind. Es ist immer wieder verblüffend, wie unbekümmert viele Bewerber zu den Gesprächen mit dem Personalberater oder auch in der zweiten oder dritten Phase bei der Präsentation in den Unternehmen auftreten. Sie machen sich keine Notizen über wichtige Informationen, wenn sie überhaupt Schreibmaterial mitbringen. Die gestellten Fragen sind vielfach simple Adhocfragen, die keinen Zusammenhang und Bezug zur Aufgabe erkennen lassen. Für den Berater ergibt sich daraus die Schlußfolgerung, daß ein sehr passiver und vielleicht sogar uninteressiert wirkender Bewerber sich entsprechend in seinem neuen Aufgabengebiet verhalten würde und deswegen höchstens zweite Wahl sein kann.

2. Was kann der Bewerber von der Personalberatung erwarten

Die Frage, was der Bewerber von der Personalberatung erwarten kann, läßt sich kurz beantworten: Diskretion und eine objektive Bewertung seiner Person und seiner Fähigkeiten im Vergleich zu den gestellten Anforderungen für die ausgeschriebene Position. Damit allein ist es nicht getan. Lädt der Personalberater interessierte Bewerber zur telefonischen Vorabinformation ein, dann kann der Bewerber erwarten, daß er am Telefon weitergehende Aussagen erhält, als sie in der Anzeige des Personalberaters dargestellt wurden. Er kann jedoch nicht erwarten, daß der Personalberater in dieser Phase des ersten Kontaktes bereits den Namen des Unternehmens und die Vertragsbedingungen offenlegt. Aufgrund der Fragen des Personalberaters an den interessierten Bewerber kann er diesem jedoch den Eindruck vermitteln, ob eine schriftliche Bewerbung sinnvoll sein kann oder ob der Werdegang des Bewerbers nicht dem Anforderungsprofil der ausgeschriebenen Position entspricht.
Bewerber dürfen von ihrem Personalberater erwarten, daß dieser binnen 2 Wochen mindestens den Eingang der Bewerbungsunterlagen bestätigt oder sogar weitergehende Informationen liefert. Bewerber müssen sich darüber im klaren sein, daß aufgrund einer Stellenanzeige bei dem Personalberater oder auch im suchenden Unternehmen Bewerbungen im Zeitraum von bis zu 4 Wochen eingehen. Die Mehrzahl der Bewerber wird innerhalb der ersten 2 Wochen rea-

gieren, so daß sich der Personalberater aufgrund der durchgeführten Vorbeurteilung der schriftlichen Bewerbung und der Analysen des persönlichen sowie beruflichen Werdegangs ein Bild darüber machen kann, mit welchen interessanten Bewerbern er zunächst ein erstes Gespräch führen möchte. Dies ist die Phase, in der entweder Einladungen an diese interessanten Bewerber ausgesprochen werden bzw. die restlichen Bewerber durch einen Zwischenbescheid vertröstet werden. Besser noch, die von vornherein nicht in Frage kommenden Bewerber erhalten umgehend ihre Unterlagen zurück.

In der ersten Gesprächsrunde mit dem Personalberater kommt es diesem darauf an, die Persönlichkeit des Bewerbers gut kennenzulernen und abzuklären, ob die fachliche Seite den gestellten Anforderungen entsprechen kann. Der Personalberater versucht, Stärken und Schwächen des Bewerbers herauszufinden, um seinem Auftraggeber ein möglichst ungeschminktes Bild vermitteln zu können. Am Ende eines solchen Gesprächs, in dem der Personalberater bei Eignung des Bewerbers diesem selbstverständlich auch alle notwendigen Informationen über das suchende Unternehmen und die offene Position mitteilt, steht die Entscheidung für beiden Seiten: Soll die Bewerbung weiter verfolgt werden? Ein offenes Wort von Personalberater wie Bewerber dient der zügigen Abwicklung, die im Interesse aller beteiligten Parteien liegt.

Der Personalberater stellt in diesem ersten Gespräch den Bewerber bereits auf die Gesprächspartner im Unternehmen ein, so daß der Bewerber sich mit Hilfe von zusätzlich zu gewinnenden Informationen auf die zweite Gesprächsrunde mit Unternehmensvertretern gut vorbereiten kann. Der Bewerber darf nicht erwarten, daß der Personalberater ihm alle Details mitteilt, denn auch der Personalberater will bei einem zweiten Gespräch sehen, inwieweit sich der Bewerber für das neue Unternehmen interessiert, welche Informationen er sich aus welchen Quellen besorgt hat und wie er sich auf das zweite Gespräch vorbereitet. Wo dies möglich ist, wird der Personalberater den Bewerbern neben einer genauen Spezifikation über das Unternehmen, die Position und Anforderungen an den neuen Positionsinhaber einen Firmenprospekt aushändigen.

Der Bewerber soll vom Personalberater zum Abschluß des ersten Gesprächs eine Stellungnahme erbitten, wie er seine Chancen für die zu besetzende Position beurteilt.

Im Verlauf der Präsentation der drei bis vier bestgeeigneten Bewerber im suchenden Unternehmen verhält sich der Personalberater neutral. Er stellt die seiner Meinung nach bestgeeigneten Kandidaten vor, und es liegt an diesen, diese Gesprächsrunde für ihre persönlichen Zielvorstellungen bestens zu nutzen. Daß dies nicht immer gelingt, ist nur in manchen Fällen auf Nervosität zurückzuführen, in weit mehr Fällen jedoch schlichtweg auf Unvorbereitetsein und bedenkenloses Mißachten der Hinweise, die der Personalberater bei dem ersten Gespräch gegeben hat. Stellt der Personalberater in dieser Gesprächsrunde fest, daß sich ein Bewerber ungünstig darstellt, so wird er durch seine Fragetechnik ihm helfen, sein normales »Ich« wiederzufinden. Er greift in das Gespräch ein, wenn er feststellt, daß Sachverhalte sich in diesem Gespräch anders darstellen, als er sie in seinem ersten Gespräch festgehalten hat, und wird dieses Mißverständnis zu klären versuchen. Er greift genauso ein, wenn seitens des suchenden Unternehmens andere Ideen und Vorstellungen in diese Gesprächsrunde einfließen, als sie von dem Personalberater dem Bewerber im ersten Gespräch dargelegt wurden.
Der Bewerber muß davon ausgehen, daß die noch so schön aufgemachten schriftlichen Bewerbungen nicht im Original an die suchenden Unternehmen weitergereicht werden, sondern daß der Personalberater aus Gründen der Objektivität und der Vergleichbarkeit von Bewerbern seine persönlichen Berichte über die von ihm vorgestellten Kandidaten nach einem klar gegliederten Schema verfaßt. In diesen Bericht finden Eingang alle wichtigen Lebens- und Berufsstationen des Bewerbers, seine Stärken und Schwächen, seine Erwartungen und eine generelle Beurteilung. Nach Abschluß der Gesprächsrunde im Unternehmen ist die Situation zumindest so weit vorgeklärt, daß diese Bewerber unverzüglich durch den Personalberater über die Entscheidung informiert werden können und ihnen die Bewerbungsunterlagen zurückgesandt werden. Die in der engsten Wahl gebliebenen Kandidaten werden über den Schwebezustand informiert und können so ihre eigene Entscheidung treffen, ob sie weiter im Kreis der Bewerber verbleiben wollen oder nicht.
Täglich erhalten Personalberater unaufgefordert Bewerbungsunterlagen mit der Bitte um Berücksichtigung bei Vergabe neuer Positionen. Diese Stellensucher können nicht erwarten, daß der Personalberater sich intensiv mit ihnen beschäftigt, da er grundsätzlich nur

auftragsbezogene Projekte durchführt. Selbstverständlich ist er bereit, von dieser Regel abzuweichen, wenn der Jobsucher Interessantes zu bieten hat, was nicht alltäglich ist. Abgesehen davon, daß in den wenigsten Fällen bei Personalberatern echte Karteien bestehen, ist es viel zu schwierig, diese stellungssuchenden Führungskräfte zu erfassen, denn sie schreiben in der Regel viele Personalberater an, teilen aber umgekehrt nicht mit, wenn sie wieder in eine Position eingestiegen sind und somit vom Markt der Stellensuchenden verschwinden.

3. Bewerbungsplanung

1. Aus einer ungekündigten Stellung heraus operieren Sie am besten.
2. Bringen Sie dem Berater und dem potentiellen zukünftigen Arbeitgeber Offenheit und Vertrauen entgegen.
3. Während des ganzen Bewerbungsprozesses zeigen Sie Durchhaltekraft und werden Sie bei einem sich lang hinziehenden Prozeß nicht nervös oder ungeduldig. Das spätere Leben im Unternehmen wird auch nicht anders sein: Es dauert doppelt so lange und ergibt nur die Hälfte.
4. Machen Sie keinen Rundumschlag an Bewerbungen. Die Personalberatungen haben untereinander guten Kontakt. Werden Sie nicht zum Wanderpokal.
5. Halten Sie die mit dem Berater getroffenen Terminvereinbarungen oder versprochenen Zusendungen genau ein. Auch das gibt einen Eindruck Ihrer Verläßlichkeit.
6. Generell: Keine Bewerbungen, um lediglich den Marktwert zu testen. Dazu gibt es andere Möglichkeiten. Wer sich bewirbt, sollte grundsätzlich bereit sein zu wechseln, wenn ihm ein lukratives Angebot in einer neuen Aufgabe zu neuen Bedingungen gemacht wird.
7. Sagen Sie nie, Sie seien von andern, Freunden, Opas, Ehefrauen und Müttern dazu gedrängt worden, sich einmal zu bewerben.
8. Kernstücke Ihrer Bewerbung sind Fakten und Daten, sozusagen eine Dokumentation dessen, was war, dessen, was ist und was Ihre Absichten für die Zukunft sind.
9. Betonen Sie bei der Bewerbung um eine Führungsposition nicht

so sehr Ihre früheren Erfolge als Sachbearbeiter, selbst wenn Sie mit Recht Stolz darauf sind. Und umgekehrt, stellen Sie bei einer Bewerbung für eine Spezialistenposition nicht Ihre Führungsqualitäten vor Ihre Expertenkenntnisse im geforderten Bereich.

10. Rechnen Sie bei Ihren Bemühungen auf der Suche nach neuen Positionen mit einem Zeitaufwand von 1–3 Jahren. Wenn Sie wirklich wechseln wollen, fangen Sie nicht zu spät an.
11. Stellen Sie mündlich und schriftlich Ihre meßbaren Erfolge an erster Stelle dar. Vergessen Sie dabei nicht Ihre Kollegen und Ihr Team.
12. In Ihrer Vorbereitung sollten Stichwörter wie Selbstbeobachtung, Selbstentwicklung, Förderung von Stärken, Ihre Lebensziele, wie finde ich meinen Markt? Maßnahmen, Strategie und Training im Mittelpunkt stehen.
13. Bei der Formulierung Ihres Ziels fragen Sie sich, ob es ein wirkliches Ziel ist oder nur ein Wunsch. Ein Ziel hat Normen, 1. ist es realistisch, 2. ist es meßbar, 3. kann ich es wirklich selber und mit anderen tätig in der neuen Position erreichen, 4. zeigt es die Lücke zwischen Ist und Soll auf, 5. ermöglicht es Ihnen, Aktionsprogramme und 6. mit Ihrer eigenen Zielsetzung trainieren Sie bereits Ihr Führungsverhalten im potentiellen neuen Unternehmen.
14. Denken Sie daran, daß die Erkenntnis grundlegend für die Zusammenarbeit zwischen Ihnen und dem auf Sie zukommenden Unternehmen ist, daß man seine eigenen Ziele nicht als absolut betrachten darf, sondern daß man die Ziele des Unternehmens mit in seine Überlegungen einzubeziehen hat. Beginnen Sie allerdings auch nicht mit dem Versuch, nur die Ziele anderer zu erkennen und erfüllen zu wollen.
15. Nicht der Arbeitsmarkt diktiert Ihnen, was Sie wählen sollten, gehen Sie nach Möglichkeit nur in ein Wachstumsfeld, denn es ist ein Faktum, daß eine Karriere nicht darauf aufgebaut wird, was außerhalb gut ist, sondern was für Stärken Sie in sich haben.
16. Jeder Kontakt, jede Beziehung, die Sie selbst herstellen in Ihrem eigenen Stärkenbereich, ist mehr wert als angeborene Beziehungen oder Beziehungen, die durch Zufall auf Sie zu kommen.
17. Hoffen Sie nicht auf die Personalberater bei Ihrer Arbeitsplatz-

suche. Es ist ein Faktum, daß sie Ihnen wertvolle Hilfe bieten können bei richtiger Kooperation. Die Kontrolle bleibt einzig und allein bei Ihnen. Je mehr Sie andere Ihre Karriere bauen lassen, desto abhängiger werden Sie.

18. Streichen Sie nicht eine Wunschfirma von Ihrer Prioritätenliste, wenn Sie im ersten Anlauf abgelehnt werden sollten. Es gibt noch Dutzende weiterer Möglichkeiten vor allem in großen Konzernen. Bleiben Sie in ständigem Kontakt mit der gewünschten Organisation.
19. Momente der Resignation: Sprechen Sie, falls es dazu kommt, mit starken persönlichen Freunden oder dem Berater oder anderen Beratern aus ihrer persönlichen Kontaktkartei, ohne dabei wehleidig zu werden. Nehmen Sie auch zweite, dritte, vierte, fünfte oder sechste Plätze im direkten Wettbewerb als einen Erfolg, selbst wenn diese Plätze sich häufen sollten.
20. Legen Sie sich einen Ordner für Ihre persönliche Karriereplanung zu. Er ist noch wichtiger als Ihre Zeugnisse, die Lebensversicherung und ein Testament. Alle Beiträge, die Sie bisher für sich und andere geleistet haben, gehören chronologisch und prioritätenmäßig eingeordnet in diesen Ordner.

4. Lesen der Anzeige

1. Bei Lesen der Anzeige: Prüfen Sie kritisch, ob Sie dem Anforderungsprofil entsprechen.
2. Achten Sie genau auf die gewünschten Unterlagen.
3. Lesen der Anzeige: Versuchen Sie, die Schwerpunkte der Arbeitsanforderungen bereits aus der Anzeige herauszulesen.
4. In der Anzeige und beim Gespräch: Funktionsbezeichnungen mit einem blumigen Text sollten Ihnen wegen des geringen Aussagewertes nicht genügen. Fragen Sie nach Fakten, die zum Unternehmensergebnis beitragen sollen oder beigetragen haben, z. B. Umsatzsteigerung oder Kostensenkung oder Produkteinführung.
5. Kontaktaufnahme: In der Regel lohnt sich eine Kontaktaufnahme zwei Wochen nach Schaltung der Anzeige nicht mehr. Aber Ausnahmen bestätigen die Regel.

5. Telefonkontakt

1. Vor dem Bewerbungstelefonat: Machen Sie sich einen Laufzettel und haben Sie die entsprechenden Unterlagen parat. Es empfiehlt sich eine Checkliste von 1–10, damit das Gespräch nicht zu lang wird.
2. Bei Telefonkontakt: Erst informieren. Klären Sie telefonisch, ob Ihre Bewerbung sinnvoll ist. Auch das ist ein Zeichen für gute Arbeitstechnik.
3. Prüfen Sie spätestens durch das erste Telefonat, ob Sie die angebotene Aufgabe korrekt verstanden haben und nicht eine Ihnen vorschwebende Position hineininterpretiert haben.
4. Geben Sie beim ersten Telefonkontakt so früh wie möglich Ihrerseits Ihre Telefonnummer an.
5. Während des Gesprächs am Telefon und bei persönlichen Gesprächen gegenüber dem Berater: Seien Sie auf möglicherweise kritisch klingende gezielte Fragen zum beruflichen Werdegang vorbereitet. Es ist die Aufgabe des Beraters, weder von seiten des Klienten noch von seiten des Bewerbers unangenehme Überraschung zu einem späten Zeitpunkt zu erleben.
6. Telefonkontakt: Bringen Sie keine Nebensächlichkeiten ins Gespräch.

6. Schriftliche Bewerbung

1. Sprechen Sie vor einer schriftlichen Bewerbung und/oder einem Interview mit Personen Ihres Vertrauens. Ohne Supervision sehen Sie sonst schlechter aus, da Sie sich selbst allein nicht gründlich abstimmen können.
2. Eine wirkungsvolle Bewerbung ist prägnant, aussagefähig und vollständig.
   Nur vollständig abschicken. Falls Unterlagen fehlen, warten bis sie vollständig sind.
3. Arbeiten Sie Ihre Bewerbungsunterlagen detailliert aus. Überlesen Sie sie erneut, bis Sie selbst den Eindruck haben, daß Sie jetzt zusammen ein schlüssiges Bild machen.
4. Anschreiben (nicht länger als eine Seite) mit kurzer Begründung, warum Bewerbung gerade auf die genannte Anzeige.

5. Beruflicher Werdegang in tabellarischer Form mit Angaben über spezielle Erfahrungen.
6. Beschreiben Sie kurz und prägnant ihren derzeitigen Verantwortungsbereich, Ihre Entscheidungskompetenz, spezielle Leistungen.
7. Geben Sie einen präzisen Sperrvermerk an, ob allgemein oder speziell, gegenüber wem.
8. Bei einer schriftlichen Bewerbung: Achten Sie auf eine klare Gliederung des tabellarischen Lebenslaufes ohne größere Lükken als 2–3 Monate.
9. Bei Unterlagen und Zeugnissen: Achten Sie auf die Qualität der Kopien. Nennen Sie in den schriftlichen Bewerbungsunterlagen Ihren frühesten Kündigungstermin und den Ihnen am besten passenden Kündigungstermin.
10. Falls eine Unterlage oder ein Dokument fehlen, geben Sie ersatzweise eine kurze Begründung warum.
11. Anhang zum tabellarischen Lebenslauf: In Kurzbeschreibungen die spezifischen Situationen und Ergebnisse, die ihre jeweilige Position kurz erläutern.
12. Machen Sie im Anschreiben deutlich, worin Ihre besondere Eignung für die ausgeschriebene Position besteht.
13. Bei eingereichten Bewerbungsunterlagen: Keine Nebensächlichkeiten wie Zeugnisse und Urkunden über sportliche Leistungen, Dokumente über absolvierte Militärzeit und Zugehörigkeitsdokumente von Vereinen aller Art beifügen.
14. Ein angefordertes Handschreiben ist bereits als eine »Arbeitsprobe« anzusehen. Nehmen Sie sich Zeit und Muße für dieses Anschreiben. Keine Schönschreibübungen. Bleiben Sie identisch.
15. Kein hektografiertes Anschreiben, wenn Massenproduktion, dann über Textverarbeitung.
16. Vergessen Sie nicht Eintrittsdatum und Gehaltswunsch.
17. Heften Sie alle Bestandteile der Zuschrift zusammen. Das ist kein Problem, weil die meisten Beilagen sowieso eine Kopie darstellen.
18. Aufwendige Mappen und Verpackungen haben keinen Einfluß auf den Erfolg der Bewerbung. Benutzen Sie eine einfache Klarsichtfolie.

19. Lesen Sie Ihre Gesamtunterlagen in der speziellen Aufbereitung für die spezielle Bewerbung zum Abschluß durch. Prüfen Sie, ob Sie sich 100%ig damit identifizieren. Wenn nein, überarbeiten Sie diese.
20. Lichtbild: Hell und freundlich. Keine Farb- und keine Familienfotos.
    Foto: Es sollte ein neues Foto sein, nicht älter als 1 Jahr.
    Sparen Sie nicht beim Bezahlen des Fotografen. Paßfotos, Brustbilder für 2 DM per 4 Stück machen nicht den besten Eindruck.
21. Schicken Sie keine Eilpost oder Einschreibsendungen, falls von der Beratung nicht ausdrücklich gewünscht.

7. Im Bewerbungsgespräch

1. Vor dem Bewerbungsgespräch besuchen Sie, falls zeitlich noch möglich, ein Gesprächs- und Verhandlungstechnikenseminar oder legen Sie ein Sonderseminar mit einem Trainer Ihrer Wahl im Einzeltraining betreffend Interviewtechnik ein.
2. Machen Sie sich in groben Umrissen mit der Situation des potentiellen neuen Arbeitsgebers vor dem Gespräch vertraut.
3. Die Bewerbung ist kein Prüfungsgespräch. Aber seien Sie auf sachliche Fragen vorbereitet. Gehen Sie nicht zu sehr ins Detail in der Beschäftigung mit dem Informationsmaterial über eine Position. Faktum ist, daß zwei oder drei gut beantwortete Fragen im Verlauf des Gesprächs mehr für Sie tun können als die aufwendigste Vorbereitung nach wochenlangem Lesen von Wirtschaftsteilen großer Medien.
4. Während des Interviews: Ihr Gesprächsziel ist es nicht, die Position um jeden Preis zu bekommen. Denn das Entscheidende für Sie liegt darin, Ihre Interviewziele operabel zu machen. a) Stellen Sie einen guten Kontakt zum Interviewer her, b) Versuchen Sie, Informationen vom Interviewer zu bekommen und c) erst dann auf das Angebot über Arbeitsbedingungen eingehen. Das Interview wird nicht vom Interviewer kontrolliert, wenn Sie mit Offenheit und Vertrauen über das sprechen, was Sie vorher als Ihre Hausaufgaben vorbereitet haben, und Flexibilität im Gesprächsverlauf zeigen.

5. Beim Gespräch: Gestalten Sie es aktiv mit, es läßt auf Ihre zukünftigen Führungsqualitäten und Ihren zukünftigen Stil im Unternehmen Rückschlüsse zu. Sreiten Sie nicht, stellen Sie keine inquisitorischen Fragen, sondern beteiligen Sie sich im Teamverfahren.
6. Versuchen Sie, ausgeruht und freundlich, zurückhaltend – sicher Empathie ausstrahlend – sicher im Auftreten in das Gespräch zu gehen.
7. Verkaufen Sie sich während des Gesprächs nicht mit Druck, eher zurückhaltend und selbstsicher.
8. Eventuelle Schwächen: Bluffen Sie nicht. Es kommt bei einem der nächsten Gespräche sowieso heraus, wenn Sie Qualifikationslücken haben.
9. Machen Sie konstruktive Vorschläge für die Überwindung solcher Qualifikationslücken.
10. Definieren Sie Ihre eigene Zielkonzeption.
11. Stellen Sie sich die Frage vor der Vorstellung, welchen Nutzen wird die Firma in dieser Position von mir haben?
12. Beim Gespräch: Versuchen Sie alle Anwesenden immer mit dem korrekten Namen anzureden.
13. Wenn Sie einen Namen nicht verstanden haben, fragen Sie nach.
14. Entschuldigen Sie sich nicht, da es meistens nicht nötig ist. Wer sich entschuldigt, klagt sich an. Bleiben Sie sachlich, problemlösend und situationsbewußt.
15. Bei informellen Gesprächen, small talk, Arbeitsessen: Versuchen Sie nicht zu dominieren oder weitschweifig zu werden.
16. Nennen Sie physische Beeinträchtigungen oder kurz zurückliegende schwere Krankheiten bereits im ersten Gespräch.
17. Schreiben Sie an für Sie wichtigen Stellen mit. Machen Sie sich Kurznotizen.
18. Stellen Sie nicht die falschen Fragen. Fragen Sie auch erst nach einem oder während eines ersten persönlichen Kontaktes.
19. Sonderpunkte beachten: Welche Branchen werden ausgeschlossen, welche Ortsveränderungen sind weniger erwünscht? Welche Bonusregelung wird angestrebt? Vorstellungen über Vertragsgestaltung. Nicht überschlau sein und listig oder mit Fangfragen nach dem Auftraggeber fragen, wenn der Berater ihn nicht freiweillig preisgibt bzw. es Ihnen anbietet.

20. Geben Sie den letzten Ist-Jahresverdienst korrekt und ohne Schnörkel wieder.
21. Entwickeln Sie im Bewerbungsgespräch, falls danach gefragt, einen kurzen, persönlichen Weiterbildungsplan.
22. Verschweigen Sie keine eventuellen Konkurrenzklauseln.
23. Vermeiden Sie Hinweise auf Konflikte und Friktionen im jetzigen Unternehmen.
24. Stellen Sie sich auf schnellen Umzug bei einer endgültigen Entscheidung am besten noch in der Probezeit ein.
25. Zeigen Sie Mobilität in Familien- und Standortfragen.
26. Fragen Sie nicht selbst nach der Erstattung der Kosten. Das ist selbstverständlich. Schicken Sie eine Rechnung. Das ist ein gutes follow up.
27. Betriebsbesichtigung: Wann immer möglich wahrzunehmen.
28. Nehmen Sie Ihre Bewerbung selbst zurück, wenn Ihr Eignungsprofil mit dem Anforderungsprofil nicht oder nur wenig übereinstimmt.
29. Stellen Sie sich im Vorstellungsgespräch offen und ungezwungen selbst dar, aber nie länger als in Abschnitten von einleitend 5 und bei Unterbrechung durch Fragen kürzer werdenden Abständen von 3 bis zu einer Minute.
30. Wiederholen Sie keine Schlagwörter und Formulierungen aus dem Anzeigentext.
31. Versuchen Sie nicht im ersten Gespräch alle vertraglichen Sonderregelungen einschließlich der betrieblichen Altersversorgung zu erforschen.
    Am Ende des Bewerbungsgesprächs bei der Gehaltsfrage: Feilschen Sie nicht zu hartnäckig. Sehen Sie die große Linie eines erfolgreichen Einstiegs. Ein Unternehmen wird Ihnen zuliebe nicht seine Betriebspolitik betreffend Gehälter, Urlaubs- und Reisekostenordnung ändern.
32. Reiten Sie nicht auf vergangenen Titeln herum, sondern betonen Sie die resultatsorientierten Funktionen, die Sie bekleidet haben.
33. Falls Tests gemacht werden: Lassen Sie sich vorher genau den Sinn des Tests erklären. Nach dem Test erbitten Sie eine genaue Darstellung des Ergebnisses. Es kann Ihnen das Wissen darum bei weiteren Bewerbungen hilfreich sein.

34. Bei Referenzen: Am besten Persönlichkeiten, nicht Firmen angeben. Frühere Vorgesetzte eignen sich am besten oder Geschäftspartner.
35. Nach dem Interview: Ihre Abeit fängt erst richtig an. Fragen Sie sich unmittelbar nach dem Interview 1. interessiert mich das Angebot noch immer? 2. Welche Stärken und sonstige wichtigen Punkte habe ich in diesem Interview nicht oder nicht klar genug erwähnt? 3. Welche Fragen, die ich für wichtig halte, habe ich nicht gestellt? 4. Welche Fragen des Interviewers habe ich nicht oder nicht klar genug beantworten können? 5. Schätzen Sie sich selbstkritisch ein, welche positiven Eindrücke hat mein Gegenüber von mir gesammelt? und 6. Welche negativen Eindrücke hat er möglicherweise bekommen? 7. Was könnte mein stärkster Beitrag für die zukünftige Position sein? 8. Welche Informationen möchte ich im follow up mit dem Gesprächspartner verstärken? 9. Wie könnte ich meine persönliche Präsentation im Gespräch und im Auftritt noch positiver verstärken? und 10. Was kann der nächste, wenn nicht schon vereinbarte Schritt sein?
36. Gerade wenn Sie älter sind: Kaschieren Sie nicht Ihr Alter.

IX. Personalfluktuation und ihre Kosten

Das Einschalten eines Personalberaters zur Besetzung vakanter Fach- und Führungspositionen bedeutet für das Unternehmen einen Kostenaufwand, der je nach Funktion und hierarchischer Einordnung bis weit in den sechsstelligen Bereich gehen kann. Kienbaum hat in seiner Studie von 1976 über »Fluktuation und Stabilität« eine durchschnittliche Kostenrate von 22.000,– DM pro Fluktuationsfall angenommen und bei einer Führungskraft bereits die reinen Anwerbungskosten mit 37.200,– DM errechnet. Im Rahmen der enger gewordenen Budgets ist in diesem Bereich eine Bewußtseinsänderung bei den suchenden Unternehmen eingetreten. Es wird nicht mehr so schnell neu gesucht und entsprechend sind die Erfolgserwartungen an den eingeschalteten Personalberater höher.
Die Kostensituation stellt sich bei einem Großunternehmen eindeutig günstiger dar, da man mit den Mitteln der mittelfristigen Personalplanung und Management-Development frühzeitig dafür Vorsorge treffen kann, daß ausscheidende Kräfte mit wenig Reibungsverlusten ersetzt werden können. Nachwuchstalente werden eingestellt und sorgfältig für ihre späteren Führungsaufgaben ausgebildet und bieten damit die Garantie, daß das Unternehmen durch einen Wechsel in einer Schlüsselposition keinen Schaden erleidet.
Mittelständische und kleinere Unternehmen trifft der Weggang einer Fach- bzw. Führungskraft um so härter. Kienbaum errechnete in seiner Studie einen Zeitraum von 18 Monaten, die von der Kündigung eines früheren Stelleninhabers bis zur vollen Arbeitsleistung eines neuen Stelleninhabers verstreichen. Dies ist die Zeit der Probleme, Konflikte, mangelnder Kapazitätsausnutzung im Stellenbereich bedingt durch die Eingewöhnungsphase. In der Kienbaumuntersuchung werden die fluktuationsbedingten Kosten in sieben Bereiche aufgeteilt, wie sie auch heute noch Bestand haben: 1. die reinen Anwerbungskosten. 2. die Auswahl- und Einstellungskosten. 3. die Trainingskosten. 4. Übernahme persönlicher Aufwendungen durch das Unternehmen (Umzug, doppelter Haushalt usw.). 5. Einarbeitungskosten. 6. Verluste an Minderleistung während und nach der Fluktuationsentscheidung und ggf. 7. Entlassungskosten.
Die Einschaltung eines Personalberaters bei der Suche und Auswahl

eines neuen Mitarbeiters schlägt sich nicht vordergründig in den direkten Kosten nieder, sondern wirkt sich in den indirekt durch die Fluktuationsentscheidung bewirkten Kosten aus. Dank seiner Spezialisierung, Erfahrung und Resourcen kann der Personalberater weitestgehend sicherstellen, daß der neu gewonnene Mitarbeiter oder Mitarbeiterin durch die Qualifikation im Bereich Trainingskosten, Einarbeitungskosten und Verlust an Minderleistungen die nicht sichtbar zu Tage tretenden Kosten minimiert. Diese Aufgaben werden selbstverständlich auch in Großunternehmen von dafür qualifizierten Personalabteilungen wahrgenommen. Zu bedenken ist, daß man in den Rekrutierungsbereichen der Personalabteilung nur in wenigen Fällen über die hochqualifizierten Spezialisten verfügt, um das gesamte Umfeld von interessanten Bewerbern zu überprüfen. Täte man dies, würde der Kostenblock im Bereich Anwerbung- und Auswahlkosten entsprechend höher anzusetzen sein. So ist es erklärlich, daß gerade Großunternehmen auf die rekrutierungserfahrenen Personalberater zurückgreifen.
Die Kosten einer Personalberatung richten sich nach dem Leistungspaket, das der Klient erwartet. Es gibt keine allgemein gültige Honorarregelung, die die Leistungen der Personalberatungen untereinander vergleichbar machen würde. Auch die Strukturierung der einzelnen Leistungen und ihre zueinander stehende Abstufung sind von Personalberatung zu Personalberatung unterschiedlich. Einige Personalberatungen berechnen ihre Honorare prozentual gemessen am erwarteten Jahreseinkommen des Bewerbers, andere arbeiten mit von vornherein festgelegten Pauschalbeträgen, eine dritte Gruppe zieht die Berechnung und Addition von Einzelleistungen im Rahmen des Auftrages vor und letztlich gibt es Personalberatungen, die nur Tagessätze abrechnen. Bei der Festlegung ihres Honorars lassen sich die Personalberatungen daneben vom Schwierigkeitsgrad der zu besetzende Position und dem folglich anfallenden Zeitaufwand leiten. Es ist die Tendenz zu beobachten, von der rein prozentualen Ausgangsbasis bei der Honorargestaltung Abstand zu gewinnen.
Der Anzeigenservice ist ein Angebot der Personalberatung, den Namen der Personalberatung zu nutzen, um somit die Identität des Unternehmens nicht preisgeben zu müssen, und um eine Chiffre-Anzeige zu vermeiden. Hierbei spielt die Personalberatung lediglich Briefkasten und bietet ihren bekannten Namen am Markt an, um zu-

sätzlich auch dadurch Bewerber anzusprechen. Diese reine Briefkastenfunktion kann dadurch erweitert werden, daß die Personalberatung bei der Einarbeitung des Anforderungsprofils und der Textgestaltung sowie nach Schalten der Anzeige für bedingte telefonische Vorabinformation bei Bewerberanfragen zur Verfügung steht. Die eingehenden Bewerberunterlagen werden ohne Verzögern an den Klienten weitergeleitet, wobei jedoch Sperrvermerke der Bewerber ihre Berücksichtigung finden.

Diese Dienstleistung berechnen einzelne Personalberater mit einem DM-Satz pro bearbeiteter Bewerbung, andere Personalberatungen berechnen ein Pauschalhonorar unabhängig von der Zahl der eingehenden Bewerbungen. Die Honorare hierfür dürften nach Abschluß der Aktion zwischen 1.500,– DM und 4.500,– DM liegen.

Für einen kompletten Beratungsauftrag, d. h. von Umfeldanalyse bis zum erfolgreichen Abschluß einer Präsentation von Kandidaten liegen die Honorare weit auseinander. Ein Mindesthonorar von etwa 15.000,– DM erscheint jedoch als ein Wert, der den dafür zu erbringenden Arbeitsaufwand bei einem recht einfachen Projekt gerade deckt. Je nach Schwierigkeitsgrad der zu besetzenden Position bzw. der differenzierteren Anforderungen an das fachliche Wissen der zu suchenden Bewerber muß bis zu 35.000,– DM an Honorar gerechnet werden. Vom preislichen Gesichtspunkt sind Personalberater, die allein ihr Unternehmen betreiben, in einer günstigeren Position als Personalberatungen, die als Großunternehmen organisiert sind. Eine Erhöhung des Honorars ergibt sich in manchen Fällen auch dadurch, daß Projekte sich in ihrem Ablauf weitaus schwieriger gestalten, als bei der ursprünglichen Auftragsannahme angenommen wurde. In diesen Fällen wird der Personalberater auf seinen Klienten zugehen und mit ihm gemeinsam ein neues Gesamthonorar vereinbaren.

Im Bereich des Executive Search fallen bedingt durch die zeitaufwendigere Vorgehensweise und damit verbundene Zusatzarbeiten entsprechend höhere Honorarforderungen an.

Die Inrechnungstellung der Honorare geschieht auch von Personalberatung zu Personalberatung in unterschiedlicher Form. Als grobe Faustregel gilt jedoch für alle Personalberatungen, daß sie ihre Honorarforderungen in zwei bzw. drei Raten stelen. Eine erste Rate ist nach Auftragserteilung fällig, die zweite im Regelfall nach der Präsentation der geeigneten Kandidaten. Sofern Personalberatungen eine Drittelung ihrer Honorarforderungen vornehmen, wird die letzte Rate mit der Unterschrift des erfolgreichen Kandidaten unter den Anstellungsvertrag oder aber nach einem bestimmten Zeitablauf fällig.

Teilweise werden von den Personalberatungen Garantieversprechen gegeben in der Form, honorarfrei die Neubesetzung der Position vorzunehmen, wenn ein angestellter Kandidat innerhalb einer bestimmten Frist den Anstellungsvertrag kündigt.

Neben Honorar- und den im Originalpreis in Rechnung gestellten Anzeigenkosten werden berechnet die Reisekosten der Berater und die Weiterbelastung der dem Berater in Rechnung gestellten Bewerberreisekosten.

Daneben treten in den Abrechnungen der Personalberatungen Posten auf, die zum Ausgleich der Telefon- und Portokosten dienen. Hierbei hat sich aus Vereinfachungsgründen die Inrechnungstellung eines pauschalierten Betrages durchgesetzt. Auch bei den Bewerber- und Beraterreisekosten deutet sich die Tendenz an, diese pauschal weiterzubelasten. Die summarische Abrechnung von Nebenkosten für Bewerberinterviews ohne nähere Aufgliederung dient auch dem Schutz der Bewerber und somit der Geheimhaltung.

Aufgrund der Erfahrungen der Personalberatungen ist es diesen jedoch bei der Übernahme eines Auftrages möglich, dem Klienten den finanziellen Gesamtaufwand relativ genau zu benennen. Durch diese Festlegung verpflichtet sich der Personalberater auch, den angestrebten Rahmen von vornherein durch effektive Tätigkeit einzuhalten. Der Personalberater kann im Hinblick auf die Ablehnung von Honorarzugeständnissen und von Aufträgen verglichen werden mit einem Bild aus der Welt des Sports. Welche Fußballmannschaft und welcher Berufsboxer spielen freiwillig 3 oder 4 Klassen tiefer? Oder welcher Bundesliga-Fußballverein und welcher hochrangige Berufsboxer werden gegen eine nicht ihre professionellen Aufwendungen, Gehälter, Spesen deckende Gage überhaupt auf den Platz laufen bzw. in den Ring steigen? Es geht hier einfach um Fragen der Professionalität. Der Profi unterscheidet sich vom Amateur dadurch, daß er regelmäßig, mit hohem Zeitaufwand und sehr konzentriert seine Fähigkeiten dazu benutzt, eine Strategie in einer bestimmten Zeit zur erfolgreichen Erreichung eines Ziels durchzuführen. Der Personalberater ist ein Profi sui generis. Damit ist allerdings nur der Vollzeit-Personalberater gemeint. Es gibt eine Menge Zwischenformen, sozusagen Teilzeitsportler unter den Unternehmensberatern und speziell Personalberatern. Es läßt sich ja auch gar nicht vermeiden. Wie sollten sonst junge Nachwuchskräfte oder erfahrene Manager überhaupt in den Markt der Personalberater hineinkommen? Am Anfang steht die zögernde, tastende Beschäftigung mit der komplizierten Materie der Personalberatung. Aber die Professionellen leiden darunter, daß immer wieder, auch aus dem Bereich der Fachhochschulen und renommierten Weiterbildungsorganisationen die einen oder anderen Tätigkeiten auf ihrem ureigensten Sektor erfolgen. Das wäre weiter noch nicht schlimm, denn es gibt genügend Professoren und Assistenten, die eine Information über Positionen in den Unternehmen an ihre Studenten als eine selbstverständliche Pflicht ansehen, ohne dafür die Hand aufzuhalten oder in Prozenten zu denken. Für diese ist allein schon der Kontakt zur Welt der Praxis in den Großorganisationen wichtig. Aber was ist mit den »Beratern«, die in ihrem ganzen Leben nur auf der Schulbank gesessen, nie einen Einblick in die Praxis gewonnen haben und nun für vergleichsweise Spotthonorare, was die Deckung der Kosten einer professionellen Agentur angeht, auftreten? Wenn sie es einen begrenzten Zeitraum lang tun, um selber professionell zu werden, ist dagegen nichts einzuwenden. Wenn sie es aber auf dem sicheren Hintergrund einer staatlichen Anstellung betreiben und damit anderen Agenturen den Markt zerstören, ist das zumindest im Sinne der public affairs außerordentlich gefährlich. Der Personalberater hat hier gegenüber seinem Klienten nur eine Chance, nämlich ihm in gerade kritischen Projekten seine Professionalität klarzumachen, weil in diesen kritischen Projekten und Situationen der Amateur auf der Strecke bleibt und vor allem nicht die nötige Durchhaltekraft und die Fähigkeit zum Projektmanagement aufweist. Amateure und Dilettanten sind also das Umfeld des Personalberaters als Profi, der sich um so mehr durch eigene Leistung von ihnen leuchtend absetzen kann.

X. Rechtlicher Aspekt – Was darf die Personalberatung?

Vom Gesichtspunkt der Bundesanstalt für Arbeit aus betrachtet, ist der Spielraum, in dem sich ein Personalberater bewegen darf, recht eng gesteckt. So soll er nach Auffassung der Bundesanstalt für Arbeit bei der Sichtung der eingehenden Bewerbungsunterlagen und bei Interviews des Unternehmens mit Bewerbern mit seiner Erfahrung beistehen. Darüber hinaus dürfen Personalberater mit ihrem Namen als Kontaktadresse zur Wahrung der Anonymität von Unternehmen Anzeigen für diese schalten. Will sich eine Personalberatung stärker im Arbeitsmarkt engagieren, und mehr als das eben Erwähnte leisten, dann kann es ihr schon mal passieren, daß eine Hausdurchsuchung mit Aktenbeschlagnahme in den Räumen der Personalberatung stattfindet.

Grundlage für solch eine Aktion ist das Arbeitsförderungsgesetz (AFG) vom 25. Juni 1969. Dort heißt es im § 4 » ... Vermittlung in beruflichen Ausbildungsstellen und Arbeitsvermittlung dürfen nur von der Bundesanstalt betrieben werden.« Weiter heißt es dann in § 13 »Arbeitsvermittlung im Sinne des Gesetzes ist eine Tätigkeit, die darauf gerichtet ist, Arbeitssuchende mit Arbeitgebern zur Begründung von Arbeitsverhältnissen ... zusammenzuführen.« In § 18 wird die konkrete Beschränkung fortgeschrieben, denn »die Anwerbung und Arbeitsvermittlung für eine Beschäftigung im Ausland als Arbeitnehmer und die Anwerbung im Ausland sowie die Arbeitsvermittlung für eine Beschäftigung als Arbeitnehmer im Inland führt die Bundesanstalt durch.«

Werden diese im Arbeitsförderungsgesetz festgelegten Vorschriften nicht befolgt, können für solcher Art gekennzeichnete Arbeitsvermittlungen Bußgelder bis zu einer Höhe von 30.000,– DM im Einzelfall dem »illegalen« Arbeitsvermittler auferlegt werden. Zusätzlich besteht für die Bundesanstalt die Möglichkeit, den aus dieser Tätigkeit erwirtschafteten Ertrag abzuschöpfen. Dies gilt für das Inland. Bei einer »illegalen« Arbeitsvermittlung über die Bundesgrenzen hinaus wird die Illegalität mit Geldstrafen oder sogar mit Freiheitsentzug bedroht. Die rechtliche Konsequenz für den Personalberater bekommt er immer dann zu spüren, wenn ein Klient nicht bereit ist, sein Honorar zu bezahlen. Auch aus dem Gesetz leitet sich die Konsequenz ab, daß im Vorliegen einer unerlaubten Arbeitsvermittlung der der Arbeitsvermittlung zugrundeliegende Beratungsvertrag nichtig ist, und somit auch keine Honorarzahlung erfolgen muß.

Das Bundesverfassungsgericht wurde in der Frage der Monopolstellung der Bundesanstalt für Arbeit bemüht und hat sie mit dem Grundgesetz für vereinbar erklärt. Nach seiner Definition ist sogar als Arbeitsvermittlung jede Art von Tätigkeit zu betrachten, die Arbeitssuchende mit Arbeitgebern zusammenführen will. Darunter fällt durch höchstrichterliche Urteile die schon an anderer Stelle dargelegte Unsitte, auf Erfolgshonorarbasis zu arbeiten. Genauso zählen dazu die Vereinbarung eines Extrahonorars für den Nachweis oder die Vermittlung von Bewerbern – bei einer Pauschalhonorierung für Personalberatungsdienste überwiegt die Suchtätigkeit, oder es kommt im Rahmen eines Pauschalberatungsangebotes lediglich zu Aktionen der Mitwirkung bei der Suche und Auswahl von neuen Mitarbeitern.

Zwischen der Bundesanstalt für Arbeit, der Bundesvereinigung der deutschen Arbeitgeberverbände und dem Bund deutscher Unternehmensberater wurde zur Abgrenzung 1970 ein Papier erarbeitet, das nachfolgend im Wortlaut steht.

Grundsätze zur Abgrenzung von Personalberatung und Arbeitsvermittlung bei der Besetzung von Stellen für Führungskräfte der Wirtschaft

Veröffentlicht in den Amtlichen Nachrichten der Bundesanstalt für Arbeit (ANBA) Nr. 12 vom Dezember 1970.

Zur Abgrenzung von Personalberatung und Arbeitsvermittlung und zur Regelung der Zusammenarbeit zwischen Personalberatern und den Dienststellen der Bundesanstalt bei der Besetzung von Stellen für Führungskräfte der Wirtschaft einigen sich, unter Würdigung der Besonderheiten dieses Arbeitsmarktbereiches, in Auslegung der einschlägigen Bestimmungen des Arbeitsförderungsgesetzes

– der Bundesminister für Arbeit und Sozialordnung
– die Bundesanstalt für Arbeit
– die Bundesvereinigung der Deutschen Arbeitgeberverbände
– der Bund Deutscher Unternehmensberater

auf nachstehende Grundsätze:

1. Begriffsbestimmungen

1.1 Führungskräfte der Wirtschaft

1.11 Führungskraft im Sinne dieser Grundsätze ist der Angestellte, der kraft besonderer Vertrauensstellung zum Arbeitgeber eine für Bestand und Entwicklung des Unternehmens entscheidende Schlüsselposition innehat, indem er

a) bedeutende Arbeitgeberfunktionen ausübt, z.B. als Vorstandsmitglied, Geschäftsführer, Betriebsleiter, Prokurist, Leiter einer Betriebsabteilung, Leiter der Personalabteilung oder

b) hochqualifizierte Arbeit planender, prüfender, entwerfender, forschender oder beratender Art, im wesentlichen auf eigener Entschlußkraft beruhend und mit erhöhter Verantwortlichkeit ausführt.

1.12 Führungskraft ist auch die Person, die als unmittelbarer Nachfolger in eine derartige Position (1.11) in Aussicht genommen ist (Nachwuchskraft im engeren Sinne).

1.2 Personalberatung
Personalberatung im Sinne dieser Grundsätze liegt vor, wenn ein Personalberater im Rahmen eines Beratungsauftrages auch bei der Suche und Auswahl von Führungskräften der Wirtschaft für die Besetzung offener Führungspositionen (1.1) mitwirkt.

1.3 Arbeitsvermittlung
Arbeitsvermittlung ist eine Tätigkeit, die darauf gerichtet ist, Arbeitsuchende mit Arbeitgebern zur Begründung von Arbeitsverhältnissen...zusammenzuführen (§ 13 Abs. 1 AFG).

2. Abgrenzung von Personalberatung und Arbeitsvermittlung

2.1 Personalberatung
Ist einem Personalberater für einen konkreten Einzelfall nachweisbar durch ein Unternehmen der Auftrag erteilt, bei der Besetzung offener Führungspositionen mitzuwirken, so kann er im Rahmen dieses Auftrages Anzeigen *des Unternehmens* in Zeitungen und Zeitschriften aufgeben. Die Anzeigen dürfen

den Hinweis enthalten, daß der namentlich genannte Personalberater bei der Auswahl der in der Anzeige gesuchten Führungskraft mitwirkt und Bewerbungen an ihn gerichtet werden können.

2.2 Arbeitsvermittlung

Arbeitsvermittlung darf nur durch die Bundesanstalt betrieben werden (§ 4 AFG). *Eine unerlaubte Arbeitsvermittlung ist zu vermuten, wenn der Personalberater*

a) bei der Suche und Auswahl anderer als der in Nr. 1.1 genannten Führungskräfte mitwirkt,

b) im bezeichneten Sinne tätig wird, ohne von einem Unternehmen im konkreten Einzelfall beauftragt zu sein,

c) sich im eigenen Namen mit Anzeigen in Zeitungen und Zeitschriften an Führungskräfte der Wirtschaft oder an Unternehmen wendet,

d) solche Anzeigen zwar im Auftrag eines Unternehmens aufgibt, diese Anzeige aber so ausgestaltet, daß der Eindruck entstehen kann, als unterhalte er ein Stellenvermittlungsbüro und betreibe Arbeitsvermittlung,

e) Bewerber, die sich nach Nr. 2.1 an ihn gewendet haben, für andere offene Stellen anbietet *oder vorschlägt,*

f) Bewerberkarteien führt und auswertet,

g) Stellen- und Bewerberlisten herausgibt oder einen anderen auf Arbeitsvermittlung gerichteten Offertendienst einrichtet, unterhält oder auswertet,

h) Bewerbungsunterlagen nach der Entscheidung des auftraggebenden Unternehmens zurückbehält,

i) von Bewerbern Gebühren oder ein Erfolgshonorar verlangt oder annimmt.

3. Zusammenarbeit zwischen Personalberatern und der Zentralstelle für Arbeitsvermittlung (ZAV)

3.1 Personalberater und die ZAV mit ihrem »Büro Führungskräfte der Wirtschaft« arbeiten im Rahmen ihrer Tätigkeit eng zusammen.

3.2 Die ZAV schlägt den Personalberatern im konkreten Einzelfall geeignete Bewerber vor.

3.3 Die ZAV gibt im Auftrag und auf Rechnung von Unternehmen oder von diesen beauftragten Personalberatern Anzeigen für Führungskräfte auf, nimmt Bewerbungen entgegen, leitet sie weiter und beteiligt sich an der Vorauswahl.

3.4 Der Personalberater gibt mit Einverständnis der Bewerber die Bewerbungen, die der nach Nr. 2.2 nicht bearbeiten oder weiterbearbeiten darf, an die ZAV. Der Personalberater empfiehlt hierzu den Bewerbern, die Dienste der ZAV in Anspruch zu nehmen.

Auch diese Grundsätze haben letztlich nicht eine wesentliche Klärung der Situation geschafft und nur teilweise zur Beseitigung der Grauzone, in der sich die Personalberatung bewegt, beigetragen. Problematisch ist nach wie vor die Direktanspruche von Bewerbern, erfolgt sie nun mündlich oder schriftlich und abgemildert auch das Anschreiben von Bewerbern, die ein Stellengesuch aufgegeben haben.

Der Problembereich für die Personalberatungen beginnt bereits mit der klaren Definition »Führungskräfte«. Sie sind bemüht, diesen Begriff voll auszuschöpfen. Dennoch kann man aus der Vielzahl der Anzeigen häufig ablesen, daß Personalberatungen auch bei der Suche und Auswahl von Nicht-Führungskräften eingeschaltet sind, dies jedoch im Regelfall über den Anzeigendienst der eigenen Anzeigenagenturen abwickeln. Werden im Zusammenhang mit Anzeigenaufträgen irgendwelche Auswahlhilfen gegeben, dann werden diese als Entscheidungshilfen für die Klienten auch in den Auftragsbestätigungen deutlich hervorgestellt. Äußerst problematisch angesehen wird von seriösen Personalberatungen eine sogenannte Bewerberablage, die unabhängig von Klienten – und Auftragsakten – erfolgt

Im Jahr 1982 hat die Bundesanstalt mit ihrer ZAV begonnen, massiert in Wettbewerb zu den Personalberatungen auch in den Anzeigenseiten in Erscheinung zu treten. Testanrufe und Bewerbungen führten schnell wieder zu Beruhigung in der Beratungsbranche. Im Gegensatz zu einer Personalberatung, die sich als Wirtschaftsunternehmen mit allen Konsequenzen versteht und auf Problemlösungen konzentriert ist, ist die Bundesanstalt für Arbeit eine Behörde, die Verwaltungsakte abwickelt und zudem zuviel qualifizierte Mitarbeiter auch für andere Aufgaben einsetzen muß. Durch die Monopolstellung der Bundesanstalt und die zuvor erwähnten Probleme bei der Arbeit der Personalberatung muß diese mit einem erheblichen Nachteil leben, der darin besteht, daß man zeitgemäße Arbeitsmittel nicht einsetzen darf. Die Zentralstelle für Arbeitsvermittlung (ZAV) kann sich aller modernen Hilfsmittel bedienen, um ihrem Auftrag gerecht zu werden, und findet dennoch nicht den Erfolg im Markt, um von den Personalberatungen als echter Wettbewerber angesehen zu werden.

Aus der Erfahrung der Autoren ist eine Zusammenarbeit mit der ZAV bei der Lösung von Problemprojekten nicht von Nachteil. Befaßt sich ein Personalberater mit etwa 40 bis 50 Projekten im Laufe eines Jahres und spricht deshalb mit ca. 500 bis 700 Bewerbern, dann bewältigt in der gleichen Zeit ein Beamter der ZAV ein Vierfahes dieser Zahl an Karteikarten. In einem Beitrag für die Zeitschrift Personal Heft 7, 1980 schreibt Frau Höborn, daß die ZAV pro Jahr rund 1000 Führungskräfte vermittelt. Damit reklamiert sie für die ZAV 12 % Marktanteil. Für den Bereich der obersten Führungsebene, der innerhalb der ZAV vom Büro Führungskräfte der Wirtschaft (BFW) betreut wird, gibt sie einen Marktanteil von 25 % an. Unter Berücksichtigung dieser Daten und durch die Anpassung der Arbeitsmethodik an die der professionellen Personalberatungen erwächst den Personalberatungen in der staatlichen Dienststelle ein Wettbewerber, dem sie mit höherer Flexibilität und Professionalität zu begegnen suchen.

XI. Zukunft der Personalberatung

Die Zukunft der Personalberatung wird weitgehend durch die individuellen Zielsetzungen der einzelnen Beratungsunternehmen gestaltet werden. Dabei sind die Unternehmen nicht frei von Außeneinflüssen, wie sie bei jedem Dienstleistungsbetrieb zu finden sind, die dazu führen, daß sich ein Unternehmen marktanpassend verhalten muß und mit seinen Maßnahmen auf äußere Einflüsse kurzfristig reagieren kann. Es gehört nicht Prophetie dazu, der Personalberatung gerade in wirtschaftlich schwierigen Zeiten noch mehr Wachstumschancen zuzubilligen. Der Boom der 70er Jahre ist jedoch in der Personalberatung zu Ende. Sie bewegt sich seit Beginn der 80er Jahre in einer Phase der Konsolidierung und verspürt einen erheblich verschärften Wettbewerb, der ganz nebenbei auch zur Abkehr von einmal als richtig anerkannten Grundsätzen führt und in manchen Fällen auch betriebswirtschaftlichen Tatsachen Hohn spricht.

Eine der wirklichen Hauptaufgaben einer Führungskraft im oberen und mittleren Management, im oberen Bereich des mittleren Managements ist es, immer wieder den Wandel, den Wechsel, die Flexibilität, die Belastungsfähigkeit der menschlichen Organisation seines Bereiches zu formen und auszutesten. Daher ist der Krisenmanager, der Manager von Chancen, der Manager des Wechsels, der Manager der günstigen Gelegenheiten die eigentliche Führungskraft auf die es im Unternehmen ankommt. Nicht so sehr der Inhaber und Verwalter eines Stuhls ist im Führungsprozeß erfolgreich, sondern derjenige, der sich in fast jeder Situation mit einem Minimum an Zeit, aber einem Maximum an Gelassenheit zurechtfindet und seine Entscheidungen trifft. Es gibt jedoch nichts schwereres als diesen Wechsel, diesen Wandel, das Umwandeln von Konflikten in tragfähige Kooperationslösungen oder das Umwandeln von zu harmonisierten Kooperationen in konfliktträchtige Zukunftsrisiken. Wie im Unternehmen der Manager, so steht der Personalberater im Mittelpunkt solcher Entwicklungen. Auch er muß seine Organisation ständig anpassen und das geschieht nicht durch einen rapiden Wechsel oder ein einfaches Umschalten auf ein anderes Tätigkeitsfeld, sondern gerade für ihn gilt die alte Zeitregel, daß einfache Organisationswandel meistens einen Zeitraum von einem Jahr erfordern und größere Wechsel etwa im Sinne der Organisationsentwicklung eine Zeitspanne zwischen vier, fünf, ja bis zu zehn Jahren. Die Zukunft des Personalberaters wird dann auch so aussehen, wie es bereits 1973 die in New York beheimatete Conference Board aus einer Befragung über die wichtigsten Managementideen und -probleme bis 1993 herausgeholt hat. Die Harvard Professoren John P. Cotter und Leonard A. Schlesinger stellen dazu fest: »Eines der stärksten Themen, das durch sämtliche Berichte der Befragten gleichlaufend durchführte, ist die Sorge für die Fähigkeit der Organisation, auf Umweltwechsel und Veränderungen antworten zu können. Wie es eine befragte Führungspersönlichkeit schrieb: Es folgt daraus, daß eine Beschleunigung im Ablauf des Wandels in ein zunehmendes Bedürfnis für Reorganisation mündet. Reorganisation wird gewöhnlich gefürchtet, weil es Verwirrung, Durcheinanderwirbeln des Status quo, eine Bedrohung gegenüber den vested Interessen der Menschen in ihrem Beruf darstellt und ein upset to established ways of doing things und eine Herausforderung darstellt an eingefahrene Arbeitstechniken. Aus diesen Gründen ist eine dringend benötigte Reorganisaton oft deferred mit einem Resultat an Effektivitätsverlust und einem Ansteigen der Kosten.«

Die Personalberatung hat einen Nachholbedarf an ihrer Imageverbesserung. Zum Teil beruht dies auf der Tatsache, daß man in den Unternehmen den Gewinn einer neuen Führungskraft mit dem Verlust einer anderen bezahlt, und sich die Jobhopper die Arbeitsweise der Personalberatung für ihre eigene Karriereplanung zunutze machen. Neben bewährter Öffentlichkeitsarbeit ist die Grundlage für eine Verbesserung des Images auf dem Markt der Personalberatung die Leistung von qualitativ hochstehender Arbeit. Durch Spezialisierung und das Aufgreifen wie Umsetzen von wirtschaftlichen und sozialen Trends in Dienstleistungen erfolgt gleichermaßen eine Profilierung.

Die Zukunft der Personalberatung wird allein von ihren Repräsentanten bestimmt. Unterziehen sich diese Repräsentanten nicht einer ständigen Weiterbildung bei gleichzeitiger Spezialisierung für bestimmte Marktsegmente und beschränken sich die Berater nicht in ihrer aktiven Arbeit auf die von ihnen sicher beherrschten Methoden und Techniken, dann wird ihre Zukunft nur kurzfristiger Natur sein. Entscheidend für die Zukunft der Personalberatung ist eine stärkere persönliche Profilierung der Berater, die einerseits die Akquisition und die daran anschließende eigenverantwortliche Durchführung und Abwicklung des Projektes übernehmen können. Eine Personalberatung mit jungen, berufsunerfahrenen Beratern wird ihr Schwergewicht auf eine systematische, langjährig angelegte Ausbildung dieser Berater legen müssen, immer mit der Gefahr verbunden, daß nach Abschluß dieser Ausbildung diese Berater sich selbständig machen oder zum Wettbewerb abwandern. Für andere Beratungen gilt die Philosophie, berufserfahrene, erfolgreiche Linienmanager in den Beratungsprozeß einzugliedern, um den zukünftigen Gesprächspartnern in den Führungsebenen der Unternehmen angemessen zu sein.

Eine qualitativ erstrangige Beratung für mittlere und obere Managementpositionen muß den Beratungsaspekt bei der Gewinnung dieses Personals im Vordergrund behalten und darf sich nicht auf die bloß reagierende Behandlung eines solchen Projektes beschränken. Dies setzt eine stärkere Personifizierung des Beratungsprojektes voraus, die entscheidend von der Persönlichkeit des Beraters abhängig ist.

Die Personalberatung wird sich auch bei sehr mäßigem Wirtschaftswachstum behaupten, denn die Suche und Auswahl von hochqualifizierten Leistungsträgern wird wegen der mehr und mehr zunehmenden Differenziertheit des Arbeitsmarktes immer schwieriger werden. Neue Methoden und Wege bei der Einführung und Umsetzung von personalwirtschaftlichen Systemen erfordern die Hinzuziehung von spezialisierten Beratern, da nicht jedes Unternehmen eigene Kapazitäten für solche Spezialfälle vorhalten kann.

Wenige schwarze Schafe unter den Personalberatungen gefährden nicht nur die eigene Zukunft, sondern auch die des Wettbewerbs. Personalberatung ist das Wandern auf einem schmalen rechtlich abgesicherten Grat. Hier droht die größte Gefahr als Folge von wesentlichen Einschränkungen durch staatliche Aktivitäten. Bevor es zu solchen staatlich verordneten Einschränkungen kommen kann, bieten sich allerdings der Bundesanstalt für Arbeit aufgrund der vereinbarten Richtlinien ausreichend Möglichkeiten, selektiv vorzugehen und die schwarzen Schafe zu eliminieren.

Die klassische Aufgabe einer Personalberatung ist die Mithilfe bei der Suche und Auswahl von Fach- und Führungskräften für die

wirtschaftlichen Organisationen. Die Entwicklung zu verstärkter Arbeitsteilung und zum Kauf von Spezialwissen als Dienstleistung verbunden mit einer inzwischen höheren Anforderung an zukünftige Berater hat viele Personalberatungen veranlaßt, ihr Tätigkeitsfeld in Richtung personalwirtschaftliche Systeme zu entwickeln. An anderer Stelle dieses Buches wurden einzelne dieser personalwirtschaftlichen Systeme vorgestellt. Forschungsergebnisse und Erfahrungserkenntnisse in Wissenschaft und Praxis sowie Überlegungen der Organisationsforschung werden aufmerksam von der Personalberatung verfolgt und ausgewertet. Aufgrund dieser zusammengetragenen Daten und gemeinsam mit Organisationen erprobten Systemen entwickelt der Berater personalwirtschaftliche Systeme, Maßnahmen und Instrumente. Alle Bereiche und Faktoren der menschlichen Arbeitsleitung und des menschlichen Miteinanders bei der Arbeit werden von ihm berücksichtigt und in seine Vorstellungen und Vorschläge eingebaut.
So entwickelt sich der Personalberater mehr und mehr zum konzeptionellen Vordenker in personalwirtschaftlichen Fragen, hilft dabei, den Führungskräften in den Organisationen bei der Umsetzung von Strategien und Taktiken in konkrete Maßnahmen und Aktionen. Dies kann die Personalberatung nur erfolgreich bewältigen, wenn es ihr gelingt, diese funktional bedingte Konzeption der Gesamtkonzeption des Unternehmens unterzuordnen und funktionsgerecht zu integrieren. Als Projektmanager auf Zeit dient der Personalberater in Unternehmen ohne eigene Fachabteilung als Funktionsträger in Linie. In ausgereiften größeren Unternehmenseinheiten mit eigenen Personalfachabteilungen nimmt der Personalberater für die Zeit seiner Tätigkeit als Fachmann die Rolle einer externen Stabsabteilung war. Darin erschöpft sich jedoch auch bei dieser Funktionsteilung nicht seine Aufgabe, wenn sie nicht scheitern soll. Ein Bauchladenangebot von Instrumenten reicht in der heutigen Zeit nicht mehr aus, komplexe Problemlösungen zu erzielen. Der zeitgemäße Personalberater greift in den Ablaufprozeß seines Klienten bewußt ein, versteht dank seiner ihm eigenen Arbeitsmethodik Schwachstellen zu analysieren und Lösungsmöglichkeiten vorzuschlagen, die vom Klienten als praktikabel anerkannt und angewandt werden können. Während der Umsetzungsphase greift der Personalberater kontrollierend und steuernd in den gesamten Prozeß der geplanten Ände-

rung ein. Er kontrolliert die Abweichungen von der geplanten Norm und greift mit Steuerungsmaßnahmen wo notwendig beratend ein, bis das geplante Ergebnis erreicht wird. In regelmäßigen Abständen, spätestens nach ein bis zwei Jahren muß eine Überprüfung von ihm initiiert werden, die die Richtigkeit des eingeschlagenen Weges bestätigt oder zu Korrekturen veranlaßt. Besonders kritisch gestaltet sich solch ein Prozeß, wenn Veränderungen angestrebt werden, die in die Grundsatzpolitik des Unternehmens fallen, wie z.B. Veränderung des Führungsstils eines Unternehmens.

Eine zeitgemäße Personalberatung nützt die Erfahrungen aus vielen Beratungsaufträgen, die Analyse der Situation des derzeitigen Klienten und entwickelt daraus einen klientenspezifischen Lösungsansatz. So bietet sich der Personalberatung die Möglichkeit, mit einem mehrdimensionalen Ansatz a) fachspezifisches Expertenwissen in die unternehmensinterne Diskussion einzubringen, b) die Herbeiführung, Beschleunigung oder Verlangsamung von Lösungsansätzen und deren Umsetzung zu beeinflussen und c) bei der Durchführung der als notwendig erkannten Änderungen einzugreifen.

Die Personalberatung wird sich in Zukunft mehr spezialisieren in ihrem Dienstleistungsangebot, wobei von jedem Personalberater erwartet wird, daß er neben seiner besonderen Erfahrung als Experte zudem in der Lage ist, komplexere Fragen des Personalbereichs abdecken zu können. Seine Qualifikation und klientenbezogene Vorgehensweise stellt er dadurch unter Beweis, daß er in solchen Fällen einen im Spezialgebiet erfahrenen Kollegen mit in den Auftrag einschaltet.

Der Stellenwert der Funktion »Personal« hat sich in den letzten Jahren ständig verbessert. Einherging mit dieser Verbesserung eine gleichzeitige Ausweitung des Verantwortungsbereiches dieser Funktion. In den 60er Jahren beschränkte sich noch ein Personalleiter in vielen Fällen auf eine rein administrative Funktion, die meist damit endete, daß die Personalabteilung für den Verkauf z. B. eine Anzeige schalten mußte. Bei solch einem Projekt wurde sie dann wieder aktiv, wenn sich die Verkaufsabteilung für einen neuen Mitarbeiter entschieden hatte und damit verbundene administrative Maßnahmen im Unternehmen notwendig wurden. Durch die Komplizierung der Gesetzgebung (insbesondere Betriebsverfassungsgesetz von 1972) aber auch die sich breitmachende Erkenntnis, dem wichtigsten Produktionsfaktor eines Unternehmens, dem Menschen, mehr Beachtung zu schenken und ihm in seinen Bedürfnissen besser berecht zu werden, führten dazu, daß die Rolle der Personalabteilung stetig an Bedeutung gewinnt. Aus Stabsfunktionen wurden Linienfunktionen und die Personalverantwortlichen in Unternehmen wurden mehr und mehr zu Beratern der anderen Abteilungen in personalbedingten Fragen. Darauf haben sich ein Teil der Personalberatungen heute eingestellt, andere werden es noch müssen. Das Dienstleistungsangebot der Personalberatung hat sich entsprechend der Aufgabenerweiterung der Personalabteilungen vervielfacht und sich in kleinste Spezialbereiche, wie z. B. Leistungsentlohnungssysteme für Verkaufsaußendienst, Qualitätskreise etc., unterteilt. Für die Zukunft von Personalberatungsagenturen ist es notwendig, ein Dienstleistungsbündel anzubieten, das dem Wandel in den Personalabteilungen gerecht wird. Ein allein operierender Personalberater wird es in Zukunft noch schwerer haben, ausreichende Beschäftigung zu finden, wenn er es nicht versteht, sich mit seinem Spezialwissen im Personalberatungsmarkt eine Nische und damit einen Vorsprung vor den Wettbewerbern zu erarbeiten. Für jeden Personalberater ist die ständig betriebene Fortbildung und das Erkennen von neuen Entwicklungen eine Lebensnotwendigkeit, ohne die er seine eigene Zukunft nicht erfolgreich zu gestalten in der Lage sein wird. Allein die theoretische Beschäftigung mit neuen Erkenntnissen wird nicht ausreichend sein, wenn nicht die praktische Erprobung den Beweis der Durchführbarkeit von Theorien erbringen kann. Zum Glück finden sich immer wieder Unternehmen, die zu solchen Versuchen zum beiderseitigen Wohl und Nutzen bereit sind.

Viele Großunternehmen fördern heute bereits den bewußten Knowhow Einkauf externer Berater, so auch bei personalwirtschaftlichen Maßnahmen, die sie nach einer Weile mit Haut und Haaren als Mitglied ihrer Organisation einkaufen möchten. Gerade für den jungen Berater, der sich im Markt vielleicht noch nicht so sicher fühlt, ist es immer eine große Verlockung, ein Angebot einer solchen Großorganisation anzunehmen, doch in Zukunft als Projektmanager für ein größeres Projekt oder den Aufbau einer Unterabteilung im Unternehmen tätig zu werden. Nimmt er an, so wird er sehr rasch ein erfolgreicher Projektmanager des Hauses X sein können, er wird aber nicht mehr lange Zeit als Berater fungieren können, wenn er nicht ganz klar in seiner internen Position als Berater tätig wird.

Für die Personalberatung stellt sich die Frage der eigenen Zukunft solange nicht, wie sie Vorreiter zeitgemäßer Rekrutierungsmaßnahmen und Selektionsverfahren bleibt und in der Lage ist, sich auf neue Einflüsse einzustellen. Wenn sich auch von der rechtlichen Seite keine höhere Flexibilität der Bundesanstalt für Arbeit zur Zeit abzeichnet, so ist doch zu vermerken, daß durch die Diskussion der Privatisierung öffentlicher Leistungen auch Bewegung in diesen Sektor gekommen ist. Personalberater sprechen offener und direkter über ihre Arbeitsmethoden und sehen sich im offenen Wettbewerb mit der ZAV der Bundesanstalt für Arbeit. Bis heute kann man feststellen, daß die ZAV in ihren Versuchen, es den Personalberatern gleichzutun, steckengeblieben ist.

Möglichkeiten zukünftig effektiverer Personalberatungstätigkeit und schnellerer Projektabwicklung bieten sich durch die neuen Medien, die sich auch für die Stellensuche verwenden lassen. Auf begrenzte Feldversuche wird an anderer Stelle hingewiesen. Denkbar sind aber auch andere Formen der Vorgehensweise von Personalberatern, zum Beispiel echte Karrierebörsen. Interessierte Bewerber könnten sich bei solch einer Veranstaltung eingehender nach Positionen erkundigen und ihre Chancen im direkten Gespräch mit den zuständigen Personalberatern abklären.

Der Einsatz der modernen Kommunikationstechnologie, sprich Mikrocomputer, könnte das Abgleichen von Anforderungsprofil und Persönlichkeitsprofil erleichtern. Hier unterwerfen sich Personalberater noch zu sehr der Bundesanstalt für Arbeit, die in diesen zeitgemäßen Arbeitsmitteln Karteien verborgen sieht. Dabei wird völlig übersehen, daß es organisatorisch fast unmöglich ist, eine sogenannte Bewerberkartei auf dem aktuellen Stand zu halten, selbst wenn sie elektronisch geführt würde.

Ebenfalls denkbar ist eine Telefonansage der durch Personalberater zu besetzenden Positionen, die ständig von interessierten Bewerbern abgefragt werden könnte.

In den Vereinigten Staaten von Amerika arbeiten seit geraumer Zeit bereits Beratungsunternehmen mit Computern, die mit Stellenangeboten gefüttert werden. Nach Fach- und Funktionsbereichen sor-

tiert werden daraus die Datenbanken erstellt, die von Bewerbern auch wieder mittels Computer abgerufen werden können.
Die Unternehmen schätzen diese im Vergleich zur Zeitungsinsertion erheblich preisgünstigere Methode genau wie die Bewerber, die für ein bestimmtes kleines Honorar sich die gespeicherten Angebote zeitlich befristet abrufen können. Voraussetzung ist allerdings, daß der Bewerber mit einem Computer umgehen kann und über einen entsprechenden Terminalzugang verfügt. Im Hinblick auf Btx-Verfahren ein sicher über kurz oder lang auch in Deutschland zu praktizierendes Unterfangen, das jedoch auch hier auf die EDV- und technisch ausgerichteten Berufe zu Beginn beschränkt sein dürfte. Der Vorteil eines solchen Vorgehens liegt im Zeitgewinn für beide Parteien und der Einfachheit der Kontaktaufnahme.
Was wird an weiteren neuen Aufgaben auf die Personalberatung zukommen? Zumindest wird dabei sein, daß in Zukunft die ganz konkreten Probleme der jeweiligen Bewerber aus ihrem persönlichsten Umfeld im Hinblick auf Mobilität und schulische Infrastruktur, auf die sogenannte Lebensqualität eine sehr große Rolle spielen werden. Der Personalberater wird sich hier als wirklicher Berater bei der Auswahl der Bewerber und natürlich auch als Talentscout mit einem großen Überblick über den Markt in Zukunft noch mehr zu bewähren haben, indem er selbst ständig über den Wandel des sozialen Umfelds hinzulernen muß.
Seine unter Beweis gestellte Professionalität wird ihm dabei helfen, diesen Wandel nicht nur mitzuvollziehen, sondern aktiv mitzugestalten.

Literaturhinweise

McKinnon, Robert	Head Hunters, Newbury (GB), 1982
Wilcox, Arthur	How to face that interview, Kingswood (GB) 1972
Freundl, Stefan	Taschenbuch für Personalplanung und Stellenausschreibung, Heidelberg, 1967
Paczensky, Susanne von	Der Testknacker, Reinbek, 1976
Gaugler, Eduard u.a.	Die Suche von Führungskräften, Band 1: Methoden der Ansprache aus der Sicht der Führungskräfte, Mannheim, 1976
Kroeber-Keneth, Ludwig	Wie findet man qualifizierte Mitarbeiter, Düsseldorf, 1960
Fischer Olson, Richard	Managing the interview, New York, 1980
Sennholz, Udo	Besser um Bewerber werben, Stuttgart, 1972
Reineke, Wolfgang/ Hennecke, Joachim	Unternehmensberatung, Heidelberg, 1982
Rschke, Harald/ Knebel, Heinz	Taschenbuch für Bewerberauslese, Heidelberg, 1982
Korff, Ernst	Menschen beurteilen und Menschen führen, Heidelberg, 1974
Gieffers, Fritz/ Müller, Klaus Dieter Hrsg.	Arbeitsplatz Bildschirm, Heidelberg, 1982
Obermeier, Ulrike	Untersuchung über den Einsatz graphologischer Gutachten bei der Bewerberauswahl, Abschlußarbeit bei Prof. G.F. Distler an der Fachhochschule Pforzheim, 1981
Ibielski, Dieter	Handbuch der Unternehmensberatung, ESV Erich Schmict Verlag, 1982 12. Lieferung
Deutsch, Morton	Konfliktregelungen, E. Reinhardt, München 1976
Koczkas, Susanne	Vertrauen im Betrieb – Grundlage des Wandels, in: Zander, Reineke, Hg., Führungsentwicklung, Heidelberg 1981
Luhmann, Niklas	Vertrauen, Ferdinand Enke, Stuttgart 1983
Rogers, Carl R.	Entwicklung der Persönlichkeit, Klett, Stuttgart 1973
Rotter, Julian B.	Generalized Expectancies for Interpersonal Trust, American Psychologist, 26, 443–452, 1971

Erwin Küchle

Menschenkenntnis für Manager

Der Schlüssel zum anderen

Wirtschaftsverlag Langen-Müller/Herbig

Alfred Mohler

Mitarbeiter richtig führen

Wirtschaftsverlag Langen-Müller/Herbig